基于人力资源素质论的
教育与开发

EDUCATION AND DEVELOPMENT BASED
ON HUMAN RESOURCE QUALITY THEORY

萧鸣政 著

人 民 出 版 社

目 录
CONTENTS

1

第二部分　教育评价思考与探索

第三部分 人力资源开发与教育研究

第四部分 人力资源素质论与开发战略

前　言

人力资源是什么？学术界与实践中解释不一，人们仁者见仁，智者见智。虽然众说纷纭，但概括起来目前大致有三种代表性的观点。

第一种观点把人力看作劳动力，劳动力等同劳动者，认为人力资源即具有劳动能力的全部人口，确切地说，是 16 岁以上的具有劳动能力的全部人口[①]。

第二种观点认为人力资源是目前正在从事社会劳动的全部人员。

第三种观点把人力看作是人员素质综合发挥的生产力，认为人力资源是劳动生产过程中可以直接投入的体力、脑力和心力的总和。[②]

在上述关于人力资源的三种解释中，第一种解释是持"成年人口观"。按照这种理解，国家与地区性的人力资源开发与管理的重点是扩大人口基数，加强卫生保健，提高人口质量；就企事业组织内部来说，人力资源管理与开发的重点，是扩大人员队伍，增加人才储备。到 1985 年前后，我国基本上是在这种观点支配下进行人力资源管理实践的。企事业组织与政府机关因此养着许多不该养的闲人。第二种解释是持"在岗人员观"。这种观点较第一种具有更为积极的意义，它已经认识到人口同时具有经济性与消费性的双面性。一个健康的成人，如果不与生产资料相结合，他只具有消费性的一面而不能产生任何经济效益。健康的成人只具有人口学意义而不具经济学意义。因此，一般人员不是人力。按照这种观点，人力资源管理的重点是扩大生产规模与开辟新的产业，增加就业机会，让每个健康的成年人都有事做，让每位有意愿有能力就业

---

① 《劳动人事管理辞典》，四川科学技术出版社 1987 年版，第 215 页。

② 《中国人力资源开发》1994 年第 6 期，第 13—18 页。

的人能够充分就业，选择到自己满意的工作。从 20 世纪 60 年代知识分子下放农村生产劳动开始，直至 90 年代初期，我国劳动人事部门一直受着这种在岗人员观的影响，肩负着就业安排的巨大压力。在这种观点影响下的企业生产与经营，必然是劳动密集型的，是一种工作效率低下的大锅饭运营模式。关于人力资源的第三种解释，是持"人员素质观"。这种观点把人力资源管理的基本单位，由个体观转变为素质观，由人员观转变为人力观。因为一个直接与生产资料相结合的在岗人员，很可能出工不出力，出力不出全力，出全力不出效益。因此按照这种观点，人力资源的管理是一个系统工程，是对员工的培养、促进、改进与作用发挥的过程。

人力资源素质论是素质教育、人力资源开发的重要理论依据。

21 世纪以后是知识经济的时代，人力资源必将作为国家社会发展中的最重要战略资源，人力资源的数量、结构与质量，体现着一个国家的核心竞争力和社会发展源动力。中国人力资源开发的战略目标就是要把人口开发为人员，把人员开发为人力，把人力开发为人才，把人口大国转变为人才强国。党的十八大报告明确提出，要加快确立人才优先发展战略布局，造就规模宏大、素质优良的人才队伍，建设人才强国。

在加快推进人才强国战略的建设过程中，人力资源素质论是理论基点，教育与开发是关键。我们必须全方位提高人口素质，进行充分就业与大众创业，激发各类人才的创新能力，开创人才辈出、人尽其才的新局面。

在人才强国战略实施中，开发与教育密不可分，相互促进。其共同目标在于两个方面，一方面要服务国家的经济社会发展需要，另一方面又要服务于人的个性发展需要。基础教育应该以服务于个性发展需要为主，职业教育与高等教育应该以服务于国家经济社会发展需要为主；教育一般更多地服务于素质与个性的发展，开发一般更多地服务于国家、组织与个人发展的需要。人力资源开发是基于人员素质的基础与发展趋势，并且服务于国家、组织和个人三者共同发展需要的一种战略规划、目标促进与素质提升的过程。开发即发展，是基于服务于国家、组织与个人发展或者绩效提升的目标，对于个人现有素质的一种引申与发展。离开人员素质的开发是无源之水，难以持续；与开发理念相脱节的教育是一种盲目的教育。因此，国民教育既是国家人力资源开发的基础，同时也是国家人力资源开发的手段。教育改革应该以素质教育为导向，面向国家、组织与个人未来的发展需要；人力资源开发，包括国家、组织与个人三种类型，应该以个人素质与个性发展的教育结果为基础，满足当前国家、组织与个人未来的发展目标与需要。

《基于人力资源素质论的教育与开发》一书，主要选择收集了作者自1987年以来有关教育研究与人力资源开发的一些论文。这些论文，主要时间集中在1987—1993年之间。有的是作者个人独立完成的，有的是作者与学生合作完成的。各篇论文均有来源标准，主要以我独立完成的为主。全书分为四个部分。

第一部分主要是选择收集关于教育与教育问题研究方面的一些论文。其编排的逻辑顺序是：教育改革重点、难点与具体问题—教育改革指导思想—教育改革探索—当前教育改革思考。这部分主要揭示了素质教育改革的现状与问题，改革的思路与具体改革方法的探索，从人力资源开发的角度反思当前的教育改革的现状与问题。

第二部分主要是选择收集关于教育评价思考与探索方面的一些论文。其编排的逻辑顺序是：学科评价（理论、方法、探索）—品德评价（理论、思考、方法）。这部分主要介绍了教育评价的两大部分，体现了对于学科评价与品德评价两种教育评价思路的理论依据、具体方法与改进措施的探索与思考。

第三部分主要是选择收集关于人力资源开发与教育研究方面的一些论文。其编排的逻辑顺序是：人力资源开发方法与技术—人力资源开发视野下的教育研究。这部分主要体现了国内外在组织内人力资源开发、员工培训的技术与方法，并在人力资源视角下对学校教育目标、培养思路进行了分析与思考。

第四部分主要是选择收集关于人力资源素质论与开发战略的一些论文。其编排的逻辑顺序是：当前人力资源开发问题—人力资源开发理论—人力资源开发道路选择—人力资源开发具体战略。这部分主要体现了对于当前人力资源开发问题与理论的一些观点与思考，体现对于人力资源开发与人才强国战略制定及其实施的相关思考与探索。

本书从教育评价、教育开发等多维度反思当前素质教育现状、问题与改革，探索推进教育现代化和人力资源开发的新思路、新方法。同时对国家人才强国战略和人力资源开发战略也进行了深入思考与探索。

　　本书是作者早期发表的一些论文，基于作者受到数学与教育学理论的影响，所提出的人力资源素质论观点，对于素质教育与人力资源开发之间关系的把握与探讨，还不够成熟，敬请读者批评指正！

萧鸣政

北京大学人力资源开发与管理研究中心主任

北京大学政府管理学院人才与人力资源研究所所长

2017 年 2 月 2 日

第一部分

教育与教学问题研究

　　本部分主要是对教育和教学相关问题进行探究，主要以素质教育的问题与改革为中心。作者首先对当前我国素质教育的重点难点进行了分析，接着对"择校"的问题、当前我国高校的排名等有违素质教育的具体问题提出自己的思考。在对现有问题进行了深入分析之后，作者提出了自己对于古今中外教育思想的见解，对孔子的教学方法做了分析，取其中的精华供现代教育教学研究参考，不仅包括孔子的因材施教思想，还包括了教育评价方面的内容。其次，作者以一篇怀念恩师的感人文章，间接向大家传授了其导师的教育理念。接着在教育思想的指导下，尝试对素质教育改革途径与方法进行探索，包括教学过程、课程设置、课程改革等内容。最后，指出了素质教育在实践方面的误区，并提出了素质教育人力资源开发观的新观点，其中作者的研究表明品德测评、督导评估对于素质教育具有不可代替的作用。

　　本部分对于了解当前素质教育改革的重点、难点问题与相关对策，正确理解人力资源素质论观点对素质教育改革的指导思想具有重要意义。

试论教学改革全面深化的关键 *

教学全面深化改革的关键在哪里？这个问题不明确教学改革就很难全面地深化下去。有人认为关键在于改变人们传统的教学思想与观念。事实证明这是难以奏效的。有人认为关键在于采取行政上的命令甚至法律上的强制来推行改革试验中取得的成果。这是否妥当？本文认为目前教改要全面深化下去，关键在于进行考试的配套改革。长期以来，一谈教改人们想到的就是教学思想、教学内容和教学方法的改革，很少提到考试改革，似乎在教学改革中考试改革无关紧要。实际上并非如此。

一、考试作用牵制着教学目的贯彻与实现

考试，在这里是指按某一标准对教学效果的检查活动。考试作用是指考试产生的社会实际影响。从理论上来说，考试仅是一种反馈师生双方教学效果的活动，是为贯彻与实现教学目的服务的。事实上却远非如此。考试所产生的作用决非仅限于教学的内部和为教学目的的服务性。它的作用具有广泛的社会性与长期的后效性。

如果我们狭义地把教学过程分为备课、上课、作业的布置与批改、课外辅导和考试五个环节，那么广义的教学过程就是这五个环节的连续循环。在第一个循环中，由于考试环节置于其他环节之后，师生可以自由地按既定的教学目的进行教学。此时所进行的考试是直接服务于教学目的的。但从第二个教学循

---

* 原载于《赣南师范学院学报（哲学社会科学版）》1989 年第 4 期。

环开始，师生双方就会受到前面考试作用的影响。当考试结果支持或证实了前段教学是成功的话，那么师生将仍然会继续按照原订的教学计划去贯彻与实现教学目的。否则，客观上（主观上可能不是这样）考试将会改变师生原先对教学目的贯彻与实现的态度，使教学活动偏离教学目的而向着考试作用的方向进行。当考试的作用仅限于教学过程内部和对教学情况的反馈时，考试所起的作用是中性的、良好的，对教学起着促进作用。但当考试与外部的某种社会价值相联系而发挥评价功能时，例如规定分数高的升级，不及格的留级，或者规定分数高的标志教学效果好，而分数低标志教学效果差，则考试对教学的作用就会是剧烈的，带有刺激性的。中国的科举考试，因为与取士相联系，规定成绩越好做官越大，因此在整个封建主义教育中科举统治了1300多年，最后把教育引向到社会需要的反面。

那么，是否可以取消考试或把考试的作用限于教学内部而不与任何社会价值相结合呢？这显然是不行的。倘若取消考试，由于教学周期长，一旦缺乏对教学情况客观的反映，教学目的将无法在教学过程中得到正确贯彻并保证它最后的实现。倘若考试与任何外部的社会价值相分离，由于师生双方的教学劳动得不到社会的承认，教学效果的差异得不到社会价值上相应的反映，那么，师生最终会按着"下推原则"放弃对教学目的贯彻与实现的努力。事实上，从汉朝到清朝，不少人曾几度废除了科举考试，但结果都行不通，不得不马上恢复。"文革"期间曾取消考试，结果如何呢？高考之所以能对教学起指挥棒的作用，也就是因为它与"饭碗""地位"相联系，是升学率与教学质量及教师利益相联系的结果。当宣布大学毕业后不包分配时，据说不少中学的学风就明显不如以前好了。

实际上，教学目的只是宏观上对教学过程起控制作用，而微观上却是考试的作用直接调节着教学过程的进行。任何一个学生或教师，不能不受到考试的作用与影响。不少教师感叹说，我不是不想贯彻与实现教育目的使学生全面发展，但统考成绩上不去到时面子没地方搁啊！学生说，我很想按自己的兴趣爱好去学习，但考试分数不及格，到头来一切都是空的。于是，教学成了考试的奴隶。学生读书是为了考试及格，得个文凭，或考上大学找份工作；教师教书是为了教每个学生如何答题，得个像样的分数。题海战术代替了能力的训练，抄背笔记代替了内容的理解，模仿记忆代替了方法的掌握，考试内容代替了教学内容。所以教学改革要全面深化下去，必须注意进行考试改革并控制它对教学的导向作用。

二、考试的内容规定着教学的内容

虽然表面上教学内容决定了考试内容。教什么则考什么，命题内容以教学内容为根据，但实际上师生双方却是考什么就教什么学什么，不考的则就不教不学。考试占分多的内容就多教多学，考试占分少的内容则就少教少学。考试的重点难点则就大讲特讲，成为教学的热点。教学大纲规定的内容无形中受到考试的制约和规定，得不到全面的贯彻与完成。读者不妨想想，四书五经之所以成为我国古代几千年始终如一的教学内容，不就是因为它一直被作为必考的内容吗？历史上汉代曾规定：考试通经愈多的人，则做的官就愈大。因此自汉武帝到西汉末不满 100 年，经学大师多至一千余人，一句经文解说多至百余万言，以致在学术史上，经学在两汉达到了全盛时期。当时取士的标准就是学校教学的目的，考试的内容就是学校教学的内容。学校的教学计划也都是按照科举九经取士的要求来安排。① 过去是这样，现在又何况不是如此呢？高中的教学完全被高考所规定。高考分文理两科，教学则分文理两班。理科不考史地，文科不考理化，则文科班就随之不教理化，理科班不学史地。为了引导广大中小学师生全面教学大纲内容，命题的人不得不打运动战与游击战，疲于奔命，既要保持重点教学内容，又要打一枪换一个地方。例如高中的作文题，前几年一直是给材料的非命题作文，但 1988 年却意外的是命题作文"习惯"。该年9 月我有机会见到了国家高考语文命题组组长章熊研究员，问起此事，他解释说 1988 年高考突然改变作文命题方向主要是考虑到几年来一直是给材料的非命题作文，导致广大中小学一味地进行给材料非命题作文的训练，对传统的命题作文不够重视了，给作文教学带来不良影响，因此我们不得不让"高考指挥棒"调转一下它的方向。

---

① 参见毛礼锐等：《中国古代教育史》，人民教育出版社 1979 年版，第 286 页。

也许一个刚从事教学或新任课的教师开始会认真地按大纲要求全面教学，但他一旦接受了某次统考或发现了考试的重点与难点后，他将会像其他精通考试内容的教师一样，自觉或不自觉地使自己的教学服从于考试为内容，改变原先认真全面完成大纲的态度。

为什么考试内容能够规定教学的内容呢？首先是因为考试具有评价功能。从理论上来说，考试内容是教学内容的科学抽样，能够全面地代表教学内容的总体特征。人们因此认为可以根据考生对考试内容掌握的程度来判断教学效果的大小。然而实际并非如此。由于考试时间的限制与命题人的倾向、水平的局限，考试内容只能选取到一些非常有限的教学内容。而且教学内容越多越长，则考试内容就相对地越少越有限。但这很小一部分的内容却是评价全部学业的依据，显然师生就会按照考试内容的要求来选择自己的教学内容。其次是因为考试具有标准性。考试是教育行政部门检查教学质量的重要手段，他们常常采用统一考试的办法来检查和衡量各校或各校师生的教学水平。而考试的分数则看作是考生在知识能力上所达水平的量化，具有客观性和标准性。教学劳动价值的大小被转化为考试分数的高低，而考试分数的高低又取决于考试内容掌握的程度。因此，这就不能不引诱师生把大量的教学量投放到教学内容中那些考试内容上，按着考试内容的要求来进行教学。再次是因为考试具有权威性。考试是目前社会各阶层普遍用来评价师生教学质量的唯一手段，也是人们普遍感到公正可信的评价方式，因而它具有绝对的权威性。考试成绩好、升学率高则教学质量就好，考试分数高则就认为知识博、能力强、有前途，能得到社会上各种相应的荣誉与报酬。这样就不能不引诱师生挖空心思地去搜寻与追求所考的内容，把自己的教学内容规范于考试内容之内。人人都有以尽量少的劳动获取尽量大的价值的实惠思想，因此任何人都会认为与其老老实实全面完成大纲来获取一个高分，还不如专门抓住那些考试内容来取得高分。因此，要改革教学内容，必须从改革考试内容开始，考试内容的改革必将引导教学内容的全面改革。

三、考试的形式制约着教学的方式

与教学的目的与内容一样，宏观上教学的方式决定了考试的形式。时间上，教学方式对考试形式的作用要先于考试形式对教学方式的反作用。古代，我国的教学方式基本上是个别教学及口耳相传，因此考试的形式也是口试与个别考问。随着班级教学方式的出现和普及，统考笔试才逐渐发展和成熟。随着自学方式和远距离教学的发展，我国考试的科学化和标准化才日益受到重视。然而，实际上考试的形式却制约着教学方式的发展。怎么考则就怎么教。例如我国古代的科举考试，其形式主要有口试、帖经、墨义、策论和诗赋。除最后的诗赋外，其他形式大多是要求学生死记硬背。口试是让考生背诵儒家的经文原句，帖经是主考官择一页经书，遮盖全文仅留一行，再裁纸为帖盖上三五个字，要求考生念出或写出被盖住的字，墨义则是从经书中抽出若干问题，要求考生用经书原文对答，策论是主考提出一个问题，要求考生临场撰文回答。显然，若策论能联系实际提问，则可以引导学生养成理论联系实际的学风，在真才实学上下功夫。事实上当时的策论大多有一套陈规可循，其出题方向、内容与答法均有一定的方式，因此当时考生往往把以往的策论内容编级而熟背，以应付考试。至于诗赋，明朝中叶以后则被八股文的撰写代替了。文章规定由破题、承题、起讲、入手、起股、中股、后股、束股等八部分组成，故俗称八股文。这种八股文形式上有一套固定的格式，内容上又有严格的规定。因此在科举考试形式的影响下，当时的教学方式则流于"灌输"和"填鸭"，学生常常是读书千遍其义不辨。正如教育史记载的那样，"结果养成学生只重视记诵不求义理的读书习惯"，"学校教育只能培养出记诵经典章句、善于文辞而缺乏实学的人才"。过去是这样，现在又何尝不是这样？由于命题的人大多是翻书找题或从习题集中选择、摹题，因而师生的教学方式就是讲题、背题、押题、搞题海战术，搞满堂灌。叫学生背原理、记公式、套步骤。由于文科试题的评分主要是按要点是否全面齐备来给分，因此师生的教学方式就是讲要点、记要点和背要点。现在从高（初）三甚至高（初）二下开始，师生的教学就是围绕着解题、猜题和押题的训练。尽管教育学教论中总结的教学方式多种多样，但实际中运用的又有几种？长期以来，人们之所以习惯老师讲学生听的课堂教学方式，不能不说是与人们一直运用笔试统考这单一形式来检查教学效果有很大关系。只用学生单方面的考试分数来衡量师生双方的教学质量，且考试又大多限于记忆性的笔答方式，因此师生也就不能不去套个模式、记个结论，讲个步骤、记个方法。因此，要改革教学方法或方式，就必须改革考试的形式，使考试的形式与教学的方式相配套，在方向上、要求上相互一致。如果只有启发式的教学没有启发式的考试，只有教学方式的多样化没有考试形式的多样化，那么教学方式最终将规范于考试的单一性，教学方式方法的改革最终将难以全面展开，也难以持续地深入。

总之，考试的目标与作用牵制着教学的目的，考试的内容规范着教学的内容，考试的形式制约着教学的方式。几千年来的历史证明了这一切，可以说它们是教学内部的规律。因此，尽管我们对教学的方式、内容及其体制的改革作了很多努力，反复强调要改革传统的教学方式，进行启发式教学，培养学生分析问题和解决问题的能力，要贯彻德智体美劳全面发展的教育目的，并三令五申不要片面强调智育，不要片面追求升学率，不要搞题海战术。但现实情况如何呢？题海战术愈演愈烈，片面追求升学率愈演愈烈。仍然是智育冲击着其他各育，教育目的无法全面贯彻实现。考试不是充当教学过程的反馈环节，而是成了整个教学围绕的轴心；考试不再是作为教学的一种评价手段，而是成了教学活动的目的和驱动力。考试形式与内容的陈旧、落后成了当前教改的最大障碍。它不但阻碍了教学改革的新探索，而且束缚了教改中成功经验与方法的全面推行。因此，教学改革的全面深化必须有考试的相应改革作保证。没有相应的考试改革教学改革，将难以持续深入；没有相应的考试改革，教学的全面改革将难以突破。

苏联赞可夫十年的教改轰动了世界，因为没有相应的考试改革而未能在苏联国内推广。相反地，我国汉代因改革了以往的考试，以经学为统一的考试内容并建立了完备的考试制度，因此学校教育的规模与质量短期内达到顶点。隋末唐初因变革"九品中正"为科举考试，结果使濒于废驰的学校教育崛起并达到了当时世界的先进水平。清末科举考试的改革使中国在近代教育史上首次出现了完备的学校系统，带来了教学内容、教学方式与教育体制的全面改革。因此，我们可以相信，考试改革必将促使教学改革的全面展开与深入进行。

教育改革实践难点问题的分析与思考[*]

——兼论品德测评问题的研究

　　自从《中共中央关于教育体制改革的决定》颁布后，我国的教育改革掀起了一个新高潮。《中国教育改革和发展纲要》颁布后，教育改革更是一浪高过一浪。然而改革实践中我们所遇到的难点问题也越来越多。

　　中小学教育为什么始终走不出"片面追求升学率"的误区？素质性教育能否替代目前的应试性教育？高考与中考的改革该向何处去？德育总是强调首位为什么总是不见到位？德育整体改革的可能突破口在哪里？在市场经济改革的大潮中，我们要强化德育工作，防止贪污和见利忘义等不良行为的出现，培养人们合作共事，相互关心，讲求质量与效益品质；要狠抓产品质量；要人尽其才，人尽其德。合理地进行人才交流与分配，最大限度地发挥人的潜能与作用。面对当前这种社会需求，德育工作强化的最佳形式是什么？商品经济要讲质量求效益，主张中国质量万里行，教育应树立什么样的质量观？督导评估应以什么来保证教育的质量？社会主义市场经济改革要打破计划经济的调节模式，实行劳动人员的优化组合，光从才能技术上考虑能真正实现优化组合和最大限度发挥工人的潜能吗？这一系列的现实问题既使人迷茫又令人深思。本文就以下 6 个难点问题，谈谈自己的一些想法。

---

　　*　原载于《河北大学学报》1995 年第 1 期。

一、抑制片面升学率的关键是什么？

中小学教育，是基础素质培养性的教育。基础素质包括德、智、体、美、劳诸方面的因素。学校与领导应尽最大努力来促进学生基础素质的全面和谐发展，但实际情况却并非如此。从城市到农村，从"第一世界"学校到"第三世界"学校，领导喊得最响的是德育，但务得最虚的也是德育，教师干得最起劲的是智育工作，最厌烦的则是德育工作；学生学得最用功的是数、理、化、外语、语文，而最不在意的则是品德修养；家长最关心的是孩子的学科成绩，而最疏忽的则是品德培养；学校办公室中挂在最显著位置的是升学考试的奖状；学校工资赚最多的人一般是外语、数理化、语文等学科的教师；平时人们最热门的论题（尤其暑期开学后）是"升学率"……这一切好像早已成为教育社会现象中的定律，成为普遍的教育习惯，从上级教育行政领导到下面的教师、学生，从整个社会到单个家庭，人们好像很少去也无法去冲破以上种种片面追求升学率势力的束缚。教师学生们习惯于温顺就范。考什么则教师就教什么，学生也就跟着学什么和背什么，背什么学生最后也就只能会什么，成为一个个知识小口袋，导致了教育的畸形走向。

对于片面追求升学率的这种错误做法，1964年从中央到地方各级报刊，就曾组织过文章讨论批判。1977年恢复招生考试制度以来，社会一再广泛地呼吁，领导干部也一再想方设法纠正，甚至教育行政部门还联合政府其他部门甚至工商行政等管理部门，联合发禁令，进行综合治理。此外，国家也不断地扩大高校招生数额，拓广就业门路。国家还对学校办学去向与教育质量开展督导评估。但为什么如此种种的努力都无助于制止中小学片面追求升学率的现象呢？为什么有的地方还愈演愈烈呢？为什么中小学校教育总走不出"片面追求升学率"的误区呢？对于这些问题前几年教育界进行过大讨论，其意见主要归纳为以下四个方面。

1.客观上是中学毕业生就业难，大家都要考大学。高中升学率相对愈来愈低，而人们对上大学的欲望愈来愈强的矛盾日益尖锐；主观上存在各种各样的偏激作法，例如进行各种各样的升学排队，升学考试太难，随意增加考试科目、授课时间，砍掉非考科目的授课时间，教研室变成了考研室等。

2. 症结在于办学思想不端正，对教育的社会职能、基础教育的性质与任务认识不明确，缺乏思想观念和具体政策上的有效调节。

3. 主要原因在于教育培养目标没有具体落实，社会对教育质量观有狭隘理解，仅以升学率为标准。

4. 根本原因是高校招生制度不完善。但有关考试权威人士认为，即使高校招生制度完善后，仍不能消除片面以分数追求升学率的现象。因此，其原因是人们没有遵循教育计划，教育规律，不按规则去竞争升学率[①]。

以上四方面的分析，虽然基本上能够解释导致片面追求升学率的主要原因，但是其中前面三条的分析与解释，不足以说明片面追求升学率现象产生的根本原因。实际上，根本原因在于高校招生制度的不完善，然而高校招生制度不完善的地方又是什么呢？许多人认为在于招生录取的标准制定得不完善与执行的不坚决。虽然国家明文规定，招生录取的标准为"全面衡量择优录取"，但实际执行起来却是全面变成了"单面"，择优等于是"择分"。平时很优秀的学生，因为考试成绩仅差零点几分就进不了录取档；思想品德无论多么突出，分数差一点也不能录取。但有人对上述解释予了否定，指出以上批评不尽贴切。1977年全国恢复招生考试的第一年，许多人考试分数很高，却是因为"政治思想"方面考核有问题而没有录取。"全面衡量择优录取"这一标准要求对德智体几方面进行考核衡量，本身应该说还是比较完善的，若有不完善之处，实际责任在于执行者不按要求执行。

在以上观点之外，又有人提出了第五种观点，认为把"升学率"作为衡量学校教育质量的一个标准，本身并不存在什么错误，学校去追求"升学率"本身也说不上有什么罪过。尤其在目前高等教育尚不发达、就读学生有限的情况下，完全可以说是一种正常现象，实际错就错在"以升学考试分数为标准的片面追求"上。

然而，导致以考试学科分数为标准，片面追求升学率的根本原因又是什么呢？人们对此似乎未曾去深究。应该说根源是德、体衡量与考核的方法，存在一软二低三舞弊的现象。

---

① 参见毛礼锐等：《中国古代教育史》，人民教育出版社1979年版，第286页。

目前，就德方面的考核衡量方法来说，都是由考生所在学校的班主任或基层党团组织干部写一个政治思想考核表或操行评语表。同一种行为思想，可能甲老师说好，而乙老师说不好；同一个人可能班主任评语鉴定很好，而政教处或校领导认为有问题。这就是说，目前的品德考核缺乏客观的测评标准和过硬的测评方法。学科考试是全国统一举行，身体检查是医院医生采用器械检测，而品德考核却由学校本身说了算，因而品德考核的方法显得十分软弱。由于软弱，有些人就乘虚作弊。操行评语光写优点不写缺点，品德水平蓄意拔高，错误缺点刻意修饰，小偷小摸行为可以写成手脚灵活。某省的招生管理部门，为了多考上几个大学生，因发现有个考生分数上了线但操行评语太差，怕因此影响录取，竟然打长途电话责令考生所在学校领导带公章前来招生办改写考核评语。由于这种思想品德考核的舞弊性与虚假性，因而其可信度非常低，招生录取人员往往对它不屑一顾。即使写得很真实的评语，也不起作用。录取时，对德育方面的标准要求相当低。只要你不反党反社会主义，不犯法就行了。身体方面的考核，目前也有混乱随便现象。只要你认识检查医生，色盲的人也可以学冶金专业。只要你没有暴发传染病即可以录取。在人们看来，品德考核是假的，身体检查是虚的，考试分数是实的。这些促使人们最后认为，唯一可以相信与用来区分考生的标准只有学科的统考分数。正因为如此，有关招生考试权威人士才认为，照此状况发展下去，即使招生制度改革取得了很大成功与完善之后，仍不能消除人们以学科考试分数片面追求升学率的现象。

有些人反对以升学考试分数为录取标准，在当前情况下，这是既不现实又不合理的。试想如果取消以学科考试分数为录取标准的现行做法，那么最后代之以品德的考核评语，或者代之以身体的检查结果为标准，难道会比目前的招生录取更客观更公正一些吗？因此，中小学要想走出"片面追求升学率"的误区，回到素质培养与发展的教育轨道上来，关键就在于拿出一个像学科考试那样过硬且令人可以接受的品德测评方法来，同时也拿出一套可以对身体素质全面测试的方法来。这样，招生办想要人们去改写的也许不会首先是评语了，很可能会是学科考试分数或体检结果了。

二、德育不到位、不落实的根源何在?

德育为首,这是前些时候从中央到地方的一致呼声,但德育在学校全部教育工作中实际处于什么位置呢?可以说,长期以来德育在学校一直是说起来重要,做起来次要,忙起来不要。有人认为产生这种现象的原因是人们一直不重视德育。事实表明并非如此。纵观古今中外的历史,统治阶级无不以德育作为政治的重要手段。学校德育始终为历代政治家与教育家所重视,并把它放在重要的地位,这是普遍规律。我国党和政府也不例外,历来十分重视加强学校德育工作。1949年在全国一解放的首次教育工作会议上就强调指出,要加强政治思想教育,树立革命的人生观。1954年政务院发布了《关于改进和发展中学教育的指示》,要求对学生坚持"五爱"教育和劳动教育,自觉纪律教育;1955年教育部制定公布了《关于实施"中学生守则"的指示》;1958年教育部颁发了《关于中学学生操行成绩评定问题的通知》;1963年中共中央颁发了《全日制中学暂行工作条例》和《对当前中小学教育工作几个问题的指示》,指出在中小学阶段,必须十分重视德育。中小学教育的根本目的在于培养坚强的革命后代。尤其在打倒"四人帮"以后,党中央和教育部更加重视德育工作了。平均每年都要颁布有关文件召开专门会议。1978年1月,教育部颁发了《全日制中小学教学计划试行草案》,规定从小学开始设立思想政治教育课,后来小学改为思想品德课,中学仍为政治课,大学则思想品德课与政治课兼而有之;1979年4月,教育部专门召开了全国中小学思想政治教育工作座谈会,要求坚持四项基本原则;1980年7月,中宣部、教育部、公安部、共青团中央、全国妇联等9个单位联合发布了《在青少年教育工作中各有关部门的职责分工试行意见》,要求"各级各类学校都要深入地进行坚持四项基本原则的教育、革命理想教育、共产主义道德和法制教育,进一步贯彻《中小学生守则》,把学雷锋、争三好、树新风的活动持久地开展下去"。1982年颁发了《全日制小学思想品德课教学大纲》,1983年教育部着手对中学思想政治课改革实验,把研究制订学校思想政治道德大纲列为"六五"期间教育部的重点科研项目,使德育工作走上了科学化的正轨。同时还召开了思想教育工作汇报会,要求教育部门各级领导必须把思想政治教育摆到重要地位;1985年,发布了《中共中央关于改革学校思想品德和政治理论课程教学的通知》，同时召开了全国学生思想政治工作研讨会；1986 年，国家教委召开了切实加强少年儿童思想品德教育宣传贯彻《大纲》的座谈会；1987 年，国家教委召开了专门会议，就深化德育改革和如何开展德育实验工作进行了研讨，并制定提出了《中小学生日常行为规范》；1988 年 12 月，中共中央发布了《关于改革和加强中小学德育工作的通知》，国家教委还发布了《关于学生品德评定的几点意见》。随着"德育为首"口号的提出，各级党政部门与教育行政部门更是接二连三地召开加强与改进学校德育工作的会议，提出了种种具体的要求。目前，中小学思想品德政治课专职、兼任课教师已有近 30 万人，班主任近 500 万人，专职团、队干部 10 万多人。还涌现了一大批教书育人和德育研究的先进典型（以上内容参考《教育年鉴》）。纵观以上的大量事实，说明中华人民共和国成立以来，德育工作不但在领导上、思想上和政策措施上越来越受到重视，在组织机构上和队伍建设上也愈来愈得到加强，而且还形成了以科研为先导、教学为主体、多途径全方位综合培养和科学化的德育体系。但为什么在这一片"重视""加强"的舆论中，在一系列强有力的措施中，学校德育不仅没有得到加强，反而呈现渐渐淡化，每况愈下的趋势呢？

有人认为德育一直不到位的主要原因是政策误导，德育尚未建成教育实体，没有建立起与多元的开放的经济模式相适应的德育体系，学校缺少把德育放在首位的社会环境；有人认为德育一直不到位的主要原因是办学指导思想上出现了偏差，重智育，轻德育，片面追求升学率；还有人认为，德育一直受不到重视的主要原因在于，德育本身缺乏科学性，低效能，在德育内容与德育方法上流于"远、大、空"。

所有以上这些对德育不到位的原因分析，无疑都有其合理之处，但是如果仅仅从这些原因去解释目前德育在学校软、弱、涣、散的状况，并由此去寻找有关的对策与纠正措施，也许又只能是重蹈过去的覆辙，收效甚微，甚至会无济于事。"德育首位"之所以一直游离于学生家长及教师的思想之外，活像一架穿梭在学校上空的"轰炸机"而却命不中师生心中的工作目标，其关键之处就在于对学生品德这一"目标"缺乏科学测评这一"导航机制"，除"文革"十年的动乱外，智育一直被学校、社会、家庭所普遍重视，谁也没有去高喊口号强调它，其关键之处也可以说在于它对学生的学科教学成绩，有被人们所接受的测评方法——考试。

三、德育整体改革的突破口在哪里？

德育是一种塑造与改造学生心灵和建设社会精神文明的复杂系统工程。德育活动，包括德育目的、德育内容、德育方法、德育途径、德育主体、德育对象、德育组织计划、德育管理、德育测评等多种因素的相互作用。因此，人们目前比较注重于德育系统和整体改革，注重于从整体综合的观点来提高德育的效果与效率。这无疑是符合科学的。对德育活动中的各个要素进行全面统筹性的改革，进行优化组合，比起传统的零打碎敲性的单项改革来说，其最后所取得的效果显然会好一些。然而，在实践中，整体性的德育综合改革是否行得通呢？整体性的德育改革如何进行，是面面俱到地全面改革，还是有所选择地以某个单项改革为主，综合兼顾其他方面，仍然还是一个值得研究的问题。

我国德育的整个体系，从目标确立到最后考核的各个环节，与当前的经济改革虽然还存在许多不适应的地方和问题，但是，就其结构与因素来讲还是比较适合的。这就相当于对一个身体素质尚好，但整体调节防御功能差，经常患头痛、鼻塞、泻肚、咳嗽、便秘等病的病人，是病病下药还是抓住病根治疗。显然中医是侧重后者。同样，德育的整体改革，与其针对各个问题进行"全面"性的改革，倒不如以其中某个问题的改革为突破口，带动其他问题的系统改革。这种改革，不但比过去那种孤立的单项德育改革效果要好，而且比今天这种全方位的"面面"改革也好得多。

德育整体性综合改革的突破口在哪里呢？有人认为在目标，德育目标对整个德育活动起着导向作用与控制作用；有人认为，德育内容是德育思想与德育目标的具体载体，整个学校德育工作都是为完成德育内容的传授而进行的；有人认为在于德育方法，德育方法把德育主体、德育对象、德育目标、德育内容联为一体，它是纽扣。对于所有这些设想，事实上人们都已分别做过改革的尝试，作出过极大的努力，但最后所收到的效果却是有目共睹的，并没有给学校德育的整个面貌带来什么大改观。德育在学校中的地位依然故我，仍然是被排挤、被轻视，因此整体德育综合改革的突破口应该是在于德育测评的改革，在于学生品德测评的科学化。学生品德测评的科学化能够客观地反映教师的德育效果，反映学生的品德素质与修养水平，由此也就会促使教育者与受教育者对德育内容、德育方法，乃至德育目标的自觉改进与改革。

四、教育何时能回归到素质培养与发展的教育轨道？

目前教育理论界，日益强调中小学教育要进行从应试教育到素质教育的转轨。这一思想已被越来越多的教师、家长与社会各界人士所接受，但最后能行得通吗？笔者曾访问过一些中小学教师，他们一致认为，如果对学生的品德、体质、智能不建立起科学的测评手段，仍然像目前这样，招工、晋级、评优、升学最后还是以学生考试分数为准，那素质教育就只能是一种美好的口号而落实不到具体的教育工作中，教育规律就只能任人践踏与违背。

在人的素质当中，除一些纯由生理机制决定的素质外，其余的基本上都可以归结为品德素质或与品德素质有直接关系的心理素质。例如，一个人是否善于发现问题与解决问题，一个人的健康长寿程度如何，都与其品德有直接的关系。古人有"志不强者智不达"之说，有"志大则才大，事业大"之说[①]。也有心宽体胖、积善成德、延年益寿之说。

因此，在某种程度上来说，只要品德测评能科学化，就会在很大程度上促进应试教育向"素质教育"的快速转轨。

五、高考改革该向何处去？

高考作为一种为高校挑选人才的方式，应该继续完善与发扬中国古代德才兼备的选人原则。然而现实却是以"知识记忆"代"能力考试"，以"学科分数"替"德才标准"，路越走越狭，批评越来越多，高考已到非改不可的地

---

① 参见《张载集·正蒙·至当篇》。

步了，然而高考改革该向何处去呢？有人提出从改革考试方法方面开刀，变一次考试定终身为二次考试择高下，把高考分成高中会考与专业选拔二次考试。这对于解决高考一身两任，既作为中学教学质量评价方法又作为高校人才的选拔手段之矛盾，显然有一定效果。但这种改革对于高考在人才选拔功能上的改观产生了多大效果呢？在德的考核上有了什么改进呢？高等教育，无论是作为专业人才的基础教育阶段，还是作为职业分流的终端，都要求高考能够对所选拔人才提供品德素质、行为特征和智能水平等方面的客观信息。这一方面有利于各高校的学科专业选择到合适的人才，另一方面有利于因材施教，继续促进其身心的全面发展。从现在及未来人类的竞争与发展来看，关键也在品德素质。有关未来学者预测，未来的教育能够而且也应该在发展品德，培养未来社会必要的性格、品德方面负起责任。这些必需的性格、品德包括：向他人开放、有个人判断能力、能适应变化并积极、创造性地掌握这些变化。

现在优生优育的思想普遍被人接受，独生子女普遍增多。如何促进与提高后代的智力与体质水平，已成为家庭建立与发展中的一项重要内容。孩子什么时候要，怀上孩子后怎样尽可能地提高他智能与体质的内在机制，孩子出生后如何促进他智能与体质的进一步发展，近年来越来越成为年轻父母终日思考与研究的问题。由此不难推断，学生个体间的智力与体质差异会越来越小。品德发展却会呈现相反的趋势。许多事实表明，现在学生个体间的品德素质差异已越来越明显。这种社会现象趋势揭示人们，一方面要加强德育，因材施教，另一方面最好以品德素质作为人才选拔中的区分标准。显然这要求高考的改革，应把学生品德测评作为一项非常重要的研究内容。

六、当前强化德育工作的最佳方式是什么？

当前我国正处于市场经济的发展之中，强化德育工作的最佳形式是什么呢？纵观中国 40 多年的德育发展史，人们不难发现，每当我国致力于抓经济建设的时候，大家就往往容易忽视德育，轻视德育。因此党的十四大及邓小平同志一再强调，社会主义初级阶段，要坚持一个中心两个基本点。要两手抓，不能一手硬一手软。思想政治教育工作不能放松。

我国是一个从半殖民地半封建国家脱胎而出的国家，社会主义机制还不很完善。随着对外改革开放的发展，各种资产阶级、封建腐朽的东西会乘虚而入，这就要求我们对德育工作丝毫不能放松。另一方面，新形势又要求我们不能光用老一套的说教方式进行德育，也不能仅用灌输的方式进行德育。笔者认为，品德测评既是一种评定方法，又是适合于当前经济改革的最佳德育方式，尤其是那种以优化学生品德发展为目的的教育性品德测评。通过自我测评，让他自己教育自己；通过学生相互测评，既让学生受到相互教育，又培养起民主参与意识；通过家长测评，让家长在家庭教育方面积极配合学校德育，形成一致的教育合力，同时又能唤起父母的德育意识。品德测评通过测评把德育目标与德育要求具体化、条理化，使学生学有榜样，行有方向，自我检查有依据。通过品德测评，调动学生自我教育的积极性，改变传统德育方法中受教育者被动接受观念的思想教育模式。在品德测评活动中，德育者主要是对受教育者行为的督导与检查，真正的德育主体是学生自我。进行品德测评的时间虽然不长，一般是10—40分钟左右，但通过自我测评，学生认识了自己的不足与长处，对德育产生了积极的需要感，因而几十分钟测评或指导的德育效果，远比过去几个小时的满堂灌的效果要好。因此，从当前德育方法的改革来说，进行品德测评的研究也是十分必要。

此外，当前的市场经济要求人们树立产品商品质量观。显然，要求教育在市场经济中也应有一个正确的质量观，尤其对学生的品德应该有一种科学的检测手段，以便鉴别学校德育质量的高低。有人说学科考试成绩不合格是"次品"，身体素质不合格是"废品"，品德素质不合格则是"危险品"。此话虽不是很合理，却也道出了教育要有一个品德质量观念的问题。因此教育质量观的建立迫切要求品德测评的科学化；中小学德育工作督导评估，也迫切要求建立一套科学的品德测评方法。否则我们对于德育的督导评估就会流于形式，落不到实处。

当前所推行的招聘用工制度改革与人力市场的兴起，目的是要人尽其能，物尽其用，挖掘潜力，优化组合。这一切都同样要求有一套科学的品德测评方法为其服务。能够对劳动者的各种品德素质及其修养水平进行鉴别，便于人事部门与用人单位招聘选择，合理调配。事实表明，集体劳动与工作的效果和效率，在很大程度上要受到人员间的人际关系、个体品德间的协调与互补的影响。因此，以上所有迷茫的问题，都归结为迫切要求对品德测评问题进行科学的研究。

关于当前素质教育的难点分析与改革[*]

一提起素质教育，有人便会认为是近年来的新名词新现象，是针对应试教育提出的新要求，其实不然，这是一个老问题。众所周知，过去虽然我们没有提过"应试教育"这个名词，但应试教育的活动与现象一直存在，那就是片面追求升学率的行为。"应试教育"可以说是人们对"片追"现象的一种理论归纳与概括。"片追"问题的突出表现在于学校教育的重智轻德，在于教学过程重知轻能，在于知识传授重考试内容轻其他学科内容。实际上纠正"片追"问题很早就开始了，1954 年政务院发布了《关于改进和发展中学教育的指示》，要求学生坚持"五爱"教育和劳动教育，自觉纪律教育；1955 年教育部制定公布了《关于实施"中学生守则"的指示》；1958 年教育部颁发了《关于中学学生操行成绩评定问题的通知》；1963 年中共中央颁发了《全日制中学暂行工作条例》和《对当前中小学教育工作几个问题的指示》，指出在中小学阶段，必须十分重视全面贯彻党的教育方针，重视其升学率的问题，平均每年都要颁布有关文件或召开专门会议，但为什么"片追"问题一直没有纠正过来，而且愈演愈烈，以至今天把它定名为应试教育，上升到教育理论的角度，关键问题就是教考分离两重皮。

新中国成立以来，我国的教育方针基本是正确的，教学计划与教育计划是全国的，课程设置与教学形式也是丰富多样的，但最后的教学行为与效果却远离了全面贯彻党的教育方针培养全面发展现代人这一素质教育的轨道。其根本原因就在于我们最后的一个教育环节出了问题。众所周知，我们一直是以考试

---

* 原载于《赣南师范学院学报》1999 年第 2 期。

的形式来评估与检查学校的教育行为与结果，虽然我们理论上与指导思想上并不是如此，但实际却是如此。考试形式的内涵与外延本来也是广泛的，例如最初的科举考试中也有策论等形式，但我们今天考试最后的落脚点却是只有书面知识与简单分析判断能力的标准化考试。这种宽教窄考的悖逆现象又怎么能把广大师生的教育行为引向素质学科教育？中小学教育的根本目的在于培养坚强的革命后代。尤其在十一届三中全会后，党中央和教育部更加重视纠正片面追求质量，但实际效果不佳。最后不但素质教育没有到位，而且越离越远，教育与考试成了一大一小的两张皮，而且是难以粘合的两重皮！

那么如何解决这个难点问题呢？方法自然多种多样。有人以为最简单的方法是去掉考试这张皮，也即取消考试，就近入学，让教育这张皮一统天下，这样问题不就解决了吗？问题果真解决了吗？其实不然。问题之一，作为义务教育阶段的小学升初中可以取消，但作为非义务教育阶段的初中升高中考试仍然存在，最为根本的是高中毕业升大学的大统考难以取消。这种前不考后要考，小不考大要考的前后不一的改革不但使部分学生不能适应，而且也让一部分家长与教师担心。有位一直教初三的老师说："尽管小学升初中不再有考试了，但是中考、高考仍然存在，并且短期内不能取消，那么这些一直没有考试压力的学生如何去面对突然而来的激烈竞争呢？以前的学生可以通过大量的练习、模拟考试来逐渐适应，现在我真不知如何帮助他们走过这座中考桥了。"

问题之二，取消了考试，一方面使学生不再为决定命运的考试分数而压力重重，教师也不再为争取考试分数而给学生增加课业负担了。但另一方面，调查表明学习中等以上的学生与家长大为失落与失望，没有了竞争的动力与冲动，学习没有主动性与积极性了，而学习较差的学生感到自己占了不少便宜，为此有了学习的勇气。

如果说中学教育是对青少年素质与潜力的一种开发，那么取消考试的客观效果不就是"削峰填谷"与"杀富济贫"了吗？这是素质教育的根本宗旨吗？

问题之三，取消了考试，学校教学自由灵活多了，不再需要围绕考试这根指挥棒转，真正有了教育的自主权。但实际上目前许多学校与教师却因为没有了考试这根指挥棒的指挥变得无所适从，有的无所事事，听任学生自己发展，有的开设"围棋""象棋""球类""武术"等课外活动班，有的则开设大量"美术""音乐"等选修课，难道素质教育就是让学生玩吗？就是让他们轻松自由任意发展吗？学生学习的主动性不可抹杀，教师教学的主导性更不容否定，素质教育的真谛不在于是否取消考试，也不在于课程的种类形式与教学的内容多样性，而在于教师教学思想与教学艺术，在于教学过程之中的启发、引导与培养。

难点解决的另一种做法是初中扶持薄弱校，学生不分优劣就近入学，以便缩小校际差异。高中则扶持条件优势校，拉大校际差距，增加学生择校力度。这种做法自然有一定的道理。初中教育属于九年义务教育阶段，国家有责任创造条件使每个学生都享受同等的教育条件与机会。而高中以后则不属于九年义务教育阶段了，允许享受选择好学校，鼓励优等生上优等学校，因此政府决定大量投资，在全国办好千所示范校，并要求初中与高中脱钩，否则初中就可能攀龙附凤，校际之间就拉不平。但是这种做法所带来的后遗症也不容忽视。

其一，这种做法不利于因材施教。

每个人因为所处的家庭与环境不同，因为遗传素质的不同，最后形成的素质差异是客观存在的。这种企图以同样的条件与要求去教育每个学生，以期提高整体素质的做法是不明智的，也违背了我国因材施教的基本原则。

因材施教，小至因人而教，因情而教，中至分组施教，分班施教，大至分校施教，同等水平的学生接受同等要求与条件的教育。目前我们扶持薄弱校的做法是对的，但取消先进"重点"校，让小孩不分优劣一律就近上学的做法未必很好，水平差异很大的学生在同一课堂上课，着实让一些教师叫苦连天。

其二，这种做法不利于人才资源的优化开发。

从人力资源开发的角度来看，中学教育是教育者通过一定的教学与教育手段开发与提高学生素质与潜能的过程。就整个国家的学校教育而言，要致力于提高全民族的素质与潜能。就一个地区来说，数千数万的学生彼此差异很大，对于这样一些彼此差异不一的学生，我们有责任有义务让每个学生的素质与潜能得到最大限度的开发与提高。显然目前这种取消初中重点校，要求与示范高中脱钩，学生一律实行电脑排位，就近入学的做法难以保证让每个学生的素质与潜能得到最大限度的开发与提高。其结果很可能是挫伤了中上等学生的发展，挫伤了他们的学习积极性与主动性，牺牲了优等学生的发展，换取了落后生的发展。就学生整体素质来说，也许有所发展与提高，但这种发展与提高却不是最优化的，实际上是大平均主义，是一种趋中主义。如果长此下去，那么我们的高素质创造人才将从何而来，我们的拔尖人才从何而来，我们未来的诺贝尔奖获得者从何而来。笔者认为这种以牺牲高素质的学生的发展换取低素质学生的发展，决不是素质教育的真正本意。素质教育的真正本意应该是以先进促进落后，鼓励高素质的学生优先发展，更快发展，带动与鞭策低素质学生的奋起直追。我们的国有企业改革中一再强调要有竞争才有发展，那么这个道理在初中教育中就失效了吗？

其三，这种做法把本为一体的中学教育割裂为相互矛盾的两个方面。

初中阶段入学要求学校取消考试，消除竞争，就近入学，而高中阶段入学却鼓励竞争，鼓励择校。同为中学却接受着两种截然相反的教育思想与要求，这无疑使部分学生尤其心理素质较差的学生会感到无所适从，心里矛盾。这种把本为一体的中学割开为初中与高中两个部分，也不利于教学与教育研究，不利于高中初中教学的相互沟通与衔接。本来一个中学教师可能从初一教到高三，对同一班学生追踪研究6年，可以深刻领会与研究其中的教学与教育规律，以达到优化中学教育、培养优秀人才的目的。但分割之后，初中教师与高中教师就很难有机会相互沟通与实行一条龙教学的实验研究了。初中与高中联为一体，也有利于初中学生与高中学生的相互交流，使初中学生尽早尽快熟悉高中的学习生活，示范校初高中分离无疑在初中学生与高中学生之间筑起了一道隔离墙。

其四，这种做法缺乏长远观点。

示范校无论如何设计，客观上将是重点校，这是一种把高校"211工程"的思想与做法移植到基础教育中的行为。既然初中校际之间拉平是因为目前是实行九年义务教育之故，那么将来实行十二年义务教育了，是否又要将现在的1000所示范校削平与其他薄弱校一般齐呢？我们国家幅员辽阔，各地差别较大，中等发展地区实行九年义务教育已不成问题，发达地区的教育目标与思想就不能再停留在九年义务教育上了，而应该鼓励实行十二年义务教育了。北京、上海、广州、深圳、天津等发达城市尤其应该先行一步，这些城市的郊区也许实行十二年义务教育有些困难，但城市中心区显然没有多大问题。因此这些城市的示范校应该成为初中高中一条龙，甚至小学初中高中一条龙，培养拔尖人才应从小学开始。如果仅从高中开始，让示范校担任培养拔尖人才的重任，那么中国的许多人才资源将可能在小学初中的平等教育中泯灭了。邓小平同志曾经说过，计算机人才的培养要从娃娃抓起，难道高素质的创新人才的培养就只能从高中的示范校抓起吗？

也许有人要问，笔者用意何在，实际上笔者并无反对素质教育推行之意，只是希望进行素质教育要力求在素质培养上多花功夫，而不要在形式上过多去苛求。学生的先天素质差异客观存在，后天的学校教育不应忽视这一点，应该优生优教，差生适教，以优促差，因材施教，整体提高，优化开发。素质的培养必须从小抓起，高素质的创造性人才的培养不能横空出世，教育要求应该具有一致性，不要让中学生处于前后矛盾的教育要求之中。

素质教育是针对过去教育存在的弊端，为全面贯彻党的教育方针和提高国民素质而提出的一种全新的人才培养要求。素质教育并非对以往教育的全盘否定，并非不要考试。考试作为教育的一种检查评价形式，其存在的价值是不容否定的，教学是一种教师与学生之间的相互交流与作用的过程。在这过程中，不但时间较长，而且影响的因素复杂，如果缺乏必要的考试、检查与反馈，素质教育不但得不到加强，相反将会大大削弱，我们不能只问耕耘不问收获。然而听任目前这种狭窄的知识考试发展下去，又将束缚素质教育的推行。那么问题解决的出路在哪里呢？笔者认为问题解决的关键在于一督二改三评估。

一督即加强教育督导；二改即改革考试形式尤其是高考形式，目前的考试过于单一，追求客观性与信度，而失去了效度与教育目的性；三评估即要在督导的基础上进行评估，在评估基础上进行督导，导督评估一体化。考试作为教育过程中的最后一个环节，它是相对独立的，在教育过程中形式上应该自己独立，时间上相对滞后，因此教育与考试两重皮是客观存在的，问题在于我们要采用一种有效的黏合剂把这两重皮联接与沟通，采取有效的方法把考试皮扩大，使其与教育方针和内容的面一样大再粘合。这就需要一督二改三评估的整合与粘贴。在教育过程中，有些教育行为与结果最后可以沉淀为知识形式，通过考试加以评估；有些教育行为可以沉淀为品德形式加以测评；有些可以表现为校风校貌与有关绩效加以评估。但由于教育过程的长期性、复杂性与制约因素的多样性，许多教育行为与结果难以最后沉淀与表现出来，或者说等到最后沉淀与表现则为时已晚，对此特别需要督导的形式加以及时检查与指导，加强教育的前瞻性与有效性，提高教育的预后性与效果。笔者曾访问过一些中小学与大学的教师，他们一致认为，如果对学生的品德、体质、智能不建立起科学的评估制度，研制可行的人才素质测评手段，仍然像目前这样宽教窄考，升学、招工、升级、评优，最后都是以学生考试分数为准，重智轻德，重知轻能，重高考内容轻其他学科内容，那么素质教育就只能是一种美好的口号而落实不到具体的教育工作中，教育规律就只能任人践踏与违背。此外，从外文education 的解释，也可以知道教育本身即是一种过程行为，而过程行为如果缺乏督导则最容易偏向，因此，大力加强督导是解决全面推进素质教育问题的关键与根本保证。

综合治理择校收费问题 *

"择校收费"是一种社会综合征，需要"禁""消""宣""放""改"综合治理。

所谓"禁"，即禁止招收择校生。1995年国家教委三令五申不准招收择校生，但结果却有增无减。

所谓"消"，即政府增大对基础薄弱校的投入，消除校际条件差异。事实上我国学校多为底子薄，一方面需补的教育经费漏洞太多，另一方面教育经费的投入有一定比例限制，数量有限，这一矛盾的客观存在使学校之间的差距无法在短期内得到消除。再说校际差异是多方面的，有物质条件不足造成的差异，校际差异光靠政府单方面增加经费投入是不能解决问题的。

所谓"宣"，即宣传教育。"择校生"问题的产生与家长、社会对就近入学的意义认识不够，与对重点校了解不多有较大关系。有些家长认为孩子进了重点校就比在一般校发展快些、上大学的保险系数就大一点，其实不然。所谓"放"，即允许民办私立学校和少量公立学校，在平等的规则下招收择校生。让那些学习成绩突出、素质高的学生在区县内选择自己所喜欢的学校与班级。变绝对禁止"择校生"为区县内局部开放"择校生"。这不但与整个社会发展的市场竞争机制相一致，与就近入学的法规要求相一致，也有助于教育对象的优化发展。

要"放"关键在于建立一种择校、择班、择生的新秩序、新规则、新机制。这就要求"改"。要对现行的选择规则进行改革，对现行的考试制度进行

---

* 原载于《人民日报》1996年2月14日。

改革。变分数考试为素质测评，变应试教育为素质教育，变家长择校与校长择生的直接交易为由中介机构监督把关，变以"权""钱""利""分""关系"择校择生为以"才""能"和"素质"择校择生。

对"择校"问题的思考[*]

所谓"择校",照字面解释即是指学生或其家长以一定的方式、方法和手段,选择其所希望就读的学校。就"择校"行为本身来看,应该说是一种正常与正当的行为,是学生或其家长对入学学习活动的积极反应,是人的行为主观能动性的一种具体体现。但是,"择校"行为现在之所以成为一个社会问题,是因为眼下一些人不是根据孩子本身的学习能力去择校,而是不惜花大钱、送厚礼或用特权去择校。学生家长的不正当"择校"行为,同时也滋长或助长了学校的不正当"择生"行为。一些学校不是按就近入学原则(当然并非招生人数的全部)和学生考试成绩招生,而是"择钱""择权""择利"招生,从而出现了"条子生""高价生""捐助生"等。虽然这种学生与众多按正常渠道入学的学生相比只是少数,但却搅乱了学校招生秩序,影响了教学要求,助长了不正之风,败坏了社会风气。

"择校"行为与"择生"行为是同一问题的两个方面,这里暂且把它统称为"择校生"问题。

"择校生"问题产生的原因,可以说既有教育内部的原因,也有教育外部的原因;既有现实的原因,也有历史的原因;既有经济方面的原因,也有政治方面的原因;既有家庭与学校方面的原因,也有社会与政府方面的原因。也就是说,"择校生"问题是一种社会综合征。对综合征就得综合诊断,综合治理,采取"禁""导""放""改"齐头并举。光"禁"不"导"不"放"不行,没有"改"也不行。

---

* 原载于《中国教育学刊》1996 年第 3 期。

所谓"禁",即禁止招收"择校生"。1995年3月27日，国家教委专门召开电话会议，就1995年治理中小学乱收费的工作进行了部署，并提出了具体目标与措施。同年4月25日，国家教委颁发了《关于治理中小学乱收费工作的实施意见》，规定"九年义务教育阶段初中和小学必须坚持就近入学的原则"，不准招收"择校生"。后来又强调指出，自1995年秋季起，如果发现有关学校再招收"择校生"，则视为有禁不止，要予以曝光，并追究有关部门负责人与当事人的责任。然而事实上，1995年"择校生"的收费却有增无减，有的竟高达八九万元。可见，光有"禁"是不能解决问题的。由于我们国家尚属发展中国家，学校多，底子薄，加之经济力量有限，使得地区差异、环境差异、发展差异成为客观存在。在这种现实情况下，可以说任何地方要想完全消除学校间的差异，都会有很多困难。为此，解决"择校生"问题的对策重点似应放在"导""放""改"的思路上。

所谓"导"，即宣传引导。实践表明，"择校生"问题的产生与人们对就近入学的原则要求和对重点学校的认识不够有一定关系。一些家长与学生认为，进了重点校就成了重点生，自然而然就比一般校的学生高人一等，将来上大学的保险系数就大一些。其实并不一定。如果是学习能力平平的学生，进了重点校则必然低人一等，成为"高个"中的"矮子"，其内在潜力与优势难以得到充分展现。如果这种学生就读于一般校，完全有可能成为"矮子"中的"高个"，有可能获得充分展现和发挥内在潜力与优势的机会，其发展速度可能比在重点校会更快些。因此，我们要加强宣传教育，注重引导，以减少家长和学生"择校"行为的盲目性。

所谓"放"，即允许学校与学生及其家长在一定条件下（学区片内）进行公平的选择，在平等竞争的规则下择校和择生。所谓平等竞争规则，就是根据学习成绩择校，按照素质优劣择生，让那些学习成绩突出、素质发展较快、水平较高的学生在区片内自由选择自己所喜欢的学校，让那些办学成绩突出、声誉好、有特色的学校享有一定的择生权利。

学生个体素质的差异和学校教育条件与能力存在的差异是客观存在的，我们应当正视这些差异，着力建立起一种选择学校和选择学生的新秩序、新规则，以调节和平衡教育过程中的差异，使整个教育得到优化和发展。

所谓"改"，即依据"放"这一新机制的建立要求进行"改"的策略。要对现行的择校规则和考试制度进行改革，变分数考试为素质测评，变"应试教育"为素质教育，变家长择校与学校择生的直接行为为中介机构监督把关，变以权择校、以钱择校、以关系择校、以分数择校为以才择校、以才择生。

总之，要解决"择校生"问题，需要综合治理。"禁"是措施，"导""放"是策略，"改"是根本。

高校排名问题及其管理学研究 *

随着我国高等教育事业国际化进程的加快，各高校之间的竞争日趋激烈，由各种机构进行的"高校排名"也开始在不同媒体上频频出现。

尽管大学排名在我国有着一定的积极作用，在相当程度上可以推动国内各个高校的发展，但是我国的高校排名依然存在着一些不容忽视的问题。比较突出的问题是，排名评价指标体系缺乏科学性与公正性，指标数据的统计缺乏真实性。由于排名榜会对高校的知名度和美誉度产生直接的影响，进而影响到学校的发展、招生和学生就业等问题，所以很有必要建立一套完善的指标和方法来评价我们的学校。我们在确立指标和方法之前，要借鉴国内外的大学排名指标和方法。因此，我们将从高校排名问题的分析、国内外排名指标与方法的综述以及管理学理论三方面进行论述。

一、高校排名问题的界定及其特点分析

高校即高等学校，俗称大学，是社会中的一种公共组织，其建立主体与投资主体是大学所在社会的纳税人，或者说是全体公民或全体公民的代表者——政府。所谓高校排名，就是某些社会中介组织依据一定的评价指标及评价结果对大学的一种排序。这种排名实际上是社会对高等学校的一种非正式性评价。高等学校评价俗称大学评价，在我国早而有之。据文献

---

* 原载于《东北师大学报（哲学社会科学版）》2004 年第 4 期。

考证①,早在公元前771年我国西周时期,就有大学评价。那时的大学评价主要是通过对学生的评价来进行的。然而现代意义上的大学评价是20世纪初由美国学者米勒领导进行的②。当时的大学评价主要是通过对学生、对教学内容与教学方法的评价来进行的。

自1985年《中共中央关于教育体制改革的决定》提出对高等学校的办学水平进行评价以来,大学评价在我国得到了广泛的开展。合格评价、211工程评价等都是由国家直接组织进行的权威性评价。然而高校排名中的评价却是由社会中介机构自行进行的一种自由性评价,如果评价的结果科学客观的话,这种社会性的自由评价,对于促进高校教育管理的改进和办学水平的提高将具有积极而重要的意义。但是,事实却并非如此。据史秋衡先生研究表明,目前我国社会中介机构所做的高校排名中,评价具有严重的偏科性与功利性③。他指出,在当前的高校排名评价中,工科类优于综合类,综合类优于师范类,社会科学比重越大的类别排名越差;在同一类别中社科比重越大的排名越后,自然科学研究的得分一般远远大于社会科学研究的得分,社会科学性完全附属于自然科学研究与发展的评价,甚至可有可无,对于社会科学研究的贡献基本上是忽略不计,偏科十分厉害。

另一方面我们发现同样的高校,在同样的时间里不同的社会中介机构评价,前后不到一年的时间,却排出完全不同的名次来。例如2002年,中国人民大学在网大排第9位,而在广东管理学院课题组的排名中却排在了44位。排名结果相差如此之大,十分令人怀疑与费解,必将给学生和家长以误导。这不能不引起人们对当前中国高校排名合理性的怀疑与担忧。

为了对高校排名问题有一个比较正确的认识,我们下面将从管理学的角度对其核心内容的评价问题进行分析。高校排名中的评价,是由社会中介组织进行的一种民间性评价,这种评价具有以下特点。

---

① 参见毛礼锐、沈清群主编:《中国教育通史》第一卷,山东教育出版社1986年版,第71—77页。

② 参见[日]庆伊富长等编著:《大学评价》,吉林教育出版社1990年版,第14—19页。

③ 参见史秋衡:《大学排名中社会科学研究与发展定量评价的问题与对策》,蒋国华主编:《科研评价与指标》,红旗出版社2000年版,第50—59页。

（一）目的上的导向性

高校排名，普遍认为最早起源于美国杂志《美国新闻与世界报道》。1983年，《美国新闻与世界报道》杂志率先推出全美的大学排名，起初每两年一次，范围是全美本科院校。1987年后改为每年一次，并开始面向研究生教育。这种排名活动，最初是为了通过排名的形式向学生和家长提供各种可比数据，以供他们在选择学校时参考。这一点从世界各国的排名指标也可以看出。例如，美国在七大指标中，除学校声誉外，其余6项均是与学生家长择校十分相关。在师资实力一项中，6个分指标分别是：教师工资外得到的补助费用平均数、获得最高学位的教师比例、全职教师比例、师生比例、少于20人的班级比例、大于50人的班级比例。其中，教师工资外补助费用平均数与少于20人的班级比例两项指标的权重最高，分别是35%和30%。因为教师工资外所得到的补助费用，包括课题费和奖励费越高，对学生越有利；而小班教学越多，对学生越有利。

（二）主体上的非正式性

纵观世界各国高校排名的主体，都是一些非官方的杂志社、民间团体与机构。例如，英国除《泰晤士报》（*Times*）和《金融泰晤士报》（*Finance Times*）外，还有《每日电讯》（*Daily Telegraphy*）、《卫报》（*Guardian*）和维珍（Virgin，英国100强企业之一）。在我国，目前排名的主体主要是中国网大、广东管理学院课题组，还有一些报刊杂志。由此可见，这些排名的主持者与组织者基本是非官方的杂志社与机构。

（三）结果上的直观性与不一致性

排名的结果是对各高校前后次序的排列，排在前面的是优秀者，排在后面的是低劣者，因此意义十分直观，易于被人理解。但是排名的结果却往往差异很大。例如，以英国的帝国理工学院（Imperial College）为例，在1999年排名中，《每日电讯》排第21位，《泰晤士报》排第2位，《卫报》排第16位，维珍排第10位。以我国2002年排名结果为例，网大所排的前10名的大学分别是清华、北大、南京大学、复旦、上海交大、浙大、中国科技大学、南开、

中国人民大学、北京航空航天大学。广东管理科学研究院课题组所排的前10
所大学分别为清华、北大、浙大、复旦、南京大学、华中科技大学、武汉大
学、西安交大、吉林大学、上海交大。在网大中排第8位的南开大学在广东管
理学院中排第21位，在网大中排名为18位的华中科技大学却在广东管理学院
中排为第6位。

（四）时间上与内容上的随意性

高校排名，在世界任何一个国家中，都没有统一的排名时间，不同杂志、
不同机构对各大学进行的排名的时间，都不是确定的。在排名指标的内容上也
是各选各的，不同的国家的排名指标不尽相同，同一国家不同杂志与机构所选
取的指标也不一样，同一机构不同排名者之间所选取的指标也是大相径庭。例
如在德国，对大学的排名评判，教授们往往看重学校的传统、师资力量与科研
成果；而学生对大学的评判，往往看重课程内容是否吸引人，是否具备现代化
的教学手段与设备，以及是否能尽快毕业。在学生排名中，外国留学生还看重
学校在学业指导上和生活上的帮助是否全面等。因此在排名结果上，教授与学
生的结果是大不一样的。以数学排名为例，德国教授与学生排出的前10名学
校如表1所示。

表1 德国教授与学生排名结果名次

名次	教授意见	学生意见	名次	教授意见	学生意见
1	波恩大学	不来梅大学	6	柏林洪堡大学	拜罗特大学
2	明斯特大学	乌尔姆大学	7	比勒费尔德大学	乌泊塔尔大学
3	海德堡大学	哈勒—维滕贝格大学	8	费莱堡大学	康斯坦茨大学
4	慕尼黑工业大学	莱比锡大学	9	莱比锡大学	美茵茨大学
5	哥廷根大学	柏林自由大学	10	柏林工业大学	凯泽斯劳滕大学

从表1可以看出，在前10名的排列中，教授与学生在9所大学的提名上
完全不一致，而唯一一所提名相同的莱比锡大学的排名相差40%的位置。

（五）排名方法的简便性与不规范性

在排名方法上一般都追求简便性，怎么方便怎么来。例如，对于人才培养的评价，按道理应该深入调查课程设置、教学班级规模大小、教学方式、学生意见、学生中获奖人次、用人单位意见等。但由于对这些内容的评价方法比较复杂，因此仅以在校学生或毕业人数为指标，这样对研究生录取标准低、尽力扩招的大学往往得分很高。以广东管理科学研究员武书连等人组成的课题组 2003 年的排名评价为例，在本专科生培养上浙江大学与吉林大学得分为 14.45 与 20.92，位于全国高校之最；而清华大学、北京大学、复旦大学、南京大学、中山大学、协和医科大学、北京师范大学与中国人民大学的得分分别为 7.77、7.44、7.68、6.62、8.00、0.27、3.65、3.97，两极差高达 70 倍。这意味着在本专科生人才培养方面，清华、北大的培养水平仅相当于西南交通大学（7.77）与徐州师范大学（7.35），还不如湖南师范大学（8.03）。这种评价方法忽视了拔尖人才与普通人才的不等质性。这种评价结果，不但歪曲了各高校的人才培养实力，而且给考生与家长以误导。

由于高校排名具有主体上的非正式性、结果上的直观性与不一致性、时间上与内容上的随意性、排名方法的简便性与不规范性等特点，因此高校排名的结果只能作为民间的一种自由性的评价，不能作为对高校实力与绩效的科学评价。然而，如果任凭这种表面与随意性的高校排名发展下去，不但对考生与家长参考无益，而且对高校的教育管理十分有害，应该引起国家教育主管部门的重视与注意。因为我国正处于转轨时期，大家对高校排名结果的认识还比较陌生与表面，容易受排名结果的直观影响。不像西方国家的人，已经对高校排名的问题有足够的了解。

二、世界各国高校排名指标分析

目前大学排名过程中，世界各国的评价指标不尽相同，下面就其中比较有代表性的几种进行分析。

（一）美国大学的排名指标与分析

美国大学排名，以《美国新闻周刊》最具影响。《美国新闻周刊》所采用的评价指标体系（见表 2）由 7 个一级指标、17 个二级指标构成，主要反映高等院校教育投入和教育产出方面的指标。例如，所采用的教育投入指标有录取率、报到率、SAT/ACT 成绩、师 / 生比、财政资源等 12 项；衡量教育产出的指标有学术声誉、毕业率、校友赞助率等 5 项。这些指标中仅学术声誉一项属于定性指标（权重占 25%），其余 16 项二级指标（权重占 75%）均为定量指标。以定量指标为主，有利于作出客观公正的评价结果。

（二）英国大学的排名指标与分析

在英国，《泰晤士报》和《泰晤士高等教育副刊》于 1986 年开始推出英国高校排名。英国大学评价通常选用的 15 项指标是：（1）入学标准；（2）学生 / 教师比率；（3）获得哲学博士的教师数量；（4）教师中具有教授职称的比率；（5）图书馆经费；（6）政府对研究的资助；（7）合同研究；（8）大学提供的学生贷学金；（9）毕业生长期就业；（0）毕业后暂就业；（11）研究或继续学习；（12）一等奖获得情况；（13）毕业率；（14）研究生占学生百分比；（15）外国留学生占全部学生百分比。以上指标每年作相应调整，每一项亦作加权处理，换算成等值分后（满分为 1000 分左右）排名。例如，由《星期天泰晤士报》发布的"全英大学排名表"所使用的数据，来自具有官方色彩的权威测评组织和参评的主要的大学。这些数据按照一定的指标体系组织和统计，共计 1000 分值，分为六大项。教学质量满分为 250 分，由教育部所属的高等教育质量检测机构每年对各大学的各个专业进行滚动式的检查、评价；科研质量满分为 200 分，其数值来自 4 家重要的基金会对各大学专业科研水平的分级；录取的优秀高中生比例，满分为 250 分，其数据来源于英国高等教育统计机构；毕业生在 6 个月内找到工作或被录取为研究生的比例，满分 100 分；大学期间学生学习总成绩为一等和二等（甲）的学生在学生总数中的比例，满分为 100 分；师生比例，满分为 100 分。

英国的另一个大学排行榜由赫赫有名的《金融时报》操作。评选标准包括教学质量、研究成果、入学标准、师生比率、图书馆平均为每个学生所花的费用、修建和维护校舍为每个学生所花的费用、学生毕业率、学生满意就职率和完成学位所花费的时间。

表2 《美国新闻周刊》排名指标体系

一级指标	权重	二级指标及权重
学术声誉	25%	只设一级指标，由各大学校长、教务处长、招生办主任对同类大学进行赋值（5分制）评定，求平均分数
学生选择	15%	SAT/ACT的第25至75个百分位（40%）；毕业于国家性高中排名前10%的学生与毕业于地区性高中排名前25%的学生所占的比例（35%）；录取率，或录取的学生占全部申请毕业生的比例（15%）；报到率，或实际报到的学生占全部录取学生的比例（10%）
师资状况	20%	少于20人的班级所占的比例（30%）；多于50人的班级所占的比例（10%）；教师薪酬（35%）；师资最高学位比例（15%）；生师比例（5%）；全日制师资比例（5%）
财务状况	10%	教育费用（80%）；其他费用（20%）
学生保持率	20%—25%：地区性高校25%；全国性高校20%	毕业生比例（80%）；新生保持率（20%）
附加值（预期毕业率与实际毕业率之差）	5%	该项只用于全国性大学
校友捐赠比率	5%	该项只设一级指标，反映毕业生对母校的满意程度

（三）法国大学排名指标与分析

法国大学评价的内容十分广泛。就大学提交的报告看，共分12个项目，其中既有情况介绍，又有统计数字。内容主要包括大学的设施设备、组织机构、教师结构、科研及其评价、财政经费情况以及学生的学科分布、考试合格率、资格获得所需的平均时间、毕业生的就业分布、各专业的生均经费及教师人均经费、设备状况、卫生保健与校园文化建设等。同时，每一个项目里又细分成许多小项。例如，就业率项目又细分为过去 3 年间各专业注册人数、听课出席率、考试合格率；第二级进学率及方向；国家考试（中学教师资格考试、公务员考试等）合格率；就业趋势变化等。总之，法国的大学评价模式和内容中反映了中央集权教育管理体制的特点[①]。

（四）《亚洲新闻周刊》的大学排名指标与分析[②]

《亚洲新闻周刊》（*ASIA WEEK*）自 1997 年起，已连续 4 年通过问卷调查法，开展了"亚洲最佳大学排行榜"（包括新加坡和澳大利亚，又称"亚太地区"排行榜）。

5 项一级指标得分决定学校排名的总分数。公布 5 项指标的分项得分之外，同时也公布"教师中等水平人均收入""生师之比""教师论文国际期刊索引人均数""学生拥有互联网端口宽带人均数"等 4 项参考指标（见表3）。马来西亚的国立 ISLMIC 大学反对在评价中把经费看得过重，认为教师费用和财政开支占总分的 17%，"并不是影响学校学术实力和质量的关键所在"。

指标权重是用来区分各指标的相对重要性及表征指标之间确定关系的一组数值。历年的权重变化主要表现在学术声望（30% 下降至 20%）、学生择校（20% 上升至 25%）两类指标上。

表3 《亚洲新闻周刊》排名指标体系

一级指标	权重	二级指标
学术声望	20%	只设一级指标：每一参评院校为其他所有高校凭印象按 1—5 分等级评定，求平均值
学生择校	25%	总报考人数中应届生的比例、录取率、高中时属于顶尖学生的比例、应届生高考的中等分数

① 李守福：《国外大学评价的几种模式》，《比较教育研究》2002 年第 6 期。

② 赵普光：《国外大学排行评估发展特点的评述》，《山东师范大学学报（人文社会科学版）》2002 年第 5 期。

续表

一级指标	权重	二级指标
师资状况	25%	拥有研究生学位的教师数、教师中等水平人均年收入、教师人均支出、班级大小、生师之比
科研成果	20%	国际学术期刊目录索引教师人均数、亚洲学术期刊发表论文教师人均数、科研经费
财政来源	10%	总支出、每位学生的总支出、学生人均借图书数、学生拥有互联网端口宽带人均数（科技大学另加"学生人均拥有计算机数"）

通过以上的介绍可以看出，各国大学排名的指标是很不同的。欧美国家的排名比较注重全面的评价，而且指标的设计相对比较科学合理。美国大学的排名比较注重他们的国情和特点。这一点特别值得我们注意。大学排名一定要考虑本国自身的特点，这包括本国的文化氛围、价值取向、高等教育的体制及高校的传统等。只有这样的排名才有科学性和针对性，才具有价值，才能起到推动本国高等教育发展的作用。具体来说，国外的大学排名具有以下优缺点：

1. 优点[①]

（1）在排名之前将大学做了具体、合理的分类。

（2）指标中兼顾定量与定性，且以定量为主。

（3）指标评价数据的搜集广泛、精确，且数据的统计处理由计算机完成，快速、准确、可靠，其评价结果是客观、公正和可信的。

（4）指标所提取的项目都侧重于大学对于学生的培养教育，关注的是大学的教育服务质量。从设计的指标就能看出，加拿大将图书馆单独列为一项指标，其二级指标总藏书量、生均藏书量更加体现排名对教学服务质量的关注。

（5）排名主要的目的是为高中学生和家长择校而用，美国和加拿大单列的学生质量体现了这一目的。

2. 缺点

（1）可以看出，国外大学评价指标体系是为高中生择校而用，所以评价的指标较多地反映了大学本科生教育的评价，而对于高校师资科研水平和研究生

---

① 胡咏梅：《中美大学排行榜的对比分析》，《比较教育研究》2002 年第 8 期。

教育质量的指标比较少，涵盖的内容不全面。

（2）从英美（加拿大基本是依照美国的排名模式）学校的排名体系可以看出，实际上学校的教研实力与经济潜力决定着学校的排名①。如在美国的排行榜评价过程中，一般考察大学的学术声望、学生质量、师资力量、财力、学生的毕业及其捐献情况这六大方面，其中所反映的经济潜力是一个关键因素。加州理工学院在2000年力挫哈佛、耶鲁等老牌名校，在《美国新闻周刊》的排名中夺得第一名，就是因为该校花在每个学生身上的教学支出平均高达19.2万美元，比哈佛、耶鲁和普林斯顿三大名校高出一倍。

三、我们的思路与建议

高校排名问题从管理学的角度看，实际上是一个组织竞争力评价与绩效考评的问题。因此我们应该从高校的组织功能定位分析及其绩效考评指标来分析研究。在高校排名指标的设计过程中，我们还要考虑它的导向性、评价性、关键性与全面性，因此下面主要从职能、能力与绩效三方面进行设计。

（一）职能指标内容

我们一般把高校分为职业性高校与普通性高校。所谓职业性高校，是指以培养学生专业技能和就业能力为核心的高等学校，例如师范专科学院、医学专科学院、信息工程学院与农学专科学院等。所谓普通性高校，是指以培养学生专业素质和综合能力为核心的高等学校，例如各级各类的综合性大学。

由于高校排名是一种社会评价，因此排名所依据的评价指标应该是高校的社会职能定位及其履行的情况。

众所周知，高校的社会职能定位主要是教学与科研，其社会服务的职能也是通过教学与科研来实现的。然而在这两大职能中，职业高校与普通高校应该不同，重点高校与一般高校应该不同，省重点大学、国家重点（进入211工程）与国家特别资助的10所重点大学也应该有所不同。权重分布总体情况大

---

① 《如何排名才权威——漫话中外大学排行榜》，《北京青年报》2002年8月20日。

致如表 4 所示。

表 4 不同类型高校职能定位特点分析表

高校类型	教学权重	科研权重
职业高校	90%	10%
一般高校	70%	30%
省重点	60%	40%
国家重点（211）	50%	50%
国家前 10 所重点	40%	60%

对于教学职能履行的评价指标，应该包括师资、设施、课程质量和毕业生质量等内容；对于科研职能履行的评价指标，应该包括师资、课题承担与科研成果几个方面的内容。

（二）能力指标内容

高校能力，指高校在履行社会职能、实现办学目标和超越其他高校的潜力、实力与竞争力。高校能力主要体现在人、财、物三个方面，即人力、财力与物力三个方面。对于人力的评价指标是师资水平、学生水平与管理水平；对于财力的评价指标是生均经费与师资收入水平；对于物力的评价指标是人均图书资料、人均生活设施与教学设备的拥有量。

（三）绩效指标内容

绩效，指高校在履行社会职能、实现办学目标和发展中已经取得的成就、成功与成果，主要表现为办学条件的优越性、教学教育与管理过程的科学性以及办学成果的显著性几个方面。对于条件优越性的评价指标，主要是上述的能力指标；对于过程科学性的评价指标，是内部管理水平、课程设置水平、教学方法水平；对于成果显著性的评价指标，是毕业生一次就业率、各行业中优秀人才占有率或评价结果、上名校的升学率、论著论文发表的水平、课题申请获得水平、成果获奖的水平等。

（四）指标体系及其内容

根据上述分析并综合国内外现有的排名指标，特提出以下相关排名指标
体系。

1. **学术资源与声望**（教育部或委托相关机构）

（1）知名学者、专家、校长、官员、企业家声誉问卷调查；

（2）国内外访问学者与会议交流总数及学科分布率；

（3）国内外访问学者与进修生总数与学科分布比例；

（4）博士点总数及学科分布率；

（5）硕士点总数及学科分布率；

（6）国家重点学科数及学科分布率；

（7）国家重点实验室/国家工程研究中心数及学科分布/国家人文社科重
点基地数及学科分布率。

2. **学生质量**（教育部或委托相关机构）

本科学生：（1）录取平均分；（2）报考与录取比例；（3）各省市重点高中
文理科前 30 名考生的录取比例；（4）各省市文理科前 100 名考生录取的比例。

研究生：（1）报考与录取比例；（2）来自重点大学考生的比例；（3）研究
生总数及其在全校学生中的比例。

留学生：（1）总数；（2）在同专业学生中的比例；（3）来自五大洲学生的
比例。

各地区（省市）学生在学生总数中的比例。

3. **师资**（教育部或委托相关机构）

（1）具有博士学位教师的比例；

（2）校外获得博士学位教师的比例；

（3）专任教师与学生比；

（4）长江学者特聘教授人数或两院院士人数（限理工院校）；

（5）教授平均职龄（稳定性）；

（6）国内外师资交流（流入流出）数量与比例。

4. **财力**（教育部或委托相关机构）

（1）生均行政经费开支；

（2）奖学金与助学金占行政经费比例；

（3）享受奖学金与助学金人数占全体学生比例；

（4）教师年平均收入（学校发放）；

（5）专任教师与科研人员人均科研经费系数。

5. 物力资源（教育部或委托相关机构）

（1）图书：①总藏量；②生均藏量；③图书馆用于购买新书的经费占图书馆开支的比例；④图书馆开支占学校经费的比例；⑤计算机网络相对国家、国际图书资源利用的方便性（专家验收）；⑥师生人均拥有微机的台数。

（2）教学用房面积及生均面积；

（3）全日制学生住宿总面积及生均面积；

（4）体育场馆总面积及生均面积；

（5）图书馆中面积及生均面积；

（6）社团总个数及活动频率（生均数）；

（7）教师人均办公用房面积。

6. 研究成果（中介）

（1）课题批准总数及级别；

（2）论著论文在同学科发表总数中的比例（以目前国内相关文献检索为准）；

（3）在同一学科中获奖的比例及级别；

（4）索引情况：① SCI（人均）；② EI（人均）；③ ISTP（人均）；④ CSTP（人均）；⑤ SSCI（人均）；⑥ A&HCI（人均）；⑦ CSSCI 中文社会科学引文数据库（人均）。

7. 人才培养（教育部或委托相关机构）

（1）7 月前毕业生一次就业率；

（2）7 月前毕业生考取其他院校研究生人数及比率；

（3）毕业生社会声誉（调查）；

（4）毕业生国外院校奖学金获得者与录取人数及比率；

（5）学生人均论文发表数；

（6）学生获奖人次及级别。

8.内部管理（教育部委托相关机构或协会、评比办）

（1）制度健全程度（查看）；

（2）校园文化建设程度（考察）；

（3）师生民主参与管理的程度（问卷调查、座谈、查看记录）；

（4）相对人才培养目标课程设置的全面性与科学性（专家评价、调查师生）；

（5）相对人才培养目标教学方法的先进性与科学性（专家评价、调查师生）；

（6）相对人才培养目标学科门类的总数及相关性与覆盖率（对照评价）；

（7）办学目标与发展战略是否清晰独特（专家评价）；

（8）行政部门功能定位是否准确（专家评价）；

（9）管理流程是否清晰顺畅（专家评价）；

（10）少于30人的教学班比例（查看）；

（11）多于100人的教学班比例（查看）。

总之，高校排名问题是一种非官方的社会性与自由性的评价，具有自身的特点。目前我国的高校排名在指标与方法上，都存在许多不合理的地方与偏向。其中最为关键的问题是缺乏一套科学公正的排名指标。由于排名指标具有一定的社会导向性与负面影响性，如果听任其发展下去，将给我们高校的正常管理带来严重的干扰。因此，我们应该积极借鉴国外发达国家高校排名的先进方法与科学指标，在全面分析我国高校社会职能与现行排名方法优缺点的基础上，建构出一套职能定位合理、内容全面、导向正确与操作方便的高校排名指标体系。①

———————————

① 刘李豫、张玉霞、张华、杜永金与孙聆等同志，为本文的写作提供了大量的资料，在此表示感谢。

孔子因材施教思想探析 *

在举国上下加快改革步伐、提高经济效益的今天，教育改革怎么办？教育为经济建设服务不能只是停留在口头上，其本身也应该讲效率求效果。因此，寻求到一种大面积提高教育效率与效果的教育教学方法，一直成为教育改革与探索的重点与热点。但是，因材施教也是提高教育效率与效果的重要形式。因为教育效率与效果的提高，最终应该体现在每个学生身心能够获得最大限度的发展上；而每个学生的品德、智能及其所处的环境又是如此的千差万别。教育过程的这种特点，就决定了研究与探讨因材施教思想对我们深化教育改革、提高教育效率与效果有着重要的意义。有人认为，因材施教是一种传统的"个体手工业"与"小生产者"思想，与全面提高教育质量的现代化"大工业生产"的思想不相适应，因此极力主张引进国外的东西。不可否认，在经济改革开放的今天，教育研究及其改革也要放眼世界、勇于吸取国外先进的教育思想与教育经验，但是我们更要认真地去挖掘中华民族的思想宝库，要十分珍惜祖先给我们留下的遗产。现代国外的教育思想与经验固然可以使我们大开眼界，紧随世界教育改革的新潮流。但是，只要我们采取去其糟粕，取其精华的态度去总结与发掘古代的教育思想与经验，同样会使我们对教育改革深思熟虑、获益不浅。既要洋为中用，又要古为今用。这样我们的教育研究与改革才能综合兼并、扬长避短和推陈出新。本文正是从这一点出发，从目前着重于提高教育效率与效果改革的需要出发，选择孔子因材施教的教育思想，进行较为深入而系统的探讨。

---

* 原载于《河北大学学报》1992年第3期。

一、弟子间"差异"的认识与"有教无类"的思想是孔子进行因材施教的主要原因

孔子在教育实践活动中逐渐认识到弟子之间的品德、智能水平并不是完全相同的，相互之间存在着差异。孔子感觉到品德方面，颜渊最好，其次是闵子骞，继之是冉伯牛，接着是仲弓……；在口才方面，最好的是宰我，接着是子贡……；在政事方面，最好的是冉有，接着是季路……；在文学方面，最好的是子游，接着是子夏，……（原文参见《论语·先进》）

在个性特征上，孔子感到高柴愚直，曾参迟钝，子张偏激，子路鲁莽，闵子正派，子路刚强，冉有、子贡温和乐观。（原文参见《论语·先进》）孔子不但认识到他的学生各方面相互之间存在着差异，而且认为引起这些差异的主要原因不是先天的遗传，而是后天环境与教育所造成的。他认为人与人之间"性相近，习相远"。（原文参见《论语·阳货》）正因为孔子认识到，是社会、家庭与环境影响的差异造成了人与人之间发展上的不平衡，因此他提出了"有教无类"的思想。（原文参见《论语·卫灵公》）"有教无类"的本意就是在教育对象上，无分贵族与平民，不分华夏与华夷诸族，都可以入学进行教育。（参见毛礼锐、沈灌群主编《中国教育通史》第一卷第 211 页）然而，弟子间鲜明的差异性与"有教无类"思想的统一性，构成了教育过程的主要矛盾。这一矛盾的解决有赖于教育者的主动性、灵活性与创造性。作为教育者的孔子只有一个，而弟子却有多个。如何解决这个"一"与"多"的矛盾呢？由此孔子在历史上首先主张因材施教，长善救失。他说："中等水平以上的人，可以告诉他高深学问；中等水平以下的人，不可以告诉他高深学问。"（原文参见《论语·雍也》）

孔子因为认识到冉求胆小畏缩不前，子路却好胜过人，故当他们两个人同样问孔子，听到道理之后是否就要实行，孔子就针对两个人不同的性格特点，作了完全不同的回答。子路问："听到就干起来吗？"孔子回答说："有爸爸哥哥活着，怎么能听到就干起来？"冉有问："听到就干起来吗？"孔子回答说："听到就干起来。"公西华在一旁听得迷惑不解，就说："仲由问听到就干起来吗，您说'有爸爸哥哥活着 [不能这样做]'，冉求问听到就干起来吗，您说

'听到就干起来。' [两个人问题相同，而您的答复相反] 我有些糊涂，大胆地来问问。"孔子解释说："冉求平日做事退缩，所以我给他壮胆；仲由的胆量却有两个人的大，勇于作为，所以我要压压他。"（原文参见《论语·先进》）在《论语》的颜渊篇与为政篇还记录了孔子针对仲弓、司马牛、樊迟、颜渊、孟懿子、孟武伯、子游、子夏等人的不同特点，进行因材施教的情况。

此外，孔子时代正处于新兴地主阶级和没落奴隶贵族夺权斗争的时期，急需各种各样的大量的专长人才，以及孔子当时的教学基本形式是一对一的个别教学，这些教育内外部的因素都为孔子创导并运用因材施教的思想提供了可能性与必要性。

二、教育评价是孔子进行因材施教的基本前提

因材施教的进行必须以教育评价作为其前提。为了因材施教，孔子在《中庸》中明确提出了"不可以不知人"的主张。这就是说，要保证因材施教的顺利进行，就必须对学生进行教育评价。因材是施教的出发点和基本依据，而评价则是因材的前提与手段。教师的教能否因材而施，施教之后能否长善救失，非常关键的一点，就是取决于教师对学生当前的品德、知识、智能和志趣等水平是否或能否作出科学全面的评价。因此，孔子在教育过程中广泛地对其弟子进行各种教育评价。有的评价是直接对学生本人进行的。例如，"己所不欲，勿施于人"这一条不太容易做到，但有一次子贡却对孔子说，他能做到这一点，孔子便立即指出这不是他所能做到的。有的评价是在别的学生面前进行的。例如，有一次子贡问师与商（子张和子夏）谁是贤才，孔子回答说："师呢，有些过分，商呢，有些赶不上。"子贡说："那么，师强一些吗？"孔子说："过分和赶不上同样不好。"（原文参见《论语·先进》）有的评价是在其他人面前进行的。例如，鲁任公问孔子："你的学生中哪个好学？"孔子便对颜渊的学习态度和学习精神作了一番评价，当季康子问孔子谁可以从政时，孔子评价说："仲由果敢决断"，"端木赐通情达理"，"冉求多才多艺"，让他们治理政事都不难。（原文参见《论语·雍也》）当别人对某一学生的评价不符合事实时，孔子往往要予以再评价。例如有一次孔子感慨地说："我没见过刚毅不屈

的人。"当时在场的一个听后说申枨是这样的人。孔子认为那人对申枨的这个评价不准确,便立即纠正说:"申枨啦,他欲望太多,哪里能够刚毅不屈。"(原文参见《论语·公冶长》)

正因为孔子把教育评价视为因材施教成功的先导,故他不但大量实践教育评价而且积累了许多丰富的评价经验。《论语·为政》上载有孔子不为表面现象迷惑,深刻评价颜回学习与智能的事实。孔子说:"我整天和颜回讲学,他从不提反对意见和疑问,像个蠢人。等他退回去自己研究,却也能发挥,可见颜回并不愚蠢。"《论语·里仁》上载有孔子主张通过分析一个人所犯错误进行评价的高见。他说:"人是各种各样的,人的错误也是各种各样的。什么样的错误就是由什么样的人犯的。仔细考察某人所犯的错误,就可以知道他是什么样式的人了。"《论语·公冶长》上载有孔子对子产的深刻评价。他说:"子产有四种行为合乎君子之道:他自己的容貌态度庄严恭敬,他对待君上负责认真,他教养人民有恩惠,他役使人民合于道理。"

在长期的教育评价实践活动中,孔子还注意到了评价的综合性或整体性原则。例如,他认为若只"注重容貌态度的端庄却不知礼的人,就未免劳倦;只知谨慎却不知礼的人,就流于畏葸懦弱;专凭敢作敢为的胆量,却不知礼,就会盲动闯祸;心直口快,却不知礼,就会尖刻刺人。"(原文参见《论语·泰伯》)他又说:"有道德的人一定有名言,反之不然,仁人一定勇敢,反之不然。"(原文参见《论语·宪问》)类似这类辩证而原则的评价经验对于我们搞好因材施教很有参考价值。

三、观察与谈话是孔子因材施教过程中常用的两种教育评价方法

观察与谈话是现代教育评价中常用的两种基本方法,要求测评者具备相当的技能技巧才能很好地运用它们,发挥它们的作用。为此日本有学者十多年前还专门写了两本专著加以论述。但是早在2500多年前,孔子就成功地采用这两种方法评价他的学生。孔子认为,要评价一个人,不但要听其言语,更重要的是要观察他的行为。他说:"最初,我对人家,听到他的话,便相信他的行

为，今天，我对人家，听到他的话，却要考察他的行为。从宰予的事件以后，我改变了态度。"（原文参见《论语·公冶长》）怎么进行观察呢？他说，观察评价一个人时，审视该人的日常行为，观看他所经历的事情，细察他的意志所向，这样细心地去观察评价他，还有什么内心活动不清楚呢？（原文参见《论语·为政》）

谈话是孔子在因材施教过程常用的另一种评价方法。例如，《论语·先进》篇记录了孔子运用谈话法评价子路、曾皙、冉有、公西华等人理想的情形。子路、曾皙、冉有、公西华四个人陪着孔子坐着，孔子说："因为我比你们年纪都大，[老了，]没有人用我了。你们平日说：人家不了解我呀！假若有人了解你们，[打算请你们出去任职，]那你们打算干什么呢？"

子路不假思索地答道："一千辆兵车的国家，局促地处于几个大国的中间，外面有军队侵犯它，国内又加以灾荒，我去治理，等到三年光景，可以使人人有勇气，而且懂得大道理。"

孔子微微一笑，又问："冉求！你打算干什么？"冉求回答说："国土纵横各六七十里或者五六十里的小国家，我去治理，等到三年光景，可以使人人富足。至于修明礼乐，那只有等待贤人君子了。"

孔子又问："公西赤！你打算干什么？"公西赤回答说："不是说我已经很有本领了，我愿意这样学习：祭祀的工作或者同外国盟会，我愿意穿着礼服，戴着礼帽，做一个司仪者。"（原文参见《论语·先进》）

由于谈话与观察是孔子因材施教过程中常用的两种基本方法，因此言、行与服饰是孔子选异的评价标志。谈话出于言观察行为本。此外，孔子认为"德"从"言""行"表现出来，所以对一于人的评价，他总是"言""行"并举，综合考察。"言"与"行"之中孔子又侧重于"行"，"言"从属于"行"。例如孔子说："讲求信用合符于义的人，其说的话就一定能够兑现"，"有德之人，吃食不要求饱足，居住不要求舒适，对工作勤劳敏捷，一说话却谨慎"（原文参见《论语·学而》）；"有道德的人是先做后说"（原文参见《论语·为政》）；"有道德的人，以说得多做得少为耻。大言不惭的人，他实行就困难"（原文参见《论语·宪问》）；"花言巧语，伪善的面貌，这种人，'仁德'是不会多的"（原文参见《论语·学而》）。

正因为孔子把"言"与"行"作为评价人的标志,并又侧重于"行",故他的弟子非常注意言行一致。如"子路有闻,未之能行,唯恐有闻。"(参见《论语·公冶长》),就是一个例证。

此外,孔子还开创了如何从姿态、风度、服装来评价一个人的先例。在奴隶制的等级社会中,服装是别尊卑、定贵贱的重要标志。故《左传》上说:"君子、小人,物有服章,贵有常尊,贱有等成,礼不逆矣。"然而,在孔子时代,礼坏乐崩,服制动摇,衣服帽冠就成了识别是否忠于奴隶制度的尺度。《论语·乡党》表明孔子最重"容貌""威仪",而子张"歪邪"其冠,便意为对礼持"懈慢"的态度。《论语》上"恶紫之夺朱""服周之冕""正其衣冠"等表明"君子"的服装尚朱、宗周、以端正为美,而"小人"服装则尚紫、宗夏、以颓唐为美。"君子安详舒泰,却不骄傲凌人;小人骄傲凌人,却不安详舒泰。"(原文参见《论语·子路》)孔子这种从服饰举上风貌来评价个人的思想对现代教育评价研究很有参考价值。

四、教育评价既是孔子"因材"的前提又是他"施教"的重要手段

为了因材施教,孔子不但在"施教"之前依据教育评价的结果来"因材",而且特别注意在"施教"过程中采用教育评价来促人成"材"。例如,孔子为了促进其弟子形成正确的道德认识,他不但广泛对弟子们进行教育评价,而且非常重视引导弟子们自己进行自我评价。当其弟子的自我评价合符事实时,就及时给予肯定,当其弟子的自我评价不合事实时就给予纠正。有一次,子贡评价自己的智力不如颜渊,他说:"我么,怎敢和回相比?他啦,听到一件事,可以推演知道十件事;我咧,听到一件事,只能推知两件事。"这一评价合符事实,故孔子立即肯定地说:"赶不上他;我同意你的话,是赶不上他。"另一次子贡自我评价说:"我不想别人欺侮我,我也不想欺侮别人。"这一评价不合符,孔子立即纠正说:"赐,这不是你能做到的。"(原文参见《论语·公冶长》)正因为孔子如此采用教育评价对其弟子进行因材施教,因此其弟子曾参获益不浅,每天都要"三省吾身"。曾参说:"我每天多次自己反省:替别人办事是否

尽心竭力了呢？同朋友往来是否诚实呢？老师传授我的学业是否复习了呢？"
（原文参见《论语·学而》）。

为了因材施教、及时而教和不断改进自己的教育效果，孔子在教育过程中随时随地注意对其弟子进行评价。例如，在一次旅游途中，孔子就利用谈话法对其身旁随从的三个学生的志向进行评价。《说苑·指武》上说，孔子北游，东上农山，子路、子贡、颜渊从焉。孔子喟然叹曰："登高望下，使人心悲，二、三子者，各言尔志，丘将听之。"子路曰："愿得白羽若月，赤羽若日，钟鼓之音，上闻于天，旌旗遍翻，下蟠于地，由且举兵而击之，必也攘地千里，独由能耳，使夫二子者为我从焉。"孔子曰："勇哉？士乎？愤愤者乎（勇敢的样子）？"子贡曰："赐也愿齐，楚合战乎莽洋之野，两垒相当，旌旗相望，尘埃相接，接战构兵，赐愿着缟衣白冠，陈说白刃之间，解两国之患，独赐能耳，使夫二子者为我从焉。"孔子曰："辩者！士乎？仙仙者乎（飞舞的样子）？"颜渊独不言。孔子曰："回！来！若（你）独何不愿乎？"颜渊曰："文武之事，二子已言之，回何敢与焉？"孔子曰："若（汝）心不与焉，第言之！"颜渊曰："回闻鲍鱼兰芷不同筐而藏，尧舜桀纣不同国而治。二子之言，与回言异。回愿得明王圣主而相之，使城郭不修，沟池不越，锻剑戟以为农器，使天下千岁无战斗之患。如此，则由何愤愤而击，赐又何仙仙而使乎？"孔子曰："美哉德乎？姚姚（德美盛貌）者乎？"子路举手问曰："愿闻夫子之意。"孔子曰："吾所愿者，颜氏之计，吾愿负衣冠而从颜氏子也。"显然，孔子通过交谈方式委婉而又明确地对三个弟子各自的志向作出了自己的评价，使其三位弟子由此受到教育。

王逢贤教授的博导风采与艺术 *

我是 1993 年毕业并获教育学博士学位的研究生，师从王逢贤教授 5 年。离开导师之际，在经受感激、依恋、惜别之情煎熬的同时，既感激导师深厚的学术造诣带来的丰收，又领悟到导师授业育人之道的魅力所在，令我难以平静。

一、只有问号没有句号

只有问号没有句号，这是王教授言导之中最显著的特征之一。王先生 1986 年被聘为博士生导师，现为国务院学位委员会学科评议组成员，严谨治学 40 年。他文理渗透，学识渊博，是我国著名的教育学专家。对于许多教育基本理论问题，他均有自己的独到见解。"人是教育的对象"，这几乎是千百年来教育学的常识，而他却认为唯有人的发展才是教育活动的对象；对教育本质和功能问题，人们多把问题提到人本位和社会本位的哲学范畴讨论，他却从教育学范畴作出了富有新意的解答；关于人的全面发展问题，大多是对马克思主义人的全面发展学说进行引据解释，而他却提出教育对人的全面发展具有层次性以及质与量的差异性等新观点；多数人认为教育应由消费性转为生产性，而他却认为教育投资永远是消费性与生产性的对立统一；他对劳教结合原理和教育社会效益的正负性不完全取决于教育的见解更具创新意义；他的教育先行观与教育过程整体优化理论已被人们普遍认同。

---

* 原载于《学位与研究生教育》1994 年第 2 期。

　　王先生尤以德育研究见长，对学校德育在理论与实践上都有自己独到的系统观点，蜚声国内外。尽管如此，他每次授课不是直接地把自己的备课内容，逐一地向学生讲解，而总是采取阶梯式的一连串问题引发与引述，在学生形成"非弄懂不可"的求知欲之后，再恰到好处地介绍国内外各家的观点和自己的观点，并在此基础上进一步对学生发问，令学生思考，形成自己的独立见解。

　　他的授课是问题开头、问题启示和问题结尾。通过问题，把思想性与科学性、理论性与实践性、信息性与深刻性、热点与难点、要点与关键联为一体，情理交融。因此学生与听众普遍反映王老师讲课深入浅出，生动活泼，富有逻辑性、哲理性、启迪性与操作性。我们学生觉得听王先生的课精神溜不了号，下课后欲罢不能。

　　可以说王先生给学生准备的是问题，讲授的是问题，最后留给学生的还是问题。他常说，本科生主要是句号教学，给他们传授正确无误的知识；硕士生主要是省略号与逗号教学，提出问题、指明方法，把已知的结论留给他们自己去作；而博士生主要是问号与惊叹号教学，通过问题引导他们去独立发现与解决更多更难的新问题，把问号拉成惊叹号，得出前人没有或与众不同的新结论。

　　王先生交给学生的是问题，要求学生反馈的还是问题。他规定，凡是向他提出的问题都必须是经过"三思"而不得其解的难点。可以说王先生的授业风格是"学问"教学法。其要点有三：一是教会学生收集问题，二是教会学生发现问题，三是教会学生解决问题。收集问题是信息获取之源，发现问题是发展智慧动力之源，解决问题是能力形成之源。

　　王先生的"学问"教学法，与一般的问答式教学法是有区别的。他与我们之间，从来不直问直答，都要求讲清问题的来源和解决问题的思路和方法。对于学生的问题，他也是"闭口指导"。对每个问题都要求学生从多角度用多方法先进行思考分析，常常不过早去做结论，让学生回去独立思考，提出看法，然后才予以评点。王先生多年的教学实践证明，这种"学问"教学法有助于促使学生迅速地从学生角色或教师角色进入研究者角色，深入学科前沿与提高科研能力。

二、授业之中更重育人

"做学问首先要学会做人"，这是他对学生的一贯要求，也是他身导之中的显著特点。

王先生为人正直谦虚，思想开放民主，治学勤勉严谨。给博士生讲4小时课，往往准备一周。每次讲课都要在加深基础理论上，尽量去扩充新知识、新理论和新方法，富有时代精神。他所教的几门课程，从名称、章节、标题、框架、体例，都是常讲常新。如"教育的新属性""教育产业的性质""教育先行论""教育投资论""教育体制结构论""教育功能全方位和重心移动论""现代人的素质与教育目标论""全面发展教育结构层次论""教育过程优化论""整体教育改革论""全程全人教育管理评价论"，等等，我们都感到耳目一新，百听不厌，深受启发。例如王先生所讲授的"教育过程论"，我分别于1985年、1989年和1991年听过3次，但每次都有新鲜感，一次比一次启发更大更深。

对学风问题王先生要求非常严格，经常结合古今中外正反面事例教育学生并以身作则。尽管他现已是著名的教育学专家，学术造诣深厚，但每天都是凌晨4点就起来看书、备课、做研究，节假日从没见他休息过。他经常与我们共勉，力戒沾染"学阀""学官""学痞""学奴""学贼""学商""学僧""学混"习气，要保持追求真理尤爱真理的"学子""学者"本色。

王先生是我国非常著名的德育研究专家。他非常重视对我们进行社会主义、爱国主义、集体主义和科学人生观的教育。有很多次，他曾含着眼泪给我们讲述有关国格、人格的事例，我们学生都知道他常为忧国忧民而失眠，患有严重胃病，在关心他的同时，自己也都深受教育。

王先生对待学生和蔼热情、民主平等、关怀备至。他不但指导学生，而且对我们的家庭、生活以至毕业去向都一一挂在心上。每当节日，常邀我们去做客，亲自下厨。我们外出访学或回家，还要为我们送行。因此别人都非常羡慕我们有王先生这么一位好导师。

大家都深深感到，师从王老师既能学习如何做学问，又能学到如何做人。我与王先生的5年师生之情，可以说是由从师、尊师发展到爱师、崇师。

三、提高科研能力同时培养文才

以文导博与以文授业，可以说是王先生培养博士生的第三个显著特点。做实验一般被认为是理科博士生培养中不可缺少的环节。对于教育学的博士生来说，写文章是一种比做实验更为基本的功夫。然而王先生的文导用意并不限于就此一点。以文增识、以文论文、以文促能和以文出文，则是他以文博导的用心所在。

所谓以文增识，就是要求学生每天浏览各种各样的报刊资料，获取最新信息，掌握科研动态，精读一些专著论文，学习别人之长；所谓以文论文，就是要求学生带着问题与批判的态度去阅读文章，看完之后不能不了了之，而要定期地相互报告与交流，写评论谈体会；所谓以文促能，就是要通过阅读文章与练习文章，在学习别人文章长处之中提高自己的科研能力与写作能力，提高自己发现问题与解决问题的能力；所谓以文出文，就是要求学生不要光会评论别人文章之长短，而要通过分析评论形成自己的新观点新见解，敢于写敢于发，阐述自己对教育理论和实际问题的不同意见。他约法三章，要求博士生每年都要力争发表数篇有独到见解的学术论文，并以此作为课程学习成绩评定的依据。

王先生的文导博引是很有特色的。其程序步骤有五，即阅文、引文、评文、批文与再阅文。他每天都不辞劳苦，要翻阅大量的文章书籍。他有剪报的嗜好。每当发现一篇好文章便要立即剪下，介绍给学生。他的书房可以说是我们学生的报刊阅览室与图书馆，他常常成为我们的资料服务员。每当他给我们介绍文章的同时，免不了要评论几句，提出几个问题，启示我们抓住要点；每当我们学生写了文章，不论大与小、好与差，只要你交给他，他都会逐字逐句细批详改，大至观点论据，小到标点符号，毫不放过；每当我们的文章发表出来，哪怕豆腐块大，他也还要再看一遍，在分享其中的快乐的同时又进一步提出新问题。

在王先生这种文导博引的教学之下，我们所有的博士生，从入学到毕业都公开发表了不少论文，有的还出版了几本专著。

四、因材施教培养应用型通才

因材施教培养应用型通才，是王先生培养博士生的第四个特点。他对博士生的招生，是不拘一格选拔录取。他不要求学生一定具备硕士学位，只要你有志好学、有稳定的研究方向与较强的科研能力，通过考试，他就录取。我们师兄弟妹之中，不少是"杂牌军"。我是学数学出身的，毕业后又在高校教过数学，其余的人有的是学农出身的，有的是学中文出身的，有的是学史出身的。即使出身于"教育之家"，基础也不尽相同，有的原先是研究考试制度，有的是研究外国教育史，有的是研究中国近现代教育史。对我们这些"杂牌军"，王先生不是统一地"整编"与同化，而是因材施教。根据各人所长引导我们确立具体研究方向，给予不同的指导。我们之中有的是搞外国德育流派研究，有的是搞品德测评研究，有的是搞课程难度研究，有的是搞考试制度研究，有的是搞教育过程研究，还有的是搞德育方法研究。显然要指导如此之多方向不同的博士论文，工作量是非常大的。然而王先生却是宁愿自己起早贪黑地阅读各方面的文章资料，精心指导我们写好学位论文，也要让每个人充分发挥自己的基础特长与优势。

王先生的因材施教颇有自己的特色。他不是让学生据己所长，往牛角尖中钻，而是把我们往通用型人才发展的大道上引；不是让学生往纯理论的玄而又玄的高度上升，而是要我们向教育改革需要的应用上沉。王先生认为，面对目前教育发展与改革挑战，以及边缘学科、横断学科的相继涌现，要求所培养的博士生不应该只是广博基础上的倒"T"字形人才，而应该在倒"T"字上再加一横，是通用的"工"字形人才。博士生不应该仅仅是通才之上的专才，而还应该是专才之上的通才；不应该是只会搞学问的经院式专才，而应该是会随机应变的应用型人才。因此，王先生所培养出的博士生，大多是倾向于应用型的通才发展，受到用人单位的欢迎。有个博士生有15个单位（涉及12个省市、部委和教育、人事、科研、管理与评价5个专业方向）来电来函，欢迎他前去工作。有的单位还愿立即给他正副教授的待遇。

虽然我即将离开生活了5年的母校与尊敬的王先生，去奔赴新的工作岗位，心中的留恋免不了带着几分难过。但是恩师多年的栽培与谆谆教诲，弟子将终生难忘。王先生永远是我们所崇敬的楷模与导师。我永远是一个需要王先生指导的学生。请别忘了，孤雁离群，更需导师与母校的关怀与指引。

教学过程最优化能够实现吗？[*]
——教学过程优化方法试探

巴班斯基是当代世界著名的苏联教学论专家。他提出的教学过程最优化的理论在当今世界广为传颂。我国从 20 世纪 80 年代初开始就有许多这方面的介绍。报刊文章且不说，有关的翻译专著也有不少。例如，教育科学出版社与人民教育出版社两家已先后翻译出版了《论教学过程最优化》《教学过程最优化》和《教学教育过程最优化》等巴班斯基的著作。在讲质量求效益的今天，认真探讨一下有关教学过程最优化的基本理论问题是十分有意义的。

所谓"最优化"，巴班斯基本人指出："最优化是指从今天现有的条件来看，从学生和教师该时期内的实际可能性来看，从一定的标准来看是最好的意思。"[①] 由此可见，"最优化"在这里并不是作为宏观性的教学思想或指导原则提出，而主要是作为一种非常现实的东西，一种看得见、可操作的教学控制方式或程序提出来的。巴班斯基在进一步的解释中更为详细地列出了"最优化"的三条基本标准与八个最优化的方法，而且指出教学过程最优化的根本是"探索与比较各种方案的潜在条件，采用最好的教学方法"。[②]

既然巴班斯基的"最优化"理论不仅仅是作为一种教学思想或指导原则，

---

* 原载于《赣南师范学院学报》1992 年第 1 期。

① 〔苏联〕巴班斯基：《教学教育过程最优化》，吴文侃译，人民教育出版社 1985 年版，第 3 页。

② 〔苏联〕巴班斯基：《教学教育过程最优化》，吴文侃译，人民教育出版社 1985 年版，第 23—26 页。

58

而更主要的是作为一种具体的组织方式提出来的，那么我们就想提出这么一个问题：巴班斯基的这种"最优化"理论及其方法程序有科学根据并能够实现吗？

众所周知，巴班斯基教学过程最优的思想是直接从系统工程学中引用过来的。"最优化"原指在一定的环境条件下，通过各种手段（自然选择或人为的技术手段）使系统达到最佳状态而费力最小，路程最短；或者说投入最小，产出最大，耗费最小，效益最大。任何一个确定的教学过程，作为一个系统来说，其最优化的操作程序显然是存在的。欧拉曾经说过，世界上的一切事物无不呈现出极大或极小的特征。但是，教学过程涉及广泛的社会因素与心理因素，是一个十分复杂的模糊系统，其最优化的操作程序是难以找到的；教学过程是作为培养人的一种途径而存在的，它的最优化必须以学生未来发展整体目标的实现是否最优化为衡量标准。许多今天看来是最优化的东西，最终却不是；许多局部看来是最优化的东西，整体看来却不是。子教学过程的最优化，并不等于整个教学过程的最优化，没有实质性最优化的意义。因此，巴班斯基的最优化的理论既有合理之处，又有局限与不合理之处，充其量只能作为一种教学原则或指导思想而成立。

首先，在实践中教学过程最优化是难以实现的。最优化的方法虽然是系统工程学中理论性最强的领域，可是它大部分是借助数学方式用来处理比较单纯的问题。教学过程则是一个涉及生理、心理、社会等多因素的复杂系统，就教学过程的子过程来说，我们也难以用某一数学公式或教学目标函数来加以描述，使其数量化。因而我们要想寻找出一个能使教学目标函数达到最优化的教学方案是不可能的，即使是次优的教学方案（即比最优的稍差但比其他的仍然优越的教学方案）也很难找到。由于教学过程中牵涉的因素太多，这些因素及其关系难以准确描述，加上教学效果反馈的长周期性，我们难以及时准确地计算教学之后的效果，因而，充其量我们只可能根据以往的经验粗略估计，在小范围内找到一个尚能令人满意的教学方案。显然，这种凭直观经验比较选择出的教学方案决不是最优的，次优也不是，而仅仅是满意的而已。

就局部与整体的关系来看，可能会出这样的情况，就教学过程中每个环节的效率效果来看都很好，但是组合起来整个教学过程并不是最优；也可能眼前教学效果最优，但对于学生未来发展的目标却不是最优的。反之，可能就个别的教学环节来看不是最优，但组合到整个教学过程中的效果却呈现出最优状态。可能从眼前的效果看不是最优，但在毕业时教学质量上却呈现最优状态。教学是培养人的长周期过程，决不能脱离学生未来发展的整体目标而只顾眼前的优化。因此，任何一个教师要想使自己的教学达到最优化状态，就必须充分地把握教学过程的方方面面，掌握教学过程中各子系统的变量，掌握当前教学过程与未来学生发展目标的关系。然而实践中，我们每个教师都是处于有限的时空中工作，是负责有限的一小部分工作，要清楚地了解整个教学过程系统及其未来的发展情况是十分困难的，甚至是不可能的，在这种情况下，要实现教学过程的最优化也就十分困难了。

其次，国内外目前对教学质量测评的机制还不健全，这使教学过程本身失去了其最优化的功能。目前，国内外的教学测评，大多是在教学过程的终端实施终结性测评，对教学过程中各个环节及其整体的测评手段还十分薄弱，甚至是处于空白状态。巴班斯基本人也没有提出一套科学的测评方法。在这种情况下，教学过程要实现最优化是不可能的。因为最优化，确切地说，就是教学过程的最优化控制，即有目的地操纵教学过程的各个程序步骤（环节），使教学的目标函数表示的教学效率效果达到最大值。要实现这种最优化的控制，教学过程本身需要包括辨识、评价决策及调整三种基本功能。这三种基本功能健全与否直接决定了教学过程能否实现最优化。但这三种基本功能的健全与否又主要地取决于教学过程的测评机制是否健全。理论与实践证明，在处理系统最优化的实际问题时，首先必须确立系统测评的方法，并尽可能使测评函数具有凸显性。因此，在目前教学过程测评机制尚不健全的情况下，教学过程最优化是难以实现的。

最后，教学过程具有相当的模糊性，模糊性使教学过程失去了其最优化的基本前提。模糊作为精确的对立面，表现于对事物的质与量不能有个清晰的认识，表现于对概念的外延与内涵无法确定，也表现于对事物信息把握的不完全与不准确性。因此，事物或对象的复杂性、抽象性、变化性、综合性，事物本质的隐蔽性和联系的相互性等都将导致人们对其认识的模糊性。教学过程作为一个整体来说，它所包含的因素及其制约它的因素是相当复杂的。教学的内容，是社会、自然、科学与人类经验的高度概括与总结，并随着科技革命的不断发展而变化，随着教学对象的知识水平、接受能力及社会要水的变化而变化，因而它具有模糊性；教学目的，教学前教师虽然对它是明确的，但在教学过程中的具体把握上却是模糊性的；教学方法，由于它的多样性及其选择时所依据的教学目的与内容的模糊性，教师对它的掌握也是模糊的；同样地，在教学过程中教师对教学手段、组织形式等的选择与运用也是模糊的。教学作为一种活动，它与外部政治、经济、生活、科技等社会现象相互联系，它自己内容的各个要素，诸如目的、内容、方法、形式、教师、学生等也都互相影响，互相制约，所有这些联系性与制约性就决定了教学过程中各要素模糊性的客观存在。

由此可见，整个教学过程从结构到操作都存在模糊性，这给教学过程的最优化带来了致命的障碍。

教学过程最优化的基本前提之一，是教学的设计者与操作者必须全部准确地把握教学过程中的目的、内容、方法、手段、组织形式等教学变量和现有条件。只有在对教学过程的各个要素、各个阶段及整个结构与过程，有一个精确而清晰了解的基础上，才有可能去进行最优化。这就好比我们要选择到达某一目的地的最短路线一样，必须首先详细而清楚地了解能够到达目的地的所有可能选择的路线以及每条路线的具体结构，对整个情况了如指掌。否则是不可能找出最短路线的。然而，教学过程及其结构具有模糊性，建立在这种模糊认识基础上的最优化，显然是很难实现的。

教学过程最优化的基本前提之二，是教师必须在相对稳定的基础上，按同一标准比较、选择、组织教学活动。倘若我们仅在头脑中对教学的目的、内容、方法、手段和组织形式进行比较选择，而没有通过一定的中介把比较的方式及结果相对地固定和及时记录下来，那么，我们很难保证最后选择结果的最优性。因为我们对教学的目的、内容、方法、组织形式等的评价在没有以一定的形式固定之前，它们一直是浮现于我们头脑中的一种表象，是处于不断的变化中。同一个人对同一种教学方法前后的评价可能就不一致。思想若不借助于语言，不通过词与文字把它及时固定下来、分离出来，就无法形成与表达。语言是使思想得以直接实现的工具。因此，仅凭一个教师大脑的主观判断进行最优化的操作，是很难保证选择标准的一致性与所选结果的最优性。然而巴班斯基所提出的最优化方法正是建立在这种个体主观经验的模糊判断上。例如，对于课堂教学方案的最优化，巴班斯基并没有制定具体可行的方法和手段。他仅仅指出，最优化的核心是有比较地评定各种教学方案的可能性，以便挑选其中为该情况下最合适的方案。如何比较，巴班斯基并没有进一步给出具体的方法。他只是另外解释说，在比较时，一开始就可淘汰不切实际的方案，然后缩小比较范围直到二者必选其一，再从中挑选最合适的教学方案。显然，这种比较方法既主观又模糊，很难保证教学方案最优选择的科学性。由此可见，巴班斯基所提的"最优化"并不能真正实现。

然而，我们可以使教学过程的控制做到尽可能地令人满意，即进行优化。优化的关键在于尽可能寻找到某种方法来保证对教学过程各变量优选的科学性与现实性。换句话说，要寻找到一种既能满足系统优化的两个前提条件，同时又符合教学过程的实际情况的方法。由于教学过程中模糊性的客观存在，显然不可能找到一种满足前面提到的"最优化"的第一个前提的方法，因为实际中我们不可能做到对教学过程的各变量了如指掌。然而，我们可以从问题的反面来解决，即以其之矛攻其之盾。利用模糊学方法来解决模糊问题，在模糊中求"精确"，求"最优"；对于前面"最优化"的第二个前提，只要我们能找到一种科学方法作为中介来保证选择的稳定性与统一性，即可以得到满足。

模糊教学既属于模糊学，又是一种方法，因此我们可以借助于模糊数学来实现教学过程的优化问题。

我们曾试用过模糊数学中的综合评判优化课堂教学的目标体系，使抽象的一个总目标变成一系列具体而有序目标群；曾试用过模糊数学中的矩阵乘法来分析与确定教材的重点、难点与关键点；也可以利用模糊数学中的多目标决策理论来选择较为有效的教学方法，还可以利用模糊数学中矩阵并运算来优化教学方案；类此等等。为简便起见，下面只具体说明一下如何利用模糊数学优化教学方案。当我们从教学参考资料或实践经验中，已经知道讲授某一教学内容，达到某一教学目的有多种教学方案，教学时我们要从中选择最佳的一个，这是常有的事，为说明简单起见，不妨设有 X1、X2 和 X3 三种教学方案可供选用。我们分别从教学方法（A）、内容组织形式（B）、课的类型（C）、教学手段（D）、教学形式（E）、综合效能（F）等六个因素与教学目的的关系分析中，得到如下模糊关系：

X1	O1	O2	O3	X2	O1	O2	O3	X3	O1	O2	O3
A	a11	a12	a13	A	b11	b12	b13	A	c11	c12	c13
B	a21	a22	a23	B	b21	b22	b23	B	c21	c22	c23
C	a31	a32	a33	C	b31	b32	b33	C	c31	c32	c33
D	a41	a42	a43	D	b41	b42	b43	D	c41	c42	c43
E	a51	a52	a53	E	b51	b52	b53	E	c51	c52	c53
F	a61	a62	a63	F	b61	b62	b63	F	c61	c62	c63

其中 O1、O2、O3 分别为相对教学总目标 O 的分目标，它们组成一个使总目标 O 得以实现的目标群。并且 $O \le a_{ij}$, b_{ij}, $c_{ij} \le 1$。

$$\sum_{i=1}^{3} a_{ij}=1, \sum_{i=1}^{3} b_{ij}=1, \sum_{i=1}^{3} c_{ij}=1$$

i，j=1，2，3，B=〔b_{ij}〕，C=〔c_{ij}〕。

对 A、B、C 进行并的运算：P= $A \bigcup B \bigcup C \approx$ 〔P_{ij}〕，其中 P_{ij}=max{a_{ij}, b_{ij}, c_{ij}}。若矩阵 P 中元素 P_{ij} 属于 A 的最多，则对应的教学方案 X1 为最佳，若 P_{ij} 属于 B 的元素最多，则对应的教学方案 X2 为最佳，以此类推。当 P 的元素 P_{ij} 均匀分属于 A、B、C 时，则就由哪一个教学方案对应的矩阵，其元素在重要目标 O1（假设 i=2）之下的数值来决定，值最大的便是最佳的。

利用这种方法还可对原来旧的教学方案进行分解组合，创造出新的教学方案来。假设上面 A、B、C 为已知的三个旧教学方案的模糊矩阵，经过并运算后，得到新模矩阵 P=〔P_{ij}〕，则 P 就是对原来 A、B、C 三种教案先分解后组合得到的新方案。我们就可以对它进行分析试验，获得新的经验。

总之，我们认为教学过程是一个模糊的社会系统，难以类似其他物质系统进行精确性的量化，至今人们对教学过程各要素及其关系还缺乏健全的测评机制。巴班斯基教学过程最优化的理论对这些特殊性与困难性并没有提出相应的解决办法，使最优化的基本前提难以得到满足，教学过程本身也缺乏最优化的基本功能。因此，巴班斯基所提的教学过程最优化在实践中是难以实现的。现实中教学过程只能得到某种令人满意的控制，即相对地优化。并且实现这种优化的可能办法之一是借助于模糊数学进行科学的分析评判。这就是本文所要阐述的宗旨。

发挥学校德育主导作用，
提高精神文明建设实效 *

最近以来，人们似乎对学校德育在整个社会精神文明建设中的作用失去了信心，所谓胳膊拧不过大腿，学校一天的教育抵不过家庭与社会一分钟的影响。听任这种观点的发展，只会给学校放弃德育的责任不讲实效的做法找借口，只会助长学校削弱德育行为，影响社会精神文明的发展。

我们要勇敢地担当起历史的责任，加强学校德育，寻求精神文明建设的对策。

1. 要切实重视学校德育的主导作用

为什么目前学校德育显得软弱无力，可有可无，不到位呢？其中很重要的原因就是德育首位没落实，没有从根本上重视学校德育的主导作用，只是在会议上、在报告中、在宣传上重视，而没有把这种思想观念上的重视落实到实际行动上，没有从经济上、人员配置上、教学设备上体现德育首位的思想。

2. 选拔优秀师资

思想中、行动上对学校德育主导作用的重视，仅仅是为学校德育主导作用的发挥提供了一种条件。学校德育的主导作用要依靠高素质的教师去实现。

有的人认为，如果我们的社会回到五六十年代，学校德育对人们思想品德形成的主导作用是毫无疑问的。现在的社会大开放、多元化，学校的德育与学校之外的各种影响常常相互冲突，学校里学生所形成的思想、行为、观念回到家庭与社会中得不到应有的事实支持，使学生在学校里所学的与在学校之外所见的，形成了不同的两张皮，很难合而为一。在这种情景下，学生要么形成说

---

* 原载于《天津教育》1997 年第 10 期。

与做不一致的双重思想品德，要么相信事实，反叛学校教育，趋同社会行为。解决这种学校内外相互冲突的办法有二：要么借助佛家、道家做法，让学校远离社会，找个山清水秀、僻静的封闭环境，进行封闭教育，先独善其身，再感化他人；要么选择高素质的教师，能以正确观点对学校之外的种种不良影响作出较为妥善的解释与处理，化消极因素为积极因素，使大多数学生面对社会的复杂影响照样能自信、自立、自强，不但独善其身，而且积极教育他人。

对青少年来说，学校、社会、家庭三者相比较，学校教育的作用是关键和主导的，教师的素质决定着德育的质量，决定着学生的素质发展。

3.立足于做人的根本

益智、修业、做人可以说是家长、学生与社会对学校教育作用的三大期望。目前，我们的学校教育前两方面做得很好，但在做人方面下的功夫却不够。学校德育内容大都限于为国家政治与社会稳定服务，为维持学校秩序服务，要求学生做的是如何服从领导、服从家长、服从集体、服从学校、服从国家、服从社会；而对如何为人处事，如何与别人建立真诚的感情与关系，如何得到别人的信任、爱护与关怀，如何完善与发展自己，实现自己的愿望等方面却教育甚少。特别要说明的是，笔者不是反对德育内容要服务于国家政治与社会稳定，而是要提醒大家，确立德育内容的同时要兼顾如何做人，并以教育学生如何做人为根本，再把服务于国家政治和社会稳定与学校秩序的宗旨渗透进去。这样学校的德育会得到学生、家长与全社会广泛而稳定的支持。

4.加强学校德育的操作化研究与社会各方德育的整体协调管理研究

要让学校德育对青少年发挥主导作用，则必须改变目前学校德育软、虚、弱的状态。目前学校的德育一是目标软，二是方法内容虚，三是师资弱。因此，要加强德育目标、方法、内容与操作化的研究，使德育与数理化等成熟学科一样，有阶梯性、序列性的教学目标、教学内容与教学方法。目前，人们对于加强学校德育有许多好思想、好主意，但却没有具体的操作方案，因此学校的德育难以见到实效。要让学校德育发挥主导作用，还要保证家庭、社会、宣传、文化方面多给学校德育一些支持。学校德育在学生身心中树立起的任何新思想、新观念、新行为，如果得不到外界相应的支持认同，那么，知行合一就只能是一句空话，情感空虚、信念危机就不可避免。因此，亟待国家有相应的协调机构与法规，保证社会、宣传、新闻与文化等可控因素的影响与学校教育的一致性。

5.加强德育评估，提高德育实效

长期以来学校德育处于软、虚、弱状态，与我们对德育缺少评估措施有很大关系。由于对学校德育缺乏实效性检验的手段及要求，学校德育总是潮起潮落，赶形势、走过场，只问耕耘，不问收获。大量实践与理论研究证明，德育评估对学校德育工作具有导向作用，它是一面旗，指示着德育的目标与方向；德育评估对整个学校德育工作效果具有评定作用，它又是一杆秤，衡量与反映着德育的价值与作用；德育评估对每项德育工作与学生的思想品德修养具有反馈作用，它也是一面镜子，告诉我们德育过程中的成绩与不足。德育评估对学生具有教育激励作用，它对后进生有压力，对先进生有鞭策，时时刻刻提醒与激励学生前进。通过德育评估后的指导与教育，教师工作更有信心与实效，学生也会更乐于接受。

学校课程设置与改革的社会学依据分析 *

　　学校自产生以来就受到来自社会各方面的影响与要求，具体地表现为对人才培养目标的规定。培养目标的实现，主要决定于课程的设置、编制与设计。随着社会的发展，培养目标的要求不断提高，然而课程却因为教育的长周期性与相对稳定性而具有一定的独立性。它与社会的变化并不是同步的，具有一定的滞后现象。这样就构成了要求课程不断变革以满足变化着的社会需要与课程本身相对稳定的矛盾。这一矛盾是学校教育发展与社会发展不相适应的矛盾在课程理论发展中的具体表现，是课程理论发展的外在原因。根据社会的要求确定培养目标之后，在实现这一目标的具体教学过程中，还存在着教与学、培养目标所要达到的水平与学生现有水平之间的矛盾，这两个矛盾的解决产生了课程的设置、课程的编制与课程的设计，形成了课程理论发展的内在动力。

　　抓住以上课程理论发展的外因与内因，我们就不难发现学校课程设置的某些历史轨迹。认清与把握这些历史发展轨迹，对于我国目前的课程改革，有着十分重要的意义。

一、学校产生到文艺复兴时期的课程突出为统治阶级政治服务

　　学校产生到文艺复兴这一段时期，人类社会处于奴隶社会与封建社会之间，生产力水平低下，是以铁器工具和畜力耕作——农业为主的自给自足的封

---

　　* 原载于《赣南师范学院学报》1998 年第 5 期。

闭性经济。人类的科学文化水平处于对生产经验、生活经验和自然现象直观的、猜测的堆积阶段。人对自然界的认识还处于幼稚时代，刚刚萌发的科学知识远没有达到应用化的程度。科学技术在生产中还没有显示出它的力量，人类笼罩在宗教迷信与封建伦理等级的渲染气氛之中。"上帝""天命""三纲五常""禁欲主义"支配着人的思想，人们不敢提出什么要求，一切听天由命；然而另一方面，奴隶主、地主因生产力水平低下，在劳动人民处于饥寒交迫的情况下，仍然贪婪地扩大自己的财富。因此"富人和穷人、剥削者和被剥削者，享有完全权利的人和毫无权利的人，他们彼此间的残酷的阶级斗争——这就是奴隶占有制度的情景"。从奴隶社会到封建社会，劳动人民反对残酷黑暗统治、争取劳动果实的斗争连绵不断，日益激烈。因此在整个这一时期中，阶级斗争的尖锐化的特点，主导社会中各种因素。统治阶级对如何巩固其政治地位、制服劳动人民与维护他们的利益的知识与人才的需求有着非常的迫切性。由于这一社会阶段整个都是奴隶主地主的寡头专政，他们控制了教育权、控制了社会，因而整个时代的特征必然表现出统治阶级强烈的政治性，决定了这一时期的课程设置的基本性能是为统治阶级的政治服务。

因此，我国奴隶社会、封建社会的课程设置一直是"四书五经""礼义教育"，是"明君臣之义""明长幼之序"等教学内容；外国也是如此，古希腊斯巴达从儿童到成人设置的课程主要是军事体育。因为它是奴隶制的公社国家，其土地归奴隶主国家所有，居统治地位的奴隶主斯巴达人是外来的征服者，人数很少，总共不到 3 万人。原有居民希洛人被征服全成奴隶，近 30 万人。斯巴达少数寡头专政的国家对希洛人进行了残酷的剥削和压迫，阶级斗争异常尖锐，奴隶起义频繁，故全体斯巴达人无一例外编入军队以训练对奴隶进行镇压的本领，成为一个维护斯巴达强有力的武士。绝对服从与强壮的身体是非常重要的。因此在他们所学习课程中，体育有着非常重要的位置。又如，中世纪教会是占有统治地位的。当时学校设置的课程有文法、修辞学、辩证法，后来又增设了算术几何、天文学和音乐理论、神学。然而所有设置的课程都是为神学服务的。设置文法掌握拉丁语用以指导阅读《圣经》，设置修辞学用以分析经书文体句段、训练宣教口材，设置辩证法用以指导论争艺术，这是教会"打击异端者"所必需的。后增设"四艺"，一是为了装饰门面吸引异教徒入会，二是为宗教服务。设置算术用以计算宗教节日和祭典日期，设置天文学用以占卜星象，设置几何用以绘制教堂建筑图样，设置音乐用以举行宗教仪式唱圣歌。这"四艺"的内容在教会学校的课程设置中，还被歪曲成神本主义。"1"解释为唯一的"神"，"2"解释为耶稣基督具有神与人的"两"重性，"3"为圣父圣子和圣灵"三"位一体，"4"解释为"四"个福音传道者等等。由此可见八门学科构成了以神学为主、文法次之的为宗教统治者服务的课程体系。

再如我国汉代的课程教材，充满着为汉武帝统治服务的特点。这是因为汉武帝为了巩固封建政治的统一，接受了董仲舒"独尊儒术罢黜百家"的建议。因此当时课程设置、教材内容以经学为主。然而"汉代独尊儒术政策带有很大的虚伪性，实质上是用经术装饰政治门面"，"即在儒家里面也是以经过董仲舒等所改造过的儒学为标准。先秦原始儒学不可复现"。

我国清代的书院课程设置也是如此，虽有一些改革，但由于统治者要利用理学来控制人民的思想，课程内容均以理学内容为主。

由此可见，无论奴隶社会还是封建社会，无论中国还是外国，在整个这一时期中课程设置及其基本功能，都突出着为统治阶级政治服务的特点。

二、从文艺复兴至杜威时期的课程突出为社会生产与生活实际服务

文艺复兴发源于 14 世纪的意大利。威尼斯、热那亚、佛罗伦萨是意大利工商业发达地区。在 14 世纪时已出现了资本主义简单协作和手工工场，出现了新兴的工商业资本家和雇佣工人。随着资本主义经济的成长，政治上出现了资产阶级、小资产阶级和无产阶级反对封建贵族的斗争，斗争的结果，政权被资产阶级的上层——大银行家、工场主、大商人所把持，因此组成了城市共和国，接着在欧洲的其他国家也先后掀起了资产阶级革命的浪潮。1609 年荷兰共和国成立，1642 年发起了一场反对查理一世内战，英吉利共和国成立。法国 1649 年将国王逐出首都，新兴资产阶级从此在世界范围内不断产生与发展，到杜威时期资本主义已发展到资本主义的高级阶级——垄断资本主义。整个这一时期的特点是：

1. 注重实际

由于资本主义的产生和发展，促使这一经济基础相适应的意识形态也产生和发展起来。在哲学、文学、艺术、政治、法学、教育及科学等方面表现出了一种新的思想——通常称之为"人文主义"产生了。他们（这种思想）强调个人的力量，歌颂世俗生活，反对禁欲主义，蔑视天堂和来世观念，注重现实世界。

2. 注重科学技术

15 世纪前后，是资本主义萌芽时期。由于手工工场的发展，导致了科学技术的频繁运用与发明。而科学技术的发明与运用，明显地使劳动生产率大为提高，这样就使追求剩余价值的资产阶级看中了科学技术对提高社会生产力的重大作用。因此他们为了攫取更多的利润，开始关心生产，注意运用科学技术改进生产。另一方面，新科学技术的运用，也带来了一些实际问题，要求给以理论上的说明，例如动力机械装置和射击武器的使用，需要解决机械上和计算上的问题，因而需要发展力学与数学，这样自然科学就获得了空前的发展。科学技术的发展又进一步提高了资本主义的生产力，创造了大量财富，以致他们渴望到东方去寻求黄金与市场，进行资本输出。因此，葡萄牙组成了五人船队进行历时三年的航行开辟航道，结果发现地球是圆的。由于航海发现了美洲新大陆，发展了天文学，建立了天文台，导致了哥白尼日心学说的发现，导致了开普勒行星运动三大定律的发现和伽利略望远镜的发明与使用。这些发明与发现，使人们的眼界大为开阔，宗教迷信因此一败涂地，人们对科学技术与科学研究产生无限敬仰之心。

再次，资产阶级政治上统治地位的取得与巩固，主要是依靠其经济实力。因为资产阶级的发迹就是从工商业经济的发展而来，自由竞争也是依靠其经济生产能力大小来决定的。然而无论是工商业经济的发展还是大工业经济的发展，都必须依靠科学技术。因此，资本主义时代的社会特征，最后必然表现在注重科学技术，注重实际方面。这样也就决定了这一时期的课程设置必然是自然科学的急骤增加，其基本性能必然是表现为生产实际服务。

因此从我国清代开始，一些早期启蒙教育家、思想家，例如徐光启就提倡学习自然科学，"为务务实，经世致用"，"颜元等反对空疏之学，认为教育内容必须注重实际问题",强调兵、农是教育的基本内容,认为教育内容应是"实学实事"。

欧美等其他国家,从夸美纽斯开始,洛克、卢梭、斯泰洛齐、福禄倍尔、斯宾塞直至杜威都极力主张从儿童早期开始学习自然科学,增加生产劳动内容,掌握基本生产的知识与技术,了解生活实际,为资本主义工商业、大工业服务。因此这一时期各级各类学校增设了物理、化学、植物学、生物学、动物学等自然科学,数学因它在工业发展和自然科学中的实用性,成为学校课程中最受尊重的课程,而且为了扩大贸易交往和促进生产发展,开设了现代外语;为了航海与开发地理资源、利用自然环境,以加强社会生产力中自然力的作用而开设了地理;为了强壮人类身体,体育得到了重新发展;为了能为产品设计打好基础,美术(绘画)就逐渐列入了学校课程(当然这些课程设置后来也有其他的作用),这样就构成了以自然科学为主,近代资本主义生产为人类生活实践服务的课程体系。

三、现代课程突出为开发人力资源促进个性全面发展服务

自从俄国十月革命成功之后,全世界掀起了民族解放运动,许多国家和地区纷纷摆脱了帝国主义的殖民统治,建立了许多社会主义国家,全世界被压迫、被奴役的人民已经意识到了自己的力量,树立了个性解放的自信心。在政治上,他们要求民主、自由、独立和受到尊重,要求自己的智慧与才能得到发挥;在生活上,由于生产能力的提高,人们不需要像先前那样,为填饱肚子而奔命,无空遐想,现在人们有时间有条件去从事自己的个人爱好与兴趣,个人的需要普遍增长;在生产上,由于资产阶级对世界自然资源瓜分完毕,或因为失去对某些殖民地的控制,为了进一步发展资本主义经济,以巩固其统治地位与发展生产,也只能从充分挖掘现有生产过程的潜力中努力了。然而在所有资源的潜力开发中,人力资源开发是至关重要的,而且有着广阔的前景。另一方面在社会主义生产中,由于第三次技术革命的兴起,社会化的大生产越来越显示出科学技术的伟大作用,高科技物化为第一生产力之后,使整个生产智能密集化和科学技术化。日常生活、教学过程、艺术、组织管理活动等,都自动地

吸取科学知识，人们正在广泛运用"科学方法"去解决各种各样的问题，人类的思维方式也正在发生科学的变化，因此科学技术知识不仅成为新的生产形式与生产力的源泉，而且成为新的社会需求和个人需求的源泉。科学技术知识是人类智慧的结晶，也是开发人力资源的工具。由于人类文化千百万年来的积累和发展，目前已像山洪暴发一般向人们涌来，整个人类正淹没在科学技术知识的海洋中，若不从中开发智力、发展个性爱好、引发出创造力，人类就难以驾驭科学知识的力量，就永远到达不了理想的彼岸。无论资本主义国家还是社会主义国家，培养应变能力、全面发展个性，充分挖掘人的潜能都成为当前教育的主要任务。

因此从20世纪50年代末期以来，课程不断变革，其中以赞可夫、布鲁纳、根舍因三大派别影响最大。赞可夫创立了以高难度的理论知识为主，辅之以高速度的知识猎取——广泛的课外阅读的课程体系；布鲁纳创立了结构式、发展式、程序式的课程理论；根舍因创立了以个别代表全面的典型式课程理论。三种课程理论宗旨都是一个，都是为了使学生通过有限的课程学习，获得足够的知识与能力，以促进智能发展为主的个性全面发展。

目前，世界上发达国家学校课程改革的主要趋势是：

1.课程设置比较全面，不仅重视知识教学而且也重视健康、团体生活的教育和公民道德教育；在基础知识教学方面，除基础知识外，特别注重生活知识、职业技术知识的教学。

2.理科课程从低年级开始设置，并力图把20世纪以来的自然科学新成果吸收到教材中来，促进教材现代化，促进课程改革的现代化。

3.打破原有学科专业教学大纲的框框，探讨课程知识结构、课程内容着重于基础理论与基本方法，围绕培养能力设置课程和组织教材，把人力资源作为改革的中心。

4.注意挖掘学生的学习潜力，课程内容逐级下放，难度显著加深加重，重视创造教学条件，发展学生个性爱好，选修课普遍增多。

纵观整个学校课程发展与改革的历史轨迹，我们不难发现，当前学校课程改革应以开发人力资源促进个性全面发展为宗旨。

加强督导评估工作全面推进素质教育 *

　　素质教育是目前全国上下关心的热门话题，因为这不仅仅是个单纯的教育问题，而是关系到中国 21 世纪发展的根本问题。目前国际竞争日趋激烈，经济竞争日趋激烈，经济竞争与综合国力的竞争实质是科学技术的竞争，而归根到底是人才素质的竞争。如果说农业经济时代的国力标志是看拥有的人口与土地有多少，工业经济时代国力的标志是看所拥有的铁矿、石油等自然资源有多少，那么以高科技为代表的知识经济时代的国力标志，则是看所拥有素质的创造性人才有多少。本文就如何全面推进素质教育的问题谈点个人的看法。

一、当务之急是全面推进素质教育，培养创造型人才

　　知识经济、科教兴国与民族发展的问题归根结底是人才问题，而人才培养的质量如何，关键问题在于抓好素质教育工作。回顾过去，我们一直为系统而扎实的基础教育骄傲，国际中学生学科知识奥林匹克竞赛每每夺冠。展望未来，我们又为拥有世界 1/5 人口大国却出不了一个诺贝尔奖的创造性人才而感到遗憾和不安。我们应该深刻地反思过去，很好地运筹未来，把握住 21 世纪的发展。在比较中西教育之中我们不难发现，中国的教育基本上是一种"讲解式"教育与"标准化"教育，教师按照既定的教育"标准"给学生进行系统讲解与示范。学生的行为与理解一旦符合"标准"，教师立即予以表扬与肯定，稍有偏差则就认为不对。在幼儿园，小孩越听老师的话，他得到的"小

---

* 原载于《民主》1999 年第 3 期。

红花"就越多；在学校学生的学习越与教师的"标准"要求一致，他所得到的"分数"就越高。而且"讲解式"的教育所做的只是告诉学生教学内容是什么，实际讲解中教师重复前人的结论大大多于对学生独立思考的启发，而没有思考就很难激起学生新的创造。以美国为代表的西方教育则主要是一种"启发式"教育与"开放式"教育，学生可以在课堂上放声大笑，无拘无束。小学生每天最少可以玩两个小时，下午不到三点就放学回家，学生没有课本。面对这种教育方式，有位中国学生家长曾经专门问过美国教师："小孩子头脑中知识很少，你们怎么不让他们背记一些重要的基础知识呢？"那位美国教师笑着回答说："对学生的教育来说，有两个东西比死记硬背基础知识更重要，一个是他要知道去哪里寻找他所需要的比他能够记忆的多得多的知识；另一个是他要会综合使用这些知识进行新的创造。死记硬背，既不会让一个人知识丰富，也不会让一个人变得聪明。"对比之下我们也就不难明白，面临知识经济时代的中国教育该向何处去的问题。这个目标就是 1998 年北京大学百年校庆上，江泽民总书记所提出的 21 世纪中国学校教育，要致力于培养高素质创造性的人才。

二、新现象老问题

一提起素质教育，有人便会认为是近年来的新名词新现象，是针对应试教育提出的新要求。其实不然，这是一个老问题。众所周知，过去虽然我们没有提过"应试教育"这个名词，但应试教育的活动与现象一直存在，那就是片面追求升学率的行为。"应试教育"可以说是人们对"片追"现象的一种理论归纳与概括。"片追"问题的突出表现在于学校教育的重智轻德，在于教学过程重知轻能，在于知识传授重考试内容轻其他学科内容。实际上纠正"片追"问题很早就开始。1954 年政务院发布了《关于改进和发展中学教育的指示》，要求学生坚持"五爱"教育和劳动教育、自觉纪律教育；1955 年教育部制定公布了《关于实施"中学生守则"》的指示；1958 年教育部颁发了《关于中学学生操行成绩评定问题的通知》；1963 年中共中央颁发了《全日制中学暂行工作条例》和《对当前中小学教育工作几个问题的指示》，指出在中小学阶段，必须十分重视全面贯彻党的教育方针，重视其他学科教育。中小学教育的根本目的在于培养坚强的革命后代。尤其在十一届三中全会后，党中央和教育部更加重视纠正片面追求升学率的问题，平均每年都要颁布有关文件或召开专门会议。但为什么"片追"问题一直没有纠正过来，而且愈演愈烈，以至今天把它定名为应试教育，上升到教育理论的高度了，关键问题就是教考分离两重皮。

三、素质教育不到位难点在于教考两重皮

新中国成立以来，我国的教育方针基本是正确的，教学计划与教育计划是全国性的，课程设置与教学形式也是丰富多样的，但最后的教学行为与效果却远离了全面贯彻党的教育方针培养全面发展现代人才这一素质教育的轨道。其根本原因就在于我们最后的一个教育环节出了问题。众所周知，我们一直是以考试的形式来评估与检查学校的教育行为与结果，虽然理论上与指导思想上并不是如此，但实际却是如此。考试形式的内涵与外延本来也是广泛的，例如最初的科举考试中也有策论等非笔试形式，但我们今天考试最后的落脚点却是只有书面知识与简单分析判断能力的标准化考试。这种宽教窄考的悖逆现象又怎么能把广大师生的教育引到正确轨道呢？最后不但素质教育难以到位，而且会越离越远，教育与考试成了一大一小的两张皮，而且是难以粘合的两重皮！

如何解决这个难点问题呢？方法自然多重多样。有人以为最简单的方法是去掉考试这张皮，也即取消考试，就近入学，让教育这张皮一统天下，这样问题不就解决了吗？问题果真解决了吗？其实不然。问题之一，作为义务教育阶段的小学升初中可以取消，但作为非义务教育阶段的初中升高中考试仍然存在，最为根本的是高中毕业升大学的大统考难以取消。这种前不考后要考、小不考大要考的前后不一的改革不但使部分学生不能适应，而且也让一部分家长与教师担心。初中老师普遍反映："尽管小学升初中不再有考试了，但是中考、高考仍然存在，并且短期内不能取消，那么这些一直没有考试压力的学生如何去面对突然而来的激烈竞争呢？以前的学生可以通过大量的练习、模拟考试来逐渐适应，现在真不知如何帮助他们走过这座中考桥了。"

问题之二，取消了考试，一方面是学生不再为决定命运的考试分数而压力

重重，教师也不再为争取考试分数而给学生增加课业负担了。但另一方面，调查表明学习中等以上的学生与家长大为失落与失望，没有了竞争的动力与冲动，学习没有主动性与积极性了，而学习较差的学生感到自己占了不少便宜，为此有了学习的动力。

如果说中学教育是对青少年素质与潜力的一种开发，那么取消考试的客观效果不就是"削峰填谷"与"杀富济贫"了吗？这是素质教育的根本宗旨吗？

问题之三，取消了考试，学校教学自由灵活多了，不再需要围绕考试这根指挥棒转，真正有了教育的自主权，但实际上目前许多学校与教师学因为没有了考试这根指挥棒的指挥变为无所适从。有的无所事事，听任学生自己发展，有的开设"围棋""象棋""球类""武术"等课外活动班，有的则开设大量"美术""音乐"等选修课，难道素质教育就是让学生玩吗？就是让他们轻松自由任意发展吗？学生学习的主动性不可抹杀，教师教学的主导型更不容否定，素质教育的真谛不在于是否取消考试，也不在于课程的种类形式与教学的内容是否多样性，而在于教师教学思想与教学艺术，在于教学过程之中的启发、引导与培养。

四、问题解决的关键在一督二改三评估

素质教育是针对过去教育存在的弊端，为贯彻党的教育方针和提高国民素质而提出的一种全新的人才培养要求。素质教育并非对以往教育的全盘否定，并非不要考试。考试作为教育的一种检查评价形式，其存在的价值是不容否定的。教学是一种教师与学生之间的互相交流与作用的过程，在这过程中，不但时间较长，而且影响的因素复杂，如果缺乏必要的考试、检查与反馈，素质教育不但得不到加强，相反将会大大削弱，我们不能只问耕耘不问收获。然而听任目前这种狭窄的知识考试发展下去，又将束缚素质教育的推行。笔者认为问题解决的关键在于一督二改三评估。

一督即加强教育督导。二改即改革考试形式尤其是高考形式，目前的考试过于单一，追求客观性与信度，而失去了效度与教育目的性。三评估即要在督

导的基础上进行评估，在评估基础上进行督导，导督评估一体化。考试作为教育过程中的最后一个环节，它是相对独立的，在教育过程中形式上应该自己独立，时间上相对滞后，因此教育与考试两重皮是客观存在的，问题在于我们要采取一种有效的黏合剂把这两重皮联接与沟通，采取有效的方法把考试这张皮扩大，使其与教育方针和内容的面一样大再粘合。这就需要一督二改三评估的整合与粘贴。在教育过程中，有些教育行为与结果最后可以沉淀为知识形式，通过考试来加以测评，有些可以表现为校风校貌与有关绩效加以评估。但由于教育过程的长期性、复杂性与制约因素的多样性，许多教育行为与结果难以最后沉淀与表现出来，或者说等到最后沉淀与表现则为时已晚，因此就特别需要以督导的形式加以及时检查与指导，加强教育的前瞻性与有效性，提高教育的预后性与效果。一些中小学与大学的教师一致认为，如果对学生的品德、体质、智能不建立起科学的评估制度，研制可行的人才素质测评手段，仍然像目前这样教宽窄考，升学、招工、升级、评优最后都是以学生考试分数为准，重智轻德、重知轻能、重高考内容轻其他学科内容，那么素质教育就只能是一种美好的口号而落实不到具体的教育工作中，教育规律就只能任人践踏与违背。此外，从外文 education 的解释，也可以知道教育本身即是一种过程行为，而过程行为如果缺乏督导则最容易偏向，因此，大力加强督导评估工作是解决全面推进素质教育问题的关键与根本保证。

素质教育人力资源开发观 [*]

——兼谈现代人力资源开发与传统人力资源开发

素质教育一般认为是一种就业前的基础教育或普通教育，而人力资源一般认为是就业后的事情，人们很少把这两者联系起来考虑。实际上个别有识之士已经认识到教育与人力资源之间的关系，教育是人力资源的奠基工程，是人力资源的第一次开发。因此本文从人力资源开发的角度对当前素质教育实践中的问题谈谈我们的意见，仅供大家参考。

一、素质教育不要与应试教育相对立

素质教育是以促进学生身心发展为目的，以提高国民的思想道德、文化科学、劳动技能、身体心理素质为宗旨的基础教育。相对立的，应试教育则是以考试得分为手段，以把少数人从多数人中选拔出来送上大学为唯一目的、片面追求升学的教育①。这种解释与观点被绝大多数的学者与教师所接受，也是目前我国教育行政部门推行与实施素质教育的指导纲领。然而这种解释有些地方似乎值得商榷。其一，学校教育是否只限发展而非选拔。其二，高等教育与中等职业教育是否非素质教育。对于第一个问题的回答，事实显然要对其予以否

---

* 原载于《赣南师范学院学报》2000 年第 5 期。

① 参见柳斌：《四谈关于素质教育的思考》，《人民教育》1997 年第 6 期；柳斌：《以邓小平教育理论为指导，扎扎实实推进素质教育》，《人民教育》1998 年第 9 期。

定。我国属发展中国家，目前九年义务教育尚未完全普及，高中与大学只能允许少数人进入，尤其进入大学和研究生学习的人数就更少了。如此看来，初中教育、高中教育以及大学教育目前都肩负着选拔的重任，国家将要启动的全国1000所高中示范校（北京市大约30所），其教育的选拔功能可能将重于发展功能，因为将来人们评价这些学校的重要指标仍是看它的升学率。这部分学校无论怎样管理，其教育的主要目的必然是以把少数人从多数人中选拔出来、把不同学习水平的学生相互区别开来送上不同层次的大学为己任。如果这些学校不以升学教育为特点，它们就失去存在的价值。至于其他一般高中，虽然它们升学教育的力量不如示范校，学生中能选出上大学的人不如示范校多，但是它们仍然不甘落后，会积极努力，尽可能争取多从广大学生中选拔一些人上大学，争不到全国示范校，争取到地方示范校也可以，再从地方示范校慢慢与全国示范校竞争。再说初中学校，虽然要求与示范校的高中脱钩，目前采取的办法是，扶持薄弱校建设，学生实行就近入学，以缩小与拉平校际差异。实际上这种拉平与缩小差异的做法更会激起校际之间的相互竞争，因为初三升高中要进行统考，学生可以择校，优等生进入示范校，二流生进入一般校或职业高中，三流生将被淘汰。任何一位家长都希望自己的孩子初三之后能上示范校，接受良好的教育，将来顺利进入大学深造，家长的这种要求与希望将迫使任何一所初中学校追求升入示范校的人数与比例。由于薄弱校得到大力扶持，校际之间的差异缩小，办学条件与实力相当，因此初中学校之间的竞争将会比今天更趋激烈。初中教育仍将是选拔学生进入级别不同的高级中学接受不同层次的教育，因此高等教育没有普及之前，学校的选拔功能仍然存在，选拔功能依然存在，应试教育就依然存在于学校教育之中。如果把素质教育看作是应试教育的对立面，那么同一学校就难以同时存在不相容的两种教育，最后我们只能说小学教育是素质教育，而其他阶段的教育将很可能还是应试教育。

在当前的素质教育解释中，似乎只把素质教育限于基础教育之中，而把高等教育、中等职业与专业教育排除在素质教育之外。因为基础教育的通常解释是指普通中小学教育。这样就产生了文中所提出的第二个问题，高等教育与中等职业教育或专业教育是否非素质教育？对于这个问题，理论与事实也将要予以否定。众所周知，终身教育的观念早已于20世纪70年代提出。随着终身教育观念的提出，每个人的教育并不是随着中等职业教育或高等教育的完成而结束，大多数人不再认为所接受的中等职业教育或高等教育将是自己最后一次教育机会，并由此去为任何专业或职业选择课程。因此参加工作后的继续教育也并不只限于提高职业能力，而是要教育人们怎样做好一个父母与公民，怎样以艺术的方式进行消费与生产，怎样正确地理解世界的变化以及这些变化对于我们每个人的影响①。由此可见素质教育将是一个终身的过程，我们目前的中等职业教育或专业教育以及高等教育，应该说它们至多是一种专业素质教育，仍然属于素质教育的范畴。从大学生与中专生或职高学生毕业后求职的现状来看，许多学生所从事的职业也并非自己所学的专业，许多学生一生中要变换好几种职业，尤其在当前或今后我国产业结构需要不断调整的市场经济形势要求下，中等或高等教育更不应该成为狭窄的专业教育，而应该成为一种比较宽泛的职业素质教育。因为教育培养人才的长期性与相对市场需要的滞后性，决定着学校教育永远难以满足现实社会瞬息万变对人才的需求，学校教育与市场需求的变化永远是一条难以填平的鸿沟，用非所学、用非所长在所难免，而且许多有成就的军事家、政治家、管理专家与学者也并非出自自己所学的专业。因此在 1998 年 5 月北京大学百年校庆上，江泽民总书记提出，高等学府尤其是像北京大学这样的高等学校要成为培养高素质创造性人才的摇篮。现在，中等职业教育与高等教育要以培养职业素质与高素质人才为己任的意义非常明确。李岚清同志也一再强调，作为步入社会工作而准备的中等职业教育与高等学校教育无法为学生一生准备一切，学习应伴随人的一生，学校主要应教会学生如何学习②。因此就学校教育来解释什么是素质教育，难以走出素质教育与应试教育对立的迷谷，难以走出素质教育即为中小学教育的误区。有些人总认为中等职业教育与高等教育是为职业生活准备的专业教育，因此专业越分越细，教育越来越专，最后有的专业大量学生分不出去，有的专业学生供不应求，供求矛盾越来越尖锐，因此我们有必要从人力资源论的角度来分析与回答什么是素

① ［美］B.S.布卢姆等著：《教育评价》，邱渊等译，华东师范大学出版社 1988 年版，第2—3 页。

② 毛礼锐：《中国教育通史》（第四卷），山东教育出版社 1988 年版，第 260、272 页。

质教育的问题。

二、素质教育是人力资源开发的基础工程

从人力资源论的角度看，教育是人力资源开发的一种重要途径与方法，素质教育即是教育者对受教育者素质与潜能开发与提高的过程。在这一过程中，升学教育与发展教育同时并存于学校教育之中。学校教育一方面要促进学生的身心发展，提高个性修养，另一方面要帮助与指导学生通过各种考试，升迁到更好更适合自己的学校与班级中，接受自己所想受到的教育，使自己获得优化与充分的发展。在这里，学校教育中的发展与选拔功能同时得到确认，并非自相矛盾。学校教育建立在承认学生先天素质存在差异的客观现实基础上，要求因材施教、因人施教、因群施教、因班因校施教，使每个学生找到适合自己发展的班级与学校，最大限度地得到发展与改变。素质教育在这里被认为是一种按照人力资源结构理论与要求对学生身心进行塑造与改造、使之更具人力资源价值与功能的过程。中小学教育是人力资源开发的基础工程，而中等职业教育与高等教育则是人才资源职业定向开发的基础工程。所谓人力资源开发，即是对一个人劳动能力的培养、促进、改进与作用发挥的过程，是生理控制、心理培养、人事结合与管理的整体发展。开发被认为是终身的过程，是从胚胎优育到夕阳工程的过程，这种人力资源开发与传统意义上的人力资源开发解释有所不同。传统人力资源开发现认为，人力资源是一定区域范围内 16 岁以上的具有劳动能力的全部人口。因此人力资源开发的对象是健康完整的劳动力人口，年龄要求 16 岁以上，残废人与 16 岁以下的人口，不能参加劳动的服役军人、在押犯人与在校学生均不属于人力资源对象范畴。这种传统意义上的人力资源开发观点带有一定的狭隘性，缺乏经济活动的整体观、现代观与人力资源的基础观，把中小学教育、中等职业与高等教育排除在人力资源开发的系统之外。作为中小学生与在校的中专生与大学生，虽然他们不属于劳动力的范畴，但他们的身心素质如何将直接影响到毕业后参加社会工作的效益与质量。人力资源理论研究表明，接受不同层次与水平教育的人将在国民经济活动中产生不同的经济效益。人的素质及其基本能力的形成大部分在中小学时期就基本确定而并

非 16 岁以后。我国的人力资源开发的工作应及早进行，从小孩开始，把中小学教育作为人力资源开发的基础工程来抓，把整个教育纳入到人力资源开发的系统工程中，这样教育为社会经济建设服务的功能将更为明显，素质教育将会为更多的人接受并深入人心，我们教育中的无效行为也将大为减少，有利于增强每个教育工作者、家长与学生本人努力提高自身素质的责任感与自觉性，有利于提高他们自我开发的积极性与主动性。传统人力资源观把 16 岁以下的人口排除在人力概念之外，这种人力资源开发观多少带有被动性，它把人力资源的形成看作一种自然现象，看作自然过程。这种成年后的人力资源开发观使我们的人力资源开发长期徘徊在低谷中，出现人力资源数量过多质量不足的反差现象。要把我国人多负担的劣势转化为经济性人力的优势，就必须及早开始对人力资源的开发，从娃娃抓起，从遗传基因的控制与优化配置开始，充分发挥家庭基因、学校教育的前期开发作用，集生理系统开发、心理系统开发与能力系统开发为一体。人力资源的形成不同于自然资源，它具有关键期与最佳期，许多素质形成的关键期与最佳期都在成年前期。因此应及早促成，主动开发。因此我国许多有识之士早就提出重视中小学的素质教育问题。早在 19 世纪末 20 世纪初，以康有为、梁启超为代表的维新派就提出了相当深刻的见解。康有为、梁启超曾明确指出："才智之民多则强国，才智之士少则国弱"。西方资本主义国家富强的原因，"不在炮械军器，而在穷理劝说"。中国所以贫弱，主要是教育不良，缺乏人才。因此"欲任天下之事，开中国之新世界，莫亟于教育"，"欲求新政，比兴学校，可畏知本矣"；认为学校教育任务有十，一立志，二养身，三治身，四读书，五穷理，六学文，七乐群，八摄生，九经世，十传教①。

素质教育是人力资源开发的基础工程，是对学生现有素质的改造、组合、重塑与创造的过程，要力求在素质培养上多花功夫。在注重创新素质教育的同时不要去否定传统的"双基"教学，在取消统考的同时不要放松课堂教学质量的评价，在注意教师学历提高的同时更要注重创新素质的培训。如果取消统考不提高教师的教育素质，教师仍然是老方法老方式教学，那么我国的教育质量

①　1999 年 1 月 12 日下午李岚清同志在首都高校万人师生大会上的报告。

将可能出现滑坡；如果只取消初中升学考试，而对高考中考不作根本改革，创新性素质教育终将受挫；如果仅仅拉平校际差异，忽视个体差异，缺乏人才素质测评与激励机制，那么我国的大批优秀人才将很难脱颖而出。

三、建立人才素质测评机制，实行教培用酬一体化的人事管理

素质教育并非对以往基础教育的全盘否定。笔者认为问题解决的关键在于尽快建立人才素质测评机制，实行教培用酬一体化的人事管理制度。素质教育的效果最后应该沉淀与体现在人才素质上，而人才素质的多少与高低，只能依靠测评加以认识。类似品德、学习能力与创新才能，依靠目前的考试形式是不行的。目前的考试形式只适合于知识理解、判断、分析等简单能力的浅层次测试。

所谓人才素质，是人才完成一定任务与改造现实世界所具备的基本条件与基本特点，是形成绩效及继续发展的前提，包括生理素质与心理素质两个方面。在心理素质中包括文化素质、品德素质、智能素质与其他个性素质。人才素质具有稳定性、模糊性、综合性、可塑性、差异性、表出性、可分解性等特点[1]。人才素质测评则是通过量表、面试、评价中心技术、观察判定、业绩考核等多种手段综合评判人才素质的一种活动[2]。

在美国，一些大学录取新生除知识考试外，常采取测评的方式考查学生的素质。例如哈佛大学招收学生，一般采用面试方式来测评学生的素质，并以此作为录取与否的依据。面试考官并不懂考生所报考的专业，他只是跟考生们单独面对面地聊天，让他们有个愉快的谈话经历，同每个人大约谈一个小时，然后写出面试报告，包括考生的知识能力、课外特长、个人品质以及与众不同的特点等。考官在面试中看重的不是考生的考试分数，而是整体素质，例如看是否有组织领导才华、是否热心公益、积极参加造福人类的社会活动，是否知识

---

[1] 肖鸣政：《人员测评的理论与方法》，中国劳动出版社 1997 年版，第 2—6 页。
[2] 肖鸣政、温云云：《测评人才素质，致力人才开发》，《中国人力资源开发》1998 年第 3 期。

面宽，爱好广泛，有特长，能吃苦，有独立生活能力，有进取精神等。所以面试后有的原来考试分数第一、二名的考生未被录取，而有的考试分数仅是中上水平的反而被录取了。我国有些高校对保送生的录取也进行过一些"综合能力测试"，试验表明这种素质测评比考试更为有效。

邓小平同志早在1978年全国教育工作会议上就指出："考试是检查学习情况和教学效果的一种重要方法"，"当然也不能迷信考试，把它当作检查学习效果的唯一方法。要认真研究、试验，改进考试的内容和形式，使它完善起来"。[①] 笔者认为完善当今考试内容与形式的方向就是尽快建立起人才素质测评的科学机制。人才素质测评与目前的统考不同，其测评结果并不意味着对与错，是与非，非有统一的标准答案不可，它是一个舞台，能让每个学生的素质与潜能都在这里得到充分的展现。有了科学的人才素质测评机制，还要实行教培用酬一体化的教育体制与人事制度。所谓教培用酬一体化的教育体制与人事制度，是指学校与学校之间，班级与班级之间，小组与小组之间要拉开教学水平的差异，承认学生素质差异，实行双向浮动选择制，鼓励学习竞争，既允许学生与家长根据素质测评结果选择适合的教学水平与学校，也允许学校与教师根据素质测评结果选择学生与适当的教学水平及培养方案。既允许从低水平向高水平选择流动，也允许从高水平向低水平淘汰流动，实行优生优教，差生适教，以优促差，整体优化开发。学生毕业后，则要根据素质测评结果实行优生优用优酬，差生适用适酬，改变目前人事管理中重学历轻能力、重资力轻实力、重文凭轻素质的用人制度与晋升制度。要依据人力资源理论，高素质的人委以高职位的工作、给予高水平的培养、付予高水平的报酬，既要论功行赏，又要论人论质行赏，既要论能提拔又要因人开发。笔者曾访问过一些中小学教师与专家，他们一致认为，如果对学生的品德体质智能不建立起科学的测评手段，仍然像目前这样，招工晋级评优升学最后都是以学生考试分数为标准，那么素质教育就只能是一种美好的口号而落实不到具体的教育工作中，教育规律就只能任人践踏与违背。因此尽快建立人才素质测评的机制，实行教培用酬一体化的人事管理是解决全面推行素质教育的关键与保证。

---

① 《邓小平文选》第二卷，人民出版社1994年版，第105页。

当前我国素质教育实践中的误区 *

——兼谈素质教育的人力资源观

由于目前人们把素质教育与应试教育相对立看待，认为应试教育是一种以考试为手段，以选拔或淘汰为目的教育，应试教育是面向少数升学学生的一种教育。因此在推行素质教育的过程中主张以否定应试教育与过去基础教育方式为突破口，实践中存在许多误区。

误区之一，认为要推行素质教育首先必须取消考试。过去教育中考试的目的在于选拔与淘汰学生，在全面普及了九年义务教育的今天，小学生普遍升入初中学习了，选拔或淘汰学生的现象根本不存在，因此小学升初中要取消考试，实行就近入学。这种推行措施带来的问题目前有三：

问题之一，作为义务教育阶段的小学升初中可以取消，但作为非义务教育阶段的初中升高中考试仍然存在，最为根本的是高中毕业升大学的大统考难以取消。这种前不考后要考、小不考大要考的前后不一的改革不但使部分学生不能适应，而且也让一部分家长与教师担心。有位一直教初三的老师说："尽管小学升初中不再有考试了，但是中考、高考仍然存在，并且短期内不能取消，那么这些一直没有考试压力的学生如何去面对突然而来的激烈竞争呢？以前的学生可以通过大量的练习、模拟考试来逐渐适应，现在我真不知如何帮助他们走过这座中考桥了。"

问题之二，取消了考试，一方面使学生不再为决定命运的考试分数而压力

<hr>

* 原载于《现代中小学教育》1999 年第 9 期。

重重，教师也不再为争取考试分数而给学生增加课业负担了。但另一方面，调查表明学习中等以上的学生与家长大为失落与失望，没有了竞争的动力与冲动，学习没有主动性与积极性了，而学习较差的学生感到自己占了不少便宜，为此有了学习的动力。如果说中学教育是对青少年素质与潜力的一种开发，那么取消考试的客观效果不就是"削峰填谷"与"杀富济贫"了吗？这是素质教育的根本宗旨吗？

问题之三，取消了考试，学校教学自由灵活多了，不再需要围绕考试这根指挥棒转，真正有了教育的自主权。但实际上目前许多学校与教师却因为没有了考试这根指挥棒的指挥变为无所适从，有的无所事事，听任学生自己发展，有的开设"围棋""象棋""球类""武术"等课外活动班，有的则开设大量"美术""音乐"等选修课，难道素质教育就是让学生玩吗？就是让他们轻松自由任意发展吗？学生学习的主动性不可抹杀，教师教学的主导性更不容否定，素质教育的真谛不在是否取消考试，也不在于课程的种类形式与教学的内容多样性，而在于教师教学思想与教学艺术，在于教学过程之中的启发、引导与培养。

误区之二是素质教育要面向全体学生，给每个学生提供同等的教育条件与机会。因此问题解决的具体做法是初中扶持薄弱校，学生不分优劣就近入学，以便缩小校际差异。高中则扶持条件优势校，拉大校际差距，增加学生择校力度。这种做法自然有一定的道理。初中教育属于九年义务教育阶段，国家有责任创造条件使每个学生都享受同等的教育条件与机会。而高中以后则就不属于九年义务教育阶段了，允许享受选择好学校，鼓励优等生上优等学校，因此政府决定大投资，在全国办好千所示范校，并要求初中与高中脱钩，否则初中就可能攀龙附凤，校际之间就拉不平。但是这种做法所带来的后遗症也不容忽视。

其一，这种做法不利于因材施教。每个人因为所处的家庭与环境不同，因为遗传素质的不同，最后形成的素质差异是客观存在的。这种企图以同样的条件与要求去教育每个学生，以期提高整体素质的做法是不明智的，也违背了我国因材施教的基本原则。因材施教，小至因人而教、因情而教，中至分组施教、分班施教，大至分校施教，同等水平的学生接受同等要求与条件的教育。

目前我们扶持薄弱校的做法是对的，但取消先进"重点"校，让小孩不分优劣一律就近上学的做法未必很好，水平差异很大的学生在同一课堂上课，着实让一些教师叫苦连天。

其二，这种做法不利于人才资源的优化开发。从人力资源开发的角度来看，中学教育是教育者通过一定的教学与教育手段开发与提高学生素质与潜能的过程。就整个国家的学校教育而言，在致力于提高全民族的素质与潜能。就一个地区来说，教育要致力于开发与提高全体学生的素质与潜能，数千数万的学生彼此差异很大，对于这样一些彼此差异不一的学生，我们有责任有义务让每个学生的素质与潜能得到最大限度地开发与提高。显然，目前这种取消初中重点校，要求与示范校高中脱钩，学生一律实行电脑排位，就近入学的做法难以保证让每个学生的素质与潜能得到最大限度地开发与提高。其结果很可能是挫伤了中上等学生的发展，挫伤了他们的学习积极性与主动性，牺牲了优等学生的发展，换取了落后生的发展。就学生整体素质来说，也许有所发展与提高，但这种发展与提高却不是最优化的，实际上是大平均主义，是一种趋中主义。如果长此下去，那么我们的高素质创造人才将从何而来，我们的拔尖人才从何而来，我们未来的诺贝尔奖获得者从何而来。笔者认为这种以牺牲高素质的学生的发展换取低素质学生的发展决不是素质教育的真正本意。素质教育的真正本意应该是以先进促进落后，鼓励高素质的学生优先发展，更快发展，带动与鞭策低素质学生的奋起直追。我们在国有企业改革中一再强调要有竞争才有发展，那么这个道理在初中教育中就失效了吗？

其三，这种做法把本为一体的中学教育割裂为相互矛盾的两方面。初中阶段入学要求学校取消考试，消除竞争，就近入学；而高中阶段入学却鼓励竞争，鼓励择校。同为中学却接受着两种截然相反的教育思想与要求，这无疑使部分学生，尤其心理素质较差的学生会感到无所适从，心里矛盾。这种把本为一体的中学（初高中联为一起）割开为初中与高中两个部分，也不利于教学与教育研究，不利于高中初中教学的相互沟通与衔接。本来一个中学教师可能从初一教到高三，与同一班学生追踪研究6年，可以深刻领会与研究其中的教学与教育规律，以达到优化中学教育，培养优秀人才的目的，但分割之后，初中教师与高中教师就很难有机会相互沟通与实行一条龙教学的实验研究了。初中与高中联为一体，也有利于初中学生与高中学生的相互交流，使初中学生尽早尽快熟悉高中的学习生活，示范校初高中分离无疑在初中学生与高中学生之间筑起了一道隔离墙。

其四，这种做法缺乏长远观点。示范校无论如何设计，客观上将是重点校，这是一种把高校 211 工程的思想与做法移植到基础教育中的行为。既然初中校际之间拉平是因为目前是实行九年义务教育之故，那么将来实行十二年义务教育了，是否又要将现在的 1000 所示范校削平与其他薄弱校一般齐呢？我们国家幅员辽阔，各地差别较大，中等发展地区实行九年义务教育已不成问题，发达地区的教育目标与思想就不能再停留在九年义务教育上了，而应该鼓励实行十二年义务教育了。北京、上海、广州、深圳、天津等发达城市尤其应该先行一步，这些城市的郊区也许实行十二年义务教育有些困难，但城市中心区显然没有多大问题。因此这些城市的示范校应该成为初中高中一条龙，甚至小学初中高中一条龙，培养拔尖人才应从小学开始。如果仅从高中开始，让示范校担任培养拔尖人才的重任，那么中国的许多人才资源将可能在小学初中的平等教育中泯灭了。邓小平同志曾经说过，计算机人才的培养要从娃娃抓起，难道高素质创新人才的培养就只能从高中的示范校抓起吗？

误区之三是素质教育注重学习能力与创新素质的培养，因此传统的讲解式教学已过时，以往注重基础的"双基"教育已失效，主张快乐教育，玩中学，主张学生凭自己兴趣随意学习与发展。这种改革措施存在以下几个疑点与误区。

其一，传统的"双基"教育如果失效，那么为什么近年来国际中学生奥林匹克竞赛中中国学生屡屡夺冠？实际上结构学说告诉我们，合理的知识结构是能力形成的基础，合理的基本能力结构是创造能力与劳动能力的源泉。

其二，传统的讲解式教学并未过时，在基础知识与基本能力的建构中，讲解式教育功不可没，问题在于讲解过程中不但要讲清教学内容是什么，还要告诉学生为什么教学内容是这样而不是那样，要在讲解过程中引导学生学会如何获取与发现知识的方法与技巧。获取与发现知识的学习能力只能在掌握知识的教学过程中培养。

其三，高素质创新人才的培养关键在于教师的高素质，而不是教师的学历、课程的内容与形式。我们有些同志已认识到推行素质教育，教师本身的素质是关键，但却把学历作为教师素质高低的标志，因此目前许多地区把提高教师素质的重点放在学历教育上而不是教育思想与教学艺术的培训上。以美国为代表的西方教学并没有什么固定内容与形式，根本没有固定的教科书，一切根据学生的实际情况与教学要求进行有针对性的设计，教师的高素质体现在其实际教学的恰当性、启发性与艺术性当中。

素质教育是人力资源开发的基础工程，是对学生现有素质的改造、组合、重塑与创造的过程，要力求在素质培养上多花功夫。在注重创新素质教育的同时不要去否定传统的"双基"教学，在取消统考的同时不要放松课堂教学质量的评价，在注意教师学历提高的同时更要注重创新素质的培训。如果取消统考不提高教师的教育素质，教师仍然是老方法老方式教学，那么我国的教育质量将可能出现滑坡；如果只取消初中升学考试，而对高考中考不作根本改革，创新性素质教育终将受挫；如果仅仅拉平校际差异，忽视人际差异，缺乏人才素质测评与激励机制，那么我国的大批优秀人才将很难脱颖而出。

从人力资源论的角度看，教育是人力资源开发的一种重要途径与方法，素质教育即是教育者对受教育者素质与潜能开发与提高的过程。在这一过程中升学教育与发展教育同时并存于学校教育之中。学校教育一方面要促进学生的身心发展，提高个性修养，另一方面要帮助与指导学生通过各种考试，升迁到更好更适合自己的学校与班级中，接受自己所想受到的教育，使自己获得优化与充分的发展。在这里，学校教育中的发展与选拔功能同时得到确认，而并非自相矛盾。学校教育建立在承认学生先天素质存在差异的客观现实基础上，要求因材施教、因人施教、因群施教、因班因校施教，使每个学生找到适合自己发展的班级与学校，最大限度地得到发展与改变。素质教育在这里被认为是一种按照人力资源结构理论与要求对学生身心进行塑造与改造，使之更具人力资源价值与功能的过程。中小学教育是人力资源开发的基础工程，而中等职业教育与高等教育则是人才资源职业定向开发的基础工程。

第二部分
教育评价思考与探索

　　本部分主要探讨教育评价的相关问题。总体上可以分为两大部分，一个为学科评价，另一个为品德评价。

　　在学科评价部分，首先，对教育测量与信度的数学形式、分数的相对意义以及测量的时空性进行了探讨，并对这些基本问题作出了新的解释。其次，本部分重点讨论了高考作文评分方法，指出标准化考试在我国最大的问题之一就是论文型试题评分误差的控制。根据分析结果，从系统论角度提出了四条控制误差的措施，并对每条措施作了探讨性的论述和具体说明。以高考作文评分为例，在对前面所提的四条措施作出运用说明的同时，提出了数学综合评判的电子计算机评分方法。接着，本部分对论文型试题评分方法进行探索，详细介绍了矩阵评分法在作文评分中的应用。

　　在品德评价部分，作者首先探讨了德育测评及其科学化研究的意义与作用，阐释了品德测评量化中的若干理论问题，论证了品德测评量化的可能性。并尝试结合我国实际情况把布鲁姆等人的教育目标分类思想应用于思想品德测评目标的分类，从测评学的角度建立思想品德的测评目标体系。在理论介绍之后，作者还对品德评价进行了思考，探究了高师（"高等师范学校"的简称）思想政治教育评估原则，认为在实践过程中，必须遵循方向性、教育性、行为性、综合性、动态性、可行性、客观性、有序性原则。接着，作者对品德评价的方法进行介绍。先从当前中小学品德测评研究与实践的成果中，概括出了 10 种测评方法，并对各种方法的利弊及其相互关系做了初步的比较与概括。本部分介绍了日本学生操行评语法的历史沿革、类型与内容，并通过各种各样操行评语的案例分析，找出当前中小学操行评语所存在的一些问题，对于改进与提高班主任操行评语的质量、强化学校教育效果均有着重要的意义。本部分还详细介绍了全国各地的中学生品德测评，比较了各种方法的异同，并且将《品德行为测评手册》在吉林省第二实验中学进行"品德行为测评"实验的情况与效果进行了介绍与分析。

本部分重点论述了教育评价中学科评价与品德评价的概念、理论、评价方法，此外还探讨了测评方法在教育评价与教育开发中的应用。

教育测量时空性浅议 *

时空理论一直是哲学与自然辩证法领域中研究的一个热点。尤其是爱因斯坦的相对论问世以后，引起了人们许多激烈的争论。当然其内容主要是针对自然时空的。然而，关于时空理论的研究目前已突破了传统的时空观的局限，马克思主义关于时间与空间是运动着的物质存在的形式的观点，彻底改变了人们过去狭隘的时空观，把客观的物质时空性与主观的意识时空性统一起来了，使传统的时空理论获得了广泛的意义。它们已渗透到了思想政治、文学艺术和文化教育等人文学科中，并起着一定的指导作用。本文仅就教育测量中的时空性做一些探讨，以求教于各位。

一、教育测量是意识时空对物质时空及发展时空的间接反映

首先，我们必须确定什么是物质时空、什么是意识时空和什么是发展时空。

马克思主义经典作家说过：空间和时间是运动着的物质的存在形式，世界上所有的东西都是运动着的物质。然而物质是独立于意识又能为意识所反映的客观实在，它有两种不同的形态，即客观的物质与主观的意识。后者是前者的"复写、摄影、反映"，[①] 并且构成一一对应的关系。但是，它们各自有着不同的运动形式，因此就存在着不同的两种时空形态：客观的物质时空与主观的意

---

* 原载于《赣南师范学院学报（自然科学）》1989 年第 2 期。

① 《列宁全集》第 14 卷，人民出版社 1957 年版，第 127 页。

93

识时空。我们不妨把它们简称为物质时空与意识时空。尽管两种时空的事物形式不同，但它们的本质是一个东西，是同一个客观世界不同的表现形式。因此，在时空关系上客观物质世界与主观意识世界有着同一性。

发展时空，在这里是指物质时空未来的一种发展形式。

以上即为物质、意识和发展三个时空的解释。现在让我们来探讨一下教育测量的实质是什么。从概念上来说，教育测量是指测量者根据某种统一的规则，把教育行为与标准行为进行比较，然后赋以数值，以此表示教育行为（现象）价值的相对位置或顺序的关系。显然，在什么范围内比较，在什么时间中比较以及如何比较，这都涉及时间与空间的问题。

任何一种教育行为都是客观存在的，其发生与发展均有一定的思想背景，有一定的时间和场合。所有的教育行为与标准行为一起就构成了一个物质时空；其中每个教育行为都各自按着所存在的和必然形式表现出来。当一个测量者对它们进行测量时，他首先要把每个测量的教育行为与同一个标准行为相比较，然后再根据它们相对的位置或所符合的程度赋予一定的数值。然而这种比较不是直接而是间接的，一般是把教育目标通过想象或记忆转化成意识时空中某种形象的标准，同时把物质时空中被测量教育行为通过知觉和思维反映为意识时空的相应的对象，然后在意识时空中再对它们进行着相互的比较，最后以比较所得的结果来反映物质时空中被测的教育行为与标准行为的测量关系。因此，教育测量从本质上来说，它是通过被教育行为与标准行为在意识时空中的比较关系间接地反映它们在物质时空中的现实关系，然而教育测量的目的常常不仅仅限于反映现实的物质时空关系，而是它的预测作用。例如选拔或预测性考试的实质，就是想以被测对象与标准的现实（物质）时空关系来反映它们将来的发展时空关系。

总之，教育测量是上述物质、意识和发展三个时空的互相反映。确切地讲，是意识时空对物质时空的间接反映。正因为这种间接性、效度问题，也就是说所测量的结果与所要测量对象的符合程度，在教育测量中被突出出来了。又因为教育测量是一种主观见之于客观的反映，是一种推断，因此信度问题也都在教育测量中反复加以了强调。由于教育测量的间接性，还导致了教育测量时空的伸缩性。

二、信度的教学定义反映着不同测量空间变化的比例关系

洛伦兹变换是《相对论》中理论基础与方法之一，其变换公式为 $r=\sqrt{1-V2/C2}$，其中 V 为一个坐标系相对另一个坐标系变化的速度。C 是光速，以它为基础 $i=I_0\sqrt{1-V2/C2}$ 反映着两个坐标空间中长度的变化关系。其他 I 和 I_0 分别为两坐标系中同一对象的长度。

类似的教育测量中也有一个非常重要的公式与洛伦兹对应着，这就是信度数学定义公式：$r_{tt}=\sqrt{1-S_e^2/S_t^2}$，其中 S_t^2 为总方差，S_e^2 为误差方差。由于误差是测量分数与真正的实际分数之差，反映着同一对象在测量空间的变化程度，因此实际上反映着整个测量空间相对客观的物质空间的变化程度。因此关系式 $S=S_0\sqrt{1-S_e^2/S_t^2}$ 则反映着测量空间相对物质空间的变化程度。其中 S 和 S_0 分别为同一对象在测量空间与物质空间的分数，即 S 为观察分数，S_0 为真分数。

三、测量空间与原始分数的相对性

以上我们已经采用了测量空间这一概念，那么测量空间具体的意思是什么呢？我们知道，从数学的观点来看，任何空间都是由坐标系决定的，任何事物在坐标系中都有它相应确定的位置。实际上，一份试卷，一张量表，或者任何一个评分者的心理标准系统就是一个坐标系。测量之后，它把每个学生都确定在他相应的成绩位置点上。原始分数就是标明他所处位置的坐标。它们有着各自不同的原点与单位。就试卷来说，它的原点与单位都是由考试的难度或内容来决定的。考试所得的所有分数组成了一个测量空间。如果考试是可靠的，那么相应得到的测量空间与其他任何可靠的测量空间可按某种统一的规则互相变换。即它们互相间具有一致性（这种一致性就是教育测量的信度）。但是因为每次测量的参照点（原点）与单位不同，所以同一行为的测量值就会有所不同，相应的测量空间就会有所变化。这就是说，测量空间及其原始分数具有针对性。

例如，在某次考试中，即使一个学生数学考试得了零分，我们也不能因此说他的数学知识为零，因为考试分数的零点是相对的，是教师根据需要通过调

整试题难度确定的。不但如此，就是在整个测量过程中，测量的零点与单位也会发生变化。因为教育测量中的标准与被测对象，这些客观的东西必须借助于主观的形式来表现，通过在意识空间中的关系来反映它们在物质时空中的关系。由于个人认识不同，因此测量参照点（零点）与测量单位在不同的测量者意识时空中便会有所变化。例如同一篇作文同一个标准，不同的人或同一个人在不同的评分时空（时间与场合），会评出不同的分数。因此，同一时间不同学科，或者同一学科不同评分时间中考试所得到的原始分数不能直接相加，必须转换成标准分数之后才能相加。标准分数，它通过了变换 $Z = X-\overline{X}/\delta$（$X$，$\overline{X}$ 和 δ 分别是原始分数、原始分数平均数及其标准差）使各个测量空间的坐标原点与单位相互统一，因而它们是可加的。标准化考试的实质就是力求教育测量时空的统一。

四、教育测量空间的四维性与教育测量的改革设想

众所周知，若在同一时间与场合下进行不同内容的考试，同一考生的成绩显然是会不同的。同样，若同一试卷要同一考生在不同的时间中或不同场合下解答，其成绩也会不同，即使保持各次考试难度都相等、内容相同，情况也会如此。另一方面，不同的评分者，由于他们的学识水平和态度倾向各自不同，换句话说，他们各自的能力水平与性向处于能力性向空间中不同的位置，因此，对同一张答卷判给的分数都会不同。同一评分者由于时间不同或情景相异，对于同一试卷评给的分数也会不同。所有这一切抽象一点说，无非是说明测量空间的四维性，即测量空间中的任何一个分数都既与空间相联系又与时间相联系。如果我们不考虑到这些空间与时间因素对教育测量的影响，那么在测量过程中就会产生这样那样的误差。例如空间因素可能引起评分者的光环误差、相似误差、邻近误差等。时间因素可能引起考试的偶然误差、背景误差和评分者前紧后松的误差等。

但是，所有这些，目前还没有引起人们足够的注意和重视。

首先是超纲。这种现象，使考试内容超过教学大纲的范围，使所有的考生的学习活动失去了一个公共的时空，也使教育测量的结果失去了一个统一的比

较时空。

其次是忽视考试背景的差异。如果甲乙两个学生同在一个班学习，考试成绩均为 90 分，那么即使学生甲 35 岁，而学生乙 19 岁，人们也会认为他们的成绩是一样的。另外，如果两个学生，一个在甲校学习，另一个在乙校学习，哪怕甲为重点中学，教学设备样样齐全，师资雄厚，而乙为一般农村高中，各方面的条件都很差，当乙校学生高考成绩仅比甲校学生差 1 分而没有上重点线，人们也会认为是应该的，这种背景差异所产生的误差就是背景误差。

最后是只看结果不看过程。测量者测量学生的行为时，常常是把学生在某个时期内（学期或学年）同一性质的所有行为累积起来，看其最后的效果，而不看其产生的时间。比如对于第一试题中有关的知识与方法，无论你是讲课时就弄懂了还是直到考试前才弄懂，也无论你是一听就会还是课后找了老师补习，只要答对大家的分数则就一样。

类似等等使教育测量产生了许多人为的误差，严重影响了目前教育测量的信度，因此我们必须对现行的教育测量进行改革。

第一，要注意测量中的长度。所谓长度即测量的时间长度，是指对被测量的教育行为在其产生与持续的时间上要有严格的控制，对各个学生应有一个统一的规定。

第二，要注意测量中的密度与效率。所谓密度是指在习得所测量的教育行为中，安排的教学时数与测量长度（均以小时计算）的比例。密度又分为表面密度与真正密度。计划课时与长度之比实际上是一种表面的或形式的密度。因为有的学生在获得某种知识或技能时真正所花费的时间或者会比计划课时多些，或者会比计划课时少些，很难达到两者相互一致。因此真正密度与表面密度是有所不同的。效率是指在单位时间内所取得的教育成绩。如果我们在测量时不注意以上的有关度量，例如测量只注意学生最后成绩表现的结果，而不去注意学生各自真正的密度和实际的学习效率，那么我们就不能把同一成绩背后掩盖的不同情况区分开来。同一个学生或不同的学生对于同样重要课程的学习，由于他们兴趣爱好的不同，往往会有不同的真正密度；在同一个学期中，能力不同的学生各自所得的效率也会有所不同。

第三，要注意速度。所谓速度，是指完成所测量的行为或达到某一教育水平的速度。例如，同样的成绩，同样的试题，有的学生只花了一半时间就取得或完成了，而有的却到最后的时间才勉强获得或完成。测量时，如果我们不注意他们各自不同的速度而赋予同样的分数，则显然不合理。

第四，要注意测量的难度。测量的难度实际上就是测量内容（试题）的广度、深度和新颖度。广度是指解答中所涉及的知识或能力的数量。一般所涉及的数量越多，难度就越大。但如果所涉及的知识与能力尽是些非常简单的，那么，最多也不能说明难度就大。所以还要考虑测量内容所要求考生达到的深度，即所涉及的能力层次。涉及层次越深，则难度越大。此外，测量内容或试题中涉及的新形式、新要求和新内容的数量与程度，也就构成难度的一个独立因素。

第五，要树立正确的测量时空观，还要注意测量强度。所谓强度是指学生取得所测量的教育成绩作出的努力程度。同样的成绩，有的学生费了九牛二虎之力或花了许多时间与精力，有的学生却得来全不费功夫，他只要平时认真听了，考试复习一遍就能获得好成绩。显然在这同样的成绩背后蕴含不同的学习能力。因此现代学习成绩的测量，不但要反映学生最后的学习效果，而且也要反映学生取得这一结果所作出的努力程度，即要反映学习强度。

总而言之，教育测量中存在时空性，我们必须以科学的现代时空为指导改革传统的教育测量中的不足，适应现代教育发展的需要。

改革高校现行考试方法保证课程教学质量 *

  我国的普通教育大致分为两大块，即中小学基础教育与高等教育。这两大块教育最为明显的区别是，前者是宽进严出，小学入学免试，但高中毕业要统一会考，初中升高中要统一考试。整个中学的教学被高考、会考统得过"死"，显得呆板与机械，缺乏主动性与灵活性。而后者的高等教育却是严进宽出。大学入学要实行全国统一的考试，但毕业时的考试却比较宽松，毕不了业或拿不到毕业证的大学生非常少。高校教学相对自主灵活，但教学管理与要求却显得相对有点"乱"。虽然同样的专业与课程，但教学的要求与水平却不一样，毕业出来的学生质量也不一样。然而，基础教育与高等教育在考试结果的表现上有一点却是相同的，即造成部分学生高分低能，前者是因为"死"记硬背，反复复习参加高考得高分；后者是因为少数教师"乱"考滥评得高分。

  对于高校教学中少数教师"乱"考滥评的现象，人们早有所闻。为此，有些学校实行题库管理，让任课教师只有命题权，没有考试权，实行"教""考"分离。但是，高校有些课程教材变革较快，不适宜题库管理；有些是新开课，有些专业课比较专深，难以实行题库管理。因此，题库管理只适合一些比较通用而又相对稳定的基础课程。另外，实行题库管理，容易引起教学中的题海战术与应试教学行为。此外，高校考试中的课程考试客观性试题偏多，例如采取填空、单项选择题、多项选择题、是非判断题等形式。这种过多的客观性试题考试，对于大学生来说，考得太死，缺乏深度，引导学生死记硬背。目前高校的有些课程学习成绩完全由期末考试分数决定，真可谓"一考定音"，这种考

---

  * 原载于《北京高等教育》1999 年第 3 期。

试评价形式将导致学生放松平时的课程学习，甚至轮流值日去听课，期末大家将笔记凑齐，每人复印一份，复习复习即通过考试了，导致高分低能。

针对目前高校课程考试中存在的种种弊端，笔者提出以下有关改进课程学习成绩评估的原则与方法：

1. 教学过程评价与教学结果评价相结合；

2. 基础知识面评价与问题解决能力评价相结合；

3. 客观性试题考试与主观性试题考试相结合；

4. 知识的巩固性、理解性评价与运用发挥的主动性、创造性评价相结合；

5. 平时学习情况考查与期末考试成绩评价相结合；

6. 自我选择试题评价与教师综合评价相结合。

在实践中我们把上述 6 条原则具体为以下方法，并在本科生与研究生教学中试用，取得了较好的效果。课程学习成绩的评估方法如下：课程学习成绩由平时听课、作业、开卷考试与闭卷考试结果综合评定。平时听课占总评的 10%，主要看听课的认真性、讨论发言的积极性、思考的主动性与回答问题的准确性。平时随机点名，缺课 1/3 的学生不能参加考试。此外还要检查学生的听课笔记，发现复印者取消考试资格。听课笔记主要查看是否工整，要点是否全面、准确，例子与重要讲解是否细致，是否还有自己的感想与体会等。平时作业占总评的 20%，主要看作业的质量、上交的及时性及次数是否缺少等。开卷考试允许学生自选论文题，讲课一开始或讲课一半时，说明要求与完成时间，主要看学生在论述中查阅资料的主动性、知识运用的恰当性、内容把握的准确性与主观发挥的创造性等，开卷考试分数占总评的 30%。期末考试采取闭卷形式，考试题型要客观性与主观性试题都有，主要考查学生对课程基本概念、基本原理与基本方法的记忆、理解与运用等基本能力，考试分数占总评的 40%。

上述综合评估方法中各环节均有所侧重，平时听课看态度，作业看能力，开卷考试看学科知识掌握的深度，闭卷考试看学科知识掌握的广度。这种课程学习成绩评估方法，既让学生注重平时的听课与作业，又注意期末的复习与考试；既让学生觉得学习没有考试压力，学得轻松活泼，又不敢过于放松轻视。那些不善于考试、善于思考的学生，可以平时学习努力一点，作业认真点，重点放在开卷考试上；那些不善于考试、不善于思考的学生，可以平时努力一些，作业认真一点，重点放在期末考试上。上述课程学习成绩评估方法的特点是突出效果，兼顾公平。只有平时学习与考试都优秀的学生才能获得 90 分以上的成绩，也只有平时学习不认真、考试又差的学生才会不及格，大多数人的分数都在 70—80 分左右。这种课程学习成绩评估的方法要求任课教师评定学生成绩时多花时间，不能像"一卷定音"考试那么简单。教师在评定成绩上所花费的时间与精力将会在学生课程学习的效果上得到回报。实践表明，这种课程学习成绩综合评估方法，学生、教师与教学管理部门都比较满意。

关于作文评分电子计算化的研究 *

众所周知，作文评分有史以来，人们一直习惯于进行手工操作式的主观评定。既费时又费力，误差又大。能否采用电子计算机来评定，改进评分的客观性，这是目前标准化考试中遇到的一个难题。本文对此作了一次开创性的试验研究。

首先，文章根据实际所遇到的评分问题提出了模糊综合判别——电子计算机评定方法。其次，介绍了该次试验的全过程，并展开了各种试验结果。再次，对试验进行了定性定量的分析，得出了如下几个主要的结论：（1）该方法能有效地校制评分员评定结果的悬殊差异；（2）评定的分数更为客观；（3）省时省力；（4）有利于评分员的鉴别与挑选。最后，在讨论与总结整个试验情况的基础上结束了全文，提出了该次试验研究的结果：模糊综合判别——电子计算机评定方法具有经验评分与现行高考评分两种方法无可比拟的优点，为作文评分的科学化和电子计算机化开创了一条新路。

众所周知，目前高考评分中误差最大的就是作文题中的评分误差。据江西省招办 1985 年对高考作文评分结果的统计，发现同一批教师对同一批作文评分的宽严程度摆动的两极差达到批作文总平均分值的 60% 左右。显然这么大的误差对于我国这样一个考生众多、分数密集、甚至 1—2 分之差就能决定录取与否的高考，其影响是举足轻重的。因此若能探讨出一种既客观又有效、既经济又方便的作文评分方法来，不仅对于我国高考的标准化和科学化有着很大的现实意义，而且对于日常教学中作文评定的客观化也有着一定

---

* 原载于《赣南师范学院学报》1988 年第 1 期。

的指导意义。为此，我们在分析产生作文评分误差原因的基础上提出了模糊综合判别——计算机评定方法。所谓模糊综合判别——计算机评定方法就是要求评分人员先按有关标准进行简单的模糊判别，然后把判别结果输入到电子计算机中进行综合的评定。经过试验我们发现这种方法在控制误差的许多方面都取得了前所未有的进展，使作文的评定既迅速又客观，达到了我们预计达到的目的。

下面就是我们 1987 年 3 月 24 日—4 月 1 日在江西省赣南师院附中试验的经过与研究结果的有关（情况）内容。

一、试验过程

为了便于了解，我先介绍一下试验的过程。

整个试验分了 7 个阶段。一共经历了大约一个月的时间。第一阶段是选择评分人员。我们考虑到高考评分员一般是高中教师参加，因此我们所选择的 9 个评分员中有 7 个是高中部的语文教师，另外 2 个是初三年级的语文教师。平均年龄 40 岁，都是教学骨干。

第二阶段是选择评定的作文。具体的做法是，要求每个教师从他本学期已批改过的作文中选出他自己认为比较成功的一篇代表作来，并取出该篇作文中好、中、差三个等级的水平样本。在所有选来的这些作文中，我们特别地选定了高二年级所写的"谈变"这篇作文的三个等级样本。显然这是一篇议论文，与近几年高考作文的命题体裁相同。

第三阶段是要求各个教师按日常教学中的经验方法独立评定所选的作文。选定作文后，我们重新按学生的原作进行打印，打印的次序是随机安排的。为了控制每次评分结果的相互影响，我们把所选定的三个作文本另外放起来，其余的都还回给老师。同时，还不让评分员了解试验过程的安排，只有等他们开始评定后，才知道是用哪种方法来评分和如何评分。

各个评分员按日常经验评分法独立评定的结果请看表 1。

表1 按日常经验评分法评定的结果

作文篇序 \ 评分员 分数	1	2	3	4	5	6	7	8	两级差	标准差	平均分
1	65	62	70	84	60	82	60	65	24	8.9	68.5
2	80	75	80	89	80	78	70	68	21	6.1	77.5
3	40	45	60	50	45	60	45	50	20	6.8	49.5

表2 按高考作文评分法评定的结果

作文篇序 \ 评分员 分数	1	2	3	4	5	6	7	两级差	标准差	平均分
1	60	65	80	80	82	70	50	32	11.1	69.6
2	80	85	89	85	80	75	80	24	4.3	82
3	45	45	55	70	62	55	30	40	12.1	51.7

第四阶段是要求评分员各自独立地按所确立的12条标准分五个等级进行模糊判别。具体内容参见附表2。

第五阶段是访问每个评分员对这次试验中利用三种方法评定一篇作文的感觉印象。这种访问是紧接着第五阶段进行的。访问的结果见表3。

表3 访问结果

方法 \ 评分员 影响	3	1	2
经验法	评定一篇作文一般需要15分钟,花费的精力较少	评一篇一般需要5分钟,花费精力最少	同左
高考评分法	评定一篇作文一般需要20分钟,花费的精力最多	评一篇一般需要10—15分钟,花费精力较多	同左
评判综合法	评定一篇作文一般只需要10分钟,花费精力最少	同上	花费精力稍多点,但更客观,更标准

第六阶段是对评判结果进行计算机模拟处理。

二、分析结果

经过试验及分析我们得到了如下几个结果。

（一）模糊综合判别——计算机评定法能有效地控制评分员评定结果之间的悬殊差异。无论是按经验评定还是按高考作文评分法评定的结果，我们发现首先评定的那篇作文的分数差异都是相当大的。按日常经验法评定第一篇作文的标准差是 8.9（见表 1），按高考作文评分法评定第一篇作文的标准差为 11.1（见表 2）。但当我们采用模糊综合判——计算机评定法评定时就发现消除了开头评定的分数差异太大的现象见（表 4）。

表 4　高考评分法与模糊综合法对第一篇作文评定的结果

方法＼评分员分数	1	2	3	平均分	平均差
高考作文评分法	65	80	50	65	10
模糊综合判别——计算机判定法	68.4	67.4	64.8	66.9	1.4

从这个表中我们可以看到，同样的三个人采用高考作文评分法评定的平均差为 1，而采用模糊综合判别——计算机评定法评定的平均差仅为 1.4。这说明后者的误差仅为前者的 1/7。

（二）模糊综合判别——计算机评定法评定的分数更为客观。目前国内外对于作文评定的方法，大多数以人的主观判断为依据。整个评分过程是标准↔人脑↔作文这样一个系统。实际上，它是由人脑唯一决定的单一中介型结构。由于标准和作文在人脑这个中介中缺乏固定的形式，互相的比较又是一个模糊过程，因此如果不借助于其他客观的中介形式，是难以控制作文评分中的误差的。然而模糊综合判断——计算机评定法在传统的评定程序中加进了电脑这个中介层次，使几千年来作文评分由人脑唯一决定的单层结构变成了标准↔人脑↔作文电脑这样一个三向多层次的结构。在这种评分系统中，人脑与电脑可以各负其责。电脑，由于它工作程序的固定性与机械性，其评分过程不存在主观情绪和水平差异的影响，任何重复繁杂的综合计算，电脑都可以准确无误地进行，因而评分员可以从大量重复的综合的劳动中解放出来，把更多的精力集中去处理一些简单的判断。在简单关系的判断中，由于心理过程比较短暂，花费的精力较少，受到其他因素的干扰较少，因而评分标准与作文在人脑中的印象也就会比较清晰和稳定，人脑此时此刻的反应判断也就较为客观和标准了。

例如我们在试验中，按日常教学经验评定的三个等级的作文的平均分分别是 68.5、77.5 和 49.5，按高考作文评分法评定的三个平均分分别是 69.6、82 和 51.7，而按模糊综合判别——计算机评定法评定的三个分数分别是 67、73.4 和 27.9。67 和 73.4 这两个分数与前面两种方法评定的结果基本接近，而 27.9 与前面两种方法评定的结果却相差较大，明显地把等级最差的作文与较好的作文区别开来了。事后我们请来了有经验的教师鉴定，他们认为最后评定的那组分数较为客观。对此，我们作了深入的分析，大家认为，之所以前两种方法评定第三篇作文的分数均接近于 50，是因为评分员都是一般的作文教学人员，他们更多地习惯于从鼓励学生作文积极的观点出发，很少给学生 20 或 30 分。给学生过低的分数，心理上似乎有点难为情或过意不去。然而当他们根据每条标准进行了模糊的判别时，则就限制他们这种心理作用了，充其量只会在每条标准上留点面子，而在总体上他们是无法保持太差的作文不得更低的分数，因为他们仅仅是判别等级而不知道每个等级实际的分数，最后的总分是由计算机根据统一的程序来评定的。因而评定分数中的主观"水分"就比较少，或者说评定的分数更为客观。

（三）模糊综合判别——计算机评定法省时省力。评分试验一结束，我们逐个地访问了大部分参加了评分的人员，尤其是详细访问了那三个在三种评分方法试验中都认真工作并符合要求的教师。访问的结果请看表 3。他们三人都觉得，按经验评定一篇文章一般需要 15 分钟左右，按高考作文评分方法评定，一般需要 20 分钟左右，按模糊综合判别——计算评定法评定，一般只需要 10 分钟左右。所访问的其他几个教师也同样感到按模糊综合判别——计算机评定法评定，所花费的精力较高考作文评分法更少，也更客观可靠。他们说，平时认真评改多篇作文时，基本上也就是按评判表中所列标准来评定。因此按模糊综合判别——计算机评定法评定作文时，他们并不感到困难，而且由于这种方法只需要进行逐项的简单判别，免除了每次重复计算总分的麻烦，同时也杜绝了评分时以一概全的主观嗜好的影响。因而评分时不但感到方便而且也更为客观。我们分析的结果也是如此。一方面由于所花费的精力较少，故在同样的劳动时间中，评定作文所付出的劳动强度就较少，因而有利于保持评分员旺盛的精力，保证评定的质量；另一方面，因为按照这种方法评定所花费的时间少，故在相同的时间中同一个人就可以评定更多的作文，因此在总体上就可以减少评分员的数量，使整个考生的作文能有更多的机会在同样的评分员手中得到同等的评定。综上所述我们可以看到，无论是总体上还是具体到每篇作文，模糊综合判别——计算机评定法都能使评定的结果更准确更客观。

（四）模糊综合判别——计算机评定法有利于鉴别评分员的评定质量与个性倾向，保证评分员的挑选与平等调配。无论是经验评分法还是高考作文评分法，它们都是以一个总分数来表示评分员评定的结果。显然各个评分员的个性倾向均隐蕴在这个总分之中。倾向于语言文字的评分员可能会因为作文中优美的词句而判为高分；而注重篇章结构的评分员可能会因为前呼后应或段落过渡不够而扣过重的分数；注意思想内容的人可能又会因为作文中闪烁着某一思想火花而拍手称好，而对其他标准却一放而过。如何鉴别出评分员在作文评分中这些不同的个性倾向和宽严程度，对于经验评分和高考评分两种方法来说都是无法解决的。虽然目前国内外有人提出通过平均分数、标准差和相关系数来淘汰那些评定结果偏差太大的评分员，但这只是一种比较粗糙的鉴别法。它不能告诉我们被淘汰的评分员在哪一方面把握不准，在哪一方面过于偏宽或偏严，也不能告诉我们在所允许的偏差范围内整个评分员队伍中评分员个性倾向的分布如何。例如甲评分员是偏向于篇章结构还是偏向于语言文字或思想内容，乙评分员在某条标准上是偏宽还是偏严。因此我们就不可能具体地鉴别出各个评分员的评定质量，从而也就无法挑选出不同特点的评分员来使各个评分小组在整体结构上达到平等。然而当我们采用模糊综合判别——计算机评定法评定时，我们就可以做到这一点。我们可以从每个评分员评判单上标记的分布了解到各个评分员的宽严程度与个性倾向。例如在某一条标准上，若大多数评分员均在中下等级上作标记，而某评分员却是在中上等级中作标记，则说明该评分员在该条标准上偏宽。如果我们要求评分员在开始评分时认真研究每条标准，然后给出每条标准的权重，同时在评完最后一篇作文时仔细回想自己的评分过程再次给出每条标准的权重，则我们就可以从二次权重平均数中了解每个评分员在作文评定上的个性倾向。这样，我们在挑选配平各评分小组的过程中，就可以通过评判结果来了解每个评分员的个性倾向和宽严程度，从而达到对各个评分小组的调整与配平，保证各评分小组在水平结构上的大致平等。显然这也就保持了各个评分小组评定结果的一致性与可比性，提高了评定结果的信度与效度。

三、存在的问题及讨论

（一）从表 1 和表 2 我们发现按高考作文评定方法评定的标准差，除第二篇外其余两篇都明显大于经验评分的标准差，与我们预料的结果相反。这说明或者经验方法比高考评分法更好，或者说明评分员对高考作文评分法掌握不够。究竟是属于那种情况还需要进一步验证。我们初步认为，产生这种现象的原因可能有两个：一是评分教师对高考作文评分标准把握不准。因为 9 个评分教师中没有一个参加过高考评分工作，而且所有的试验都是在比较紧张的日常教学中抽空进行的，他们不可能像高考那样去领会标准。二是没有进行认真的评定。有相当一部分评分教师对参加这次试验工作有厌烦情绪，认为是额外的负担。因此没有花费足够的时间与精力去认真评定。实际上 9 个评分员当中，仅有三人按要求评定。

（二）有关研究有待进一步深入。以上的四个主要结果已清楚地展示了模糊综合判别——计算机评定法在许多方面优于其他方法，因此受到有关专家学者的高度重视。但由于样本较少并且是在日常教学工作中进行的试验，可能在某些方面会有不合要求之处。为了使该课题的试验研究工作科学化，目前我们正在国家教委考试管理中心统一部署下，在高考语文命题组的直接领导下进行深入的研究。

四、总结

通过对经验评分法、高考评分法和模糊综合判别——计算机评定法的对比试验研究，我们认为，模糊综合判别——计算机评定法具有其他两种评分法无可比拟的优点，它评分客观操作方便，突破了几千年来人脑主观评分的老框框，利用电脑的特点提高了作文评分的质与量。它不但适合于大规模的高考作文评分，而且还适合于日常教学中的作文评分，为作文评分的电子计算机化开创了一条新路子。

在此次试验中，钟定伍、伍凉琼、阳良升、肖维权、吴祖荫、温剑英、蔡孝如、朱钦禄、卢为麟、温祥鸿等老师给予了大力协助，谨此表示感谢。

发表该报告，目的在于引起大家对该课题的关心，并求教于专家同行，不当之处，敬请批评指正。

附表1　作文评分标准（100分）

项目 类别	A 内容	B 语言	C 篇章	评分标准
一类卷 90—100分	中心突出，见解深刻	行文流畅，语言准确得体	结构严谨，层次明细，层次间内在联系紧密	以95分为基准分，适当浮动： 1.具备B项和另一项条件，而其余各项达二类卷标准的获得基准分 2.具备上述三项条件的酌情加分（其中B项突出的，获得满分） 3.具备上述一项条件，另两项只达到二类标准，酌情减分
二类卷 70—89分	中心明确，内容比较充实	文从字顺，语言准确	结构完整层次分明	以80分为基准分，适当浮动： 1.具备B项和另一项条件，而其余一项达三类卷标准的获得基准分 2.具备上述三项条件的，酌情加分（其中B项比较好的，获得本类卷最高分） 3.具备上述一项条件，另两项只达到三类标准，酌情减分

续表

项目 类别	A 内容	B 语言	C 篇章	评分标准
三类卷 50—69 分	中心明确，内容比较充实	语言通顺，有个别病句和错别字	结构完整，层次清楚	以 60 分为基准分，适当浮动： 1. 基本具备上述三项条件的，获得基准分 2. 其中 B 项比较好一些的，酌情加分 3. 另有某些缺点的，酌情减分
四类卷 30—49 分	中心不明确，内容空乏	语言不通顺，病句和错别字较多	结构不完整，层次不清	以 40 分为基准分，适当浮动： 1. 凡属上述情况之一者，评四类卷，获得基准分 2. 另两项稍好一些者，酌情加分 3. 兼有上述两项以上情况的，酌情减分
五类卷 29 分以下	文不对题，内容空乏	文理不通	结构、层次混乱	以 20 分为基准分，适当浮动： 1. 凡属上述情况之一者，评五类卷，获得基准分 2. 其他两项尚可的，酌情加分 3. 兼有上述两项以上情况的，酌情减分

附表 2　作文评判表

	很明显	较显著	一般	不太显著	很不显著	备注
1. 中心突出						
2. 思想深刻						
3. 内容充实						
4. 行文流畅						
5. 语言准确						
6. 结构严谨						
7. 结构完整						
8. 层次明晰						

续表

	很明显	较显著	一般	不太显著	很不显著	备注
9.层次面内在联系紧密						
10.有独到见解						
11.构思新颖技巧方法特色						
12.语言新鲜活泼						
注意： 1.若你认为该篇作文层次清晰的程度很显著，则请在第8行"很显著"处记下"√"； 2.每篇作文必须且只能是属于每行的其中一个等级； 3.在决定等级之前，务请认真权衡，并独立进行。						

论文型试题评分误差控制浅探 *

　　论文型试题是标准化考试中很有价值的一种试题式。它能测量出许多客观型试题无法测到的特性，诸如思维的批判性、创造性以及组织统合能力等。据1986 年 10 月 10 日洛杉矶时报报道，美国在最近的标准化考试改革中，特别增加了作文等综合性的论文型试题，以此来测量高层次的成就。但是，论文型试题却存在评分误差甚大的致命弱点。著名教育测量学家斯达奇（Starch）和欧里奥特（Euiott）早在本世纪 20 年代研究发现，142 个有经验的教师对同一个自由反应型论文试题进行评分，结果分数从不及格的 50 分到近于满分的 98分——最高分几乎比最低分高了一倍。最近江西师大试题研究组也发现，同一批教师评同一批作文，宽严程度的摆动两极差达到该批作文总平均分值的60% 左右。由此可见，如何把评分误差降低到最低限度是我们在标准化考试中能否有效地利用论文型试题必须首先解决的一个问题。本文就这方面作了些肤浅的探讨。

一、论文型试题评分误差的原因分析

　　欲对论文型试题评分误差进行有效的控制，或者想找到一种行之有效的控制方法，我们就必须首先分析引起误差的原因所在。

　　江西师大试题研究组在对最近几年高考作文阅卷情况的分析中发现，不同阅卷教师对同一篇作文评分的差异与作文本身的质量、评分者的水平和评分时

---

　　* 原载于《江西教育科研》1987 年第 5 期。

间的次序都有一定的关系。作文质量越高、评分员水平越高，则评分的误差就越小。那么我们是否可以因此就把论文型试题评分误差甚大的原因归咎于考生解答质量低劣，或者是评分者水平之别呢？实际上，评分者的兴趣、爱好及其个性特点，都会对评分误差产生很大的影响。例如对于作文评分，有的倾向于思想内容，有的倾向于篇章结构或语言文字。就语言文字方面来说，有的喜欢质朴、含蓄，而有的却喜欢绮丽、豪放，这些个人的爱好倾向都会自觉或不自觉地影响评分者的评分。但是上述种种原因都不是引起评分误差的直接原因，本文认为引起论文型试题评分结果不一致的直接原因是评分过程中的模糊性。评分者对评分标准把握的模糊性增加了测验本身的误差；评分者对试题解答理解的模糊性增加了印象误差；评分方法的模糊性增加了评分过程中的判断误差。

首先，对于评分标准来说，它在整个的评分过程中就相当是一把"尺子"，评分者要用它去度量每个学生的解答。因此，客观上来说，这把"尺子"一方面应该是非常"精确"的，要求能把任何一点差别明显地反映出来。另一方面它又应该是"标准"的，即任何一个评分者用它去度量任何对象，其"尺寸"大小都应该是固定不变的；任何一个评分者在任何时间与空间中，以它去度量一个物体都应该得到一致的结果。.

然而在实际的评分过程中，评分这把"尺子"却无时无刻不在变化。

评分标准，虽然它在评分过程中是起一把"尺子"的作用，但却不能像普通度量长度的尺子那样具有固定的物质形态，它仅仅是一种蕴涵在文字符号中的规定。因此不能直接用它去度量对象，而必须经过评分者的心理作用，把它转化为头脑中的观念形式，然后才能去"度量"对象。然而任何心理过程都是人对客观事物模糊反映的过程。任何反映或认识并不绝对等于事物本身，而只是客观事物经过整理加工在人脑中的模糊印象。马克思说："观念的东西不外是移入人的头脑并在人的头脑中改造过的物质的东西而已。"[①]因此，评分者头脑中所反映的"标准"与原来制定时的"标准"是不尽相同的，是走了样或者变了式的"标准"。而且，评分者水平越低，则走样性越大；各个评分者之间

① 《马克思恩格斯全集》第23卷，人民出版社1972年版，第24页。

的水平差异越大，则走样"标准"的形式越多。可想而知，在同一时间、同一场合下，不同的评分者头脑中的"标准"是不能做到完全一致的。这样当他们对同一个考生的解答进行评定时，所依据的"标准"就是一种随人而变的"尺子"了。换句话说，在同一时间、同一场合下，评分标准对于同一被评对象来说，它是变化的。

不但如此，同一个人在不同的时间或场合中，他评定中的标准与信息是依靠记忆来保持的。它的表现形式，或者是一种表象，或者是一种知觉与思维的结果。但无论它是哪一种形式，心理学告诉我们它们都是流动多变和抽象综合的东西，总是要受到当时所处的环境、生理与心理等各方面因素的制约。因而随着不同的时间与空间，同一个人在他的头脑中前前后后所呈现的"标准尺"实际上是在不断变化的。正是由于评分标准这把"尺子"在评分过程中的不断变化，因此增加了测量本身的误差。

其次，对于考生的解答来说，它是一些书面语言组成的文章或具有一定论点的论述，评分标准所要"度量"的不是这些文字符号，而是蕴涵于其中的思想内容。评分者要对某一考生的解答进行评定，首先必须通过书面语言的阅读理解，把解答中所蕴涵的思想内容转化为头脑中某种熟悉的意识形态，然后才能与头脑中的"标准"相比较。但书面语言本身就带有一定的模糊性，例如我们很难在"蔬菜"与"水果"两个概念间划一界线，很难把"细菌"归入"动物"或"植物"。再加上人们理解过程中的模糊性，因此同一个考生的解答在社会经历不同、文化素质不同和倾向爱好各异的评分者头脑中的印象是不相同的，它们只不过是考生解答不同形式的模糊复制品。这种复制的模糊性，随着解答思想内容的丰富性会更加强烈。

最后，对于目前在论文考试中所采用的评分方法来说，也带有很大的模糊性。评分者是拿头脑中对评分标准的印象或对它理解的结果去与所反映的被评解答进行心理比较，这种比较既不像用直尺度量物体长度那样直接，也不像电流表那样在固定统一中介装置转换下进行。在"标准"与"解答"的相互比较中，所依据的法则是主观和随机的。任何一个评分者都无法具体说清他的比较法则与过程，一切的比较都是在一种模糊的心理状态下进行的。由于论文型试题，尤其是作文题，其解答除了具有一定的思想内容、篇章结构和文字语言外，还夹杂着考生本人的许多个性特点。这样一个复杂的综合客体，包含着许多的层次关系，对它的评定，不但需要评分者进行多因素多维度的决策活动，而且需要他反复分析与综合，进行多层次的评定。因此伴随着这些错综复杂的关系，评分方法的模糊性也就更加加强了。

综上所述，我们可以看到：无论是评分标准、评分过程，还是评分方法，都存在很大的模糊性，因此论文型试题评分的结果自然就会有相当大的误差了。

二、论文型试题评分误差的控制

就目前来说，要完全消除论文型试题的评分误差还不可能。我们所能做的是如何尽可能地去控制引起误差的因素，把误差减少到最低限度。针对引起误差原因的分析和过去经验的总结，要有效地控制论文型试题的评分误差，必须从以下几个相互联系的方面去努力。

（一）把好命题关

要把评分误差控制到最低限度，首先要从把好命题关入手。评分误差的产生与试题本身的命题质量有一定的关系，这是早已被测量学家证实过的。试题要求的明确性能使考生的解答紧扣主题，在内容上、结构上以及文字上，自觉地与考试要求或评分者的要求保持一致。

试题越明确、越具体，则自觉的一致性就越高。这种高度的一致性就会使得评分者对解答的肯定性感觉大大超过最小肯定的感觉阈限值，从而可以减少解答反映到不同评分者头脑中的模糊性，加强不同评分者在不同的情况下对同一解答评分的一致性。相反，如果试题本身含糊其辞，考生在理解题意上就会发生困难，对试题要求就会产生某些误解，因而他的解答必然就会与评分标准发生这样那样的偏差，产生交叉相错。有的与评分标准一致或近似相似，有的又不相一致。这就会给评分者造成印象上的波动，使同一评分者在不同的考虑下产生不同的判断，使不同的评分者在相同的情况下却接收到不同信息，给人以模糊不清的感觉，评分者对它的感觉在肯定与否定的最小阈限值之间波动，这样势必就会引起评分结果的滞后振荡。

因此，我们在命题时，要把论文型试题所要解决的问题或要求应完成的任务尽可能表达清楚，使考生能充分地理解要求他们所做的是什么事情。必要的话，对试题本身揭示不清而又是基本关键的地方，应加上一些必要的解释。即使是自由反应型的作文题，最好也能提示一些必要的背景材料，激发和引导考生的思考和解答。

（二）制定科学、可比和合理的评分标准

首先，要注意标准的科学性。所谓科学性，包括三个层次的意思：第一，要使标准在整体与个体上都具有客观的依据。使整个的标准体系都是试题内在结构或本质要求的具体分解，使每条具体的标准不但与试题要求相一致，而且具有心理学和测量学上的客观依据。第二，要使标准相互独立，在内涵上没有重叠之处。有客观依据的标准，在其内涵上可能是相互包涵或重叠的，这样不但增加了评分的工作量，而且浪费时间，降低了标准的科学性。第三，要使标准具有综合性。相互独立的标准，当它们彼此发散、没有形成一个完备的整体时，它们无法作为一个科学的标准体系去评定试题解答。一个理想的标准体系，它必须是全面的，任何一个方面标准的缺乏都会造成评分结果的片面性。同时标准体系又必须是最简单的。数量众多相互重叠或相互发散的体系，不但无法确定解答的实质，而且会相互抵触、造成混乱和增加误差。要使标准既独立又全面，最重要的是要使标准体系具有综合性。要使很少、独立的几条标准综合起来就能确定论文型试题解答的实质，像三根互相垂直的数轴可以决定整个笛氏空间一样准确无误。

其次，制定的标准要可比。所谓可比，就是指标准的内在规定通过一般的观察或简单的判断，就获得一致的结论。同时，这种内在的规定不但要使标准与对象之间可比，而且还要使得不同的评定对象之间可以相互比较。科学的标准往往使人只注重它的系统性和客观性，它并不一定就是直接可比的。因此，定标准时，在使它合符科学性的同时，还要注意它的直接可比性。（1）要使每条标准抓住试题要求的实质，力求用精确的文字来规定或描述标准内在的要求，使所要判断的对象变得细小具体。因为判断的对象越小、越具体、越简

单，则它在头脑中的印象也就越清晰、越稳定，比较判定时，也就更准确。(2)要尽可能用一些数量词来规定标准的要求，或者列举一些具体的范例作为标准的等级模型。这种准确的数量词或具体的实例可以减少标准在头脑中印象的模糊性，使标准在评定中更准确、更明确，更具有直接可比性。

最后，制定的标准还要合理。所谓合理就是要符合评分者、被评对象以及评分中的其他实际情况。

如果所制定的评分标准无视学校教学的实际和实施的可能性，则制定的标准最后就会毫无效果。因此，制定评分标准时，要面对考生的实际情况。小学生的解答标准不能按中学生的要求去制定。应用学科的标准不能像理论学科那样来要求（当然，也不能要求过低）。要使所制定的标准符合评分者、被评对象和其他评分因素的实际情况，符合教学大纲和考试目的的要求，使标准具有合理性。合理性还包括运用标准时要具有简单方便性。总之，直接可比的标准可以从微观上控制误差的产生；系统而简要的标准能从整体上控制误差的产生；科学的标准可从本质上控制误差的产生；而合理可行的标准可以从实践上控制误差的产生。

（三）组织一支精明强干的评分队伍

能否有效地控制误差的产生，还直接决定于评分人员在整体上和个体上的素质，决定于他们的思想品德、专业结构和身体状态。即使命题科学、评分标准合理，但实际的评分人员责任心不强、工作马虎，或专业水平不高误解标准、判错解答，或者身体欠佳精神疲乏、发生幻觉，那么我们对评分误差的控制也是无法实现的。标准规定是写在纸上的条文，它与被评的解答，在没有评分员的作用下，是两个互相独立的东西。只有经过评分员一定的自觉努力，把它们转化并汇集于头脑中后，标准才能与解答相互作用，相互比较，发挥其"度量"的功能。如果评分人员在思想上、水平上和工作上参差不齐，各自按照自己的个性特点来评分，那么这实际上等于用性能不同和精确度不同的电度表去度量同一电路的电流，结果自然就会相差甚大。然而要求不同的评分者对同一的解答，或者要求同一个评分员对不同的解答在整个的评分过程中做到完全一致，这也是不可能的。因为评分工作者一般是来自四面八方，各自的思想方法、工作经验都不尽相同，因此就整个的评分队伍来说，存在着客观上的差异。若实行个人评定包干，以此来加强对不同考生解答评定过程的一致性，那么，由于心理过程存在着一定的模糊性，则实际上在不同时间与不同对象上的评分过程是不能保持一致的。同时，实践也证明，一个人评定的分数不如几个人共同评定的准确。评分人员这种个体评定的模糊性与集体评定的差异性，就迫使我们要采取某些有力的措施来控制评分误差。经验表明，选拔责任心强、严谨公正、具有良好职业道德品性的人，可以从思想上、态度上有效地控制个体的评分误差；选拔业务能力强、理论水平高、具有一定教学实践或阅卷实践的人，能从智能上控制个体的评分误差；而选拔身体健康的人，或者保持评分者心情舒畅、精力充沛，则可以从体力与情绪上控制个体的评分误差。

当选拔出素质良好的评分员后，由于整体上还存在一定的差异，因此还要对他们进行适当的调整与搭配，使理论水平强的大学教师与实践经验强的中小学教师相结合，使评分经验丰富的老评分员与新来的评分员相结合，使具有测量学的专职研究人员与业余临时的评分人员相结合，以便在水平结构上形成一个多层次，多维度的评分小组，使各个评分小组在整体上保持相互一致。

为了控制整体上评分差异，还应在各小组中挑选一些精明能干的评分员，组成一个中心复查组，任期至少 3 年。他们的任务是抽样检查，及时反馈信息和对各个评分小组的评分误差进行动态的控制。与此同时，还要做好评分员的思想教育和统一标准的工作。如果评分的队伍能这样在素质上组织上和工作上保持它的战斗力，则评分标准的模糊性和评分方法的模糊性就能在评分员的主观努力下大大减少，评分的误差就可以得到有效的控制。

（四）对现行的评分方法进行改革

任何一种控制想法或控制措施，最后都必须落实到具体的评分方法上。目前，我国对于论文型试题的评定方法，大多以人的主观判断为主。是标准—人脑—解答这样一个结构系统。由于标准和解答在人脑这个中介中缺乏固定的形式，互相的比较又是一个模糊的过程。因此，如果不借助于其他客观的中介形式，要把评分误差控制到最低限度恐怕也是难以实现的。这就要求我们对现行的评分方法进行改革，要打破那种由人脑唯一决定的单一中介结构。电脑，尤其是第五代以后的电脑中许多方面与人脑接近，甚至超过人脑。因此我们可以借助它的作用，在原来的评定程序中加进一个中介结构层次，变成标准—人脑—解答←电脑这样一个三向的多层次的系数。在这个系数中，人脑与电脑可以各负其责。电脑，由于它工作程序的固定性与机械性，其评分过程不会受到主观上和水平上的差异性影响。最复杂的计算，最花脑筋的判断，只要你编好程序后，无论什么时候调用，它都会自动地进行，而且结果准确无误。因此评分员可以从大量的重复或综合的劳累中解放出来，把更多的精力集中去处理一些简单的判断。对于简单关系的判断，由于心理过程的时间比较短暂，受到其他因素的干扰较少，事物在人脑的印象也就比较清晰稳定，因而人脑此时对事物的反映或判断，在自觉努力下，可以达到与电脑相差无几的准确性。

在这种评定系统中，人机相辅相成，不但省人省钱，而且减了人工评分的层次和误差。广东省教科所在利用电子计算机评定客观题分数的实验中发现，我国计算机目前每小时至少可以评定200多份试卷，而且在抽样的6万份试卷中只有6份发生某些差错。

当然，一个论文型试题的答案或解答不能像选择题那样以画唯一一个字母来表示，它通常是一篇由许多文字符号按一定思维方式构成的文章，考生对问题回答的结果则蕴藏在这个文章之中。要从这众多的文字符号阅读中悟出整个的思想观点或写作特点来，就目前的电脑来说，还无法实现。但我们可以利用人脑先进行一些必要的处理工作，可以先把整个解答在头脑中按着一系列的评分标准进行分解，分项判定，然后立即以数字的形式把判断的结果记录下来，再输送到电脑中去综合处理。也许有人会担心，整体解答，分解之后就不能反映解答的系统了。不过我们要注意到这种分解是在头脑中进行的。人的知觉具有整体性，当他对某一因素进行判定时，会不自觉地去考虑它与其他因素的关系。因此，由人脑先分解，进行单因素的判定，然后再由电脑按偏好的统一程序进行综合处理，不但不会降低人工评判的准确程度，而且可以大大减少各种评分误差的出现。

三、论文型试题评分误差控制的实例说明

为了进一步说明以上所提出的控制措施和评分方法，下面以高考作文评分为例，综合地再现有关的思想与方法的运用。

高考作文试题，一般是由上级部门拟定了，因此评分误差的控制只能从评分人员的选拔组织、评分方法的改革和运用等方面来进行。

（一）评分人员的配备。对于评分人员主要做好个体的选拔与整体的配平这两方面的工作。根据我国考生多，评分员主要来自高等院校与中学教师等的实际情况，建议分别从中学任课教师、大专院校的专业课教师以及教育科研机构、教育系和计算中心中选拔一些品学兼优的评分员。他们除了具有学科理论、学科教学实践、测量学与计算机知识的业务素质外，还必须是品质优良、作风正派和责任心强的健康工作人员。然后按不同的专业、不同的年龄和不同的学校种类互相搭配，组成 10 人左右的评分小组。各个小组在整体的素质结构上应保持一致。

同时还要成立中心复查组来加强整体上的一致性。中心复查组的人可以先推荐，也可从往年的复查组的人员中挑选，然后让挑选出来的人员参加试改和讨论评分细则的工作，再像江西省招办那样利用统计原理与计算机来帮助再次挑选出一批评分结果接近总体平均数、标准差较小的评分员组成一支精明强干的中心复查组，以维持各评分小组评分的一致性。

（二）评分标准的制定。对于评分标准的制定，应从中学作文教学大纲、命题本身以及文章的一般要求出发，结合评分人员和工作的实际情况来考虑。同时，还要从总体中选出一些样本作为各种等级的参照；每条原则既相对独立，但综合起来又构成一个完整的体系；每条标准，其内涵都应有清楚的描述或直观的实例加以明确规范，其外延都应有数字量词加以严格限制，只有这样才能保证标准的各种素质。

（三）评分方法的选择。假设按上述要求制定了 A、B、C……数条标准，对每条标准又划分出一、二、三……数个等级，那么我们的评分方法就可以选择模糊数学中的综合评判法。首先，由标准的条数和它们的等级数构成一个矩阵。例如江西省 1985 年高考作文评分分了 A：内容；B：语言；C：篇章三条

标准。每条标准又分成一、二、三、四、五个等级。那么我们因此就可以得到一个 3 行 5 列的矩阵。

其次，按照这些标准与等级进行具体判定，并规定任何一篇作文在每条标准中都必须归属且只能归属于某个等级。对于所属的等级以数字 1 来标记，其余均以数字 0 标记。当考生作文未成文章时，均以 o 分计算。如果把等级一、二、三……从左向右排列，标准 A、B、C……自上而下地排列，那么按上例中的 3 标准 5 等级，每个评分员对任何一篇作文的评定都可以得到一个形如 (a_{ij}) 3×5 的矩阵，其中 a_{ij} 为 1 或 0（i=1、2、3，j=1、2、3、4、5）。我们称它为评判矩阵并记为 A。显然，不同的评分员对同一个考生的评定矩阵是不同的。为了相互区别，我们在 A 的右上角标上 i（i=1，2，…，N，N 为小组中评分员的总数），变成 A^i 以代表第 i 个评分员的评判矩阵。

第三，把所有的 A^i（i=1，2，…，N），相加得 A^j，假设每个评分小组有

10 个评分员，则 $A^j = \sum_{i=1}^{10} A^i$。

第四，以 $\frac{1}{N}$ 乘以 A^j，在我们的例子中 N=10。

第五，根据每条标准在整个体系中的地位确定权重分值，得到标准权重矩阵 W（标）$=[L_1, L_2\cdots]$，其中 L_i（i=1，2…）分别对应第 i 条标准的权重分值。

同样，根据每个等级应占得分数比重得到等级权重矩 W（等）$= \begin{pmatrix} r1 \\ r2 \\ \cdots \end{pmatrix}$，其中 r_i

（i=1、2…）分别对第 i 个等级的分值权重。

假设在我们的例子中，作文总分为 50，A（内容）占作文总分的 30%，以此类推，B（语言）占 50%，C（篇章）占 20%；第一等级占标准中总分的 95%，第二等级占 80%，第三等级占 60%，第四等级占 40%，第五等级占 15%。现定对具有创新性的作文，例如论证有独到之处，构思新颖，语言别具一格等很有特色，视情况可加 1%—10% 的总分，但对三条标准均为 1 等的人加分不能超过总分的 5%，那么，总分 M=50，W（标）=[0.3、0.5、0.2]。

$$W（等）= \begin{vmatrix} 0.95 \\ 0.80 \\ 0.60 \\ 0.40 \\ 0.15 \end{vmatrix}$$

第六，进行矩阵运算：B=M*W（标）*A*W（等）。

第七，求出创造性附加分值。设 I=（b_1，…，b_{10}），（b_i=0 或 1）它为附加矩阵，若其评分员 i 认为该篇作文在创造性方面可加总分的 4%，则他就应令 b_4=1、b_i=0（i ≠ 4），即得 I^i=（0，0，0，1，0，…，0）。再把小组内所

有的 I^i 相加并除以总数 N，即得 $C = (\sum_{i-1}^{N} I_i)$ *1/N，再把 C 与 $\begin{vmatrix} 0.1 \\ 0.2 \\ … \\ 1.0 \end{vmatrix}$ 相乘，最

后与 M*10% 相乘即得到所要求的该篇作文的创造性评分值，即 C^i=C* $\begin{vmatrix} 0.1 \\ 0.2 \\ … \\ 1.0 \end{vmatrix}$

*M*10%。

第八，也即最后，把 B 与 C^i 相加即得出该篇作文的最后评分结果：p=B+C。当 p 为小数或超过总分 M 时，要按规定处理使 p 为不超过总分 M 时，要按规定处理使 p 为不超过总分 M 的整数。

如果我们把以上的计算过程以程序输入计算机中，把以上评判矩阵 A 的 a_{ij} 与附加矩阵 I 中的 b_i 均换成大小相等的空心椭圆，类似一般客观测验的答卷，要求评分员在评定的等级下把相应的空心椭圆涂以墨迹，以此来代替上面的数字"1"与"0"的记法。那么，对于作文的评分就非常简单了，评分员只要对每个标准中的等级先进行是非二值判断，再把判断结果以涂墨的方式记录，最后把评判单输入光电读入机中，即可得到整个的评定分数。这种方法既集合了人工评判的优点，又采用了电脑迅速准确的特点，使评分员能从过去繁重的劳累中解脱出来，能更好地把精力集中于单项的判断。因此这将会大大减少现有评分方法中存在的误差，达到我们的控制目的。

高考作文评分方法改革的尝试 *

    标准化考试的试验在我国已有三年了。三年中，英语、数学、物理、化学和语文等学科的标准化考试均已取得了很大的成绩。从命题、考试形式、考试方法到评分记分，基本上都实现了科学化、规范化、标准化和计算机化，这为1990 年我国普遍实行标准化考试奠定了良好的基础。然而三年来却也遇到不少问题。其中最大的问题之一就是作文题评分误差的控制。迄今为止，人们还没有找到一种科学而准确的作文评分法。人们仍然沿用那种看文给分、随意给分的原始方法。同一篇作文，甲可以给 8 分，乙可以给 28 分，同一批作文同一个人评定，开始可慢可紧，后来可快可宽，其评定结果的误差就可想而知会有多么大了。能否借助现代技术来促进作文评定这一"难题"的解决，急待我们去探讨。为此，在国家教委考试管理中心的组织下，我们对高考作文评分方法的改革，进行了一次有意义的探索试验。下面就来介绍一下我们第一次改革试验的有关情况，并谈谈笔者的浅见。

一、改革现行高考作文评分方法的构想

    1.拉开分数距离提高评分信度。我国现行的高考作文评分，基本上都是属于等级划分上下浮动。等级评分便于区别不同质量的作文；拉开分数距离，有利于区分不同作文能力的考生和选拔人才；上下浮动可以弥补等级评分中的间断性和机械性的不足，使评定的分数更为准确。但由于等级过少，1984 年只

---

    * 原载于《赣南师范学院学报》1988 年第 4 期。

有 4 个等级，1985—1987 年也只有五个等级，使大量的作文在同一等级内难以区分；由于平均主义思想的影响，现行评分中各个等级基准分数的差都基本相同。例如，1987 年一、二、三、四、五类试卷的基准分分别为 37、30、22、14 和 6 分，各个等级相差基本上为 8 分，加上评分过程中同情心和模糊性的影响，本来不同的作文最后给的却是同样的分数。另外，人们在日常作文教学中形成了高分少给、低分控制常态分配的习惯思想，因此作文评定中满分罕见，高低分少见，零分不见。鉴于这些情况，试验中，我们把现行方法中每个方面的五个等级增加到六个等级，再由六个等级转换成九个等级，使原来的等级差不多扩大了一倍。而且每个等级的具体分数与转换的方法与总分都不让评分员知道，各等级的分数差也不相等（具体参考附录）。其目的是想通过增加等级的数量控制同一等级中评定分数过于密集的现象；通过不同的等级差调整人们日常评分平均化、常模化和趋中化的习惯；通过隐蔽具体分数与转换过程减少评分中模糊性、同情心和随意性的影响，最后达到拉开分数距离的目的。高考的主要目的是选拔人才，因而基本属于一种常模参照性考试，若评定分数的距离拉开了，则一方面有利于人才的选拔，另一方面又提高了评分的信度。

2. 控制评分误差增加结果的客观性。我国现行的高考作文评定法正逐步向着分解、综合兼并的方向发展。1985 年以来，国家教委制定的评分标准基本上已结构化、稳定化了。每年均是按思想内容、语言文字和篇章结构三个方面来划分考生作文的类别，而评定的分数基本上是按统一的规则来给。显然这既合符平时作文教学的要求，紧扣作文要素，又保证了同一年甚至不同年中评分的统一性与可比性。然而由于整个评分过程仍然是传统的主观经验法，几百篇作文、几千个评分程序均由同一个人在短时间内完成，因此评分过程中诸多因素的共同影响使人难以招架，势必要产生评定结果的随意性，由于综合评分环节中允许在基准分的基础上酌情加减分。因此，评分员有充分的机会按自己当时的情感意愿来给分，或者按自己的爱好、习惯等个性倾向来评分。加上评分员掌握标准、理解评分对象各自有别，精神状态环境气氛不一，这样我们也就难以控制评分的误差了。总分仅 50 分的作文也就会出现 25 分左右的评分误差来。

如何来控制评分中的误差，存在着不同的途径。挑选评分员或训练评分员,使他们在整个评分过程中的评分都整齐划一,显然是途径之一,但却难以办到。每年各省市考生数十万,评分员只能从大专院校与中学教师中临时选派。任何学科的评分员都不可能达到水平上的一致。因此我们另辟蹊径,想通过应用电脑来减少评分员实际评分的工作程序,缩小主观随意性活动的范围,想通过电脑模拟来处理比较复杂但却又模式化的总分综合工作,使这个主观随意性最大的工作环节统一化和规范化,最后达到控制评分误差提高评分客观性的目的。

3.减轻劳动强度提高评分的准确性与效率。每年评卷语文学科的评分员最多。其原因是作文评定花时间太多。据计算每年评定作文的人数超过了总人数的60%,然而强度仍然相当大。经估计,现行的高考阅卷,从阅读、分析、比较到综合、记分等一篇作文的全部评分工作要求评分员在5分钟左右完成。若按一般的速度,每审600字左右的作文大约需要4分钟。如果字迹不清楚或需要重读,则还需要更长时间,要在最后剩下的这1分钟或更短的时间内处理完对文章的分析、比较、综合和记分等一系列复杂的评分工作,必然会使人感到紧张,一连数日在酷暑高温下持续地进行这种紧张的脑力劳动,不用说劳动强度是相当大的。这势必造成评分员中途或后期的疲劳,影响评分的准确性。另一方面评分员篇复一篇、段复一段地审阅着思想内容类似的作文,枯燥乏味,厌倦之下评分难免要受随意性的影响了。因此我们想通过电脑的应用,把评分员从机械重复的繁忙中解放出来,让计算机完成某些比较、分析和综合记分的工作,减轻评分员劳动的复杂程度,使他们能集中精力做好一些基本的单项的分析判断工作,由此来提高评分的准确性和评分的效率。

4.改革现行评分方法提高评分质量。在现在的高考阅卷中,最费时费力的就是语文学科的阅卷,而其中主要的又是作文题组,每年最后完成任务的均是作文题组,而且误差大的也是作文题组。不但高考中人们怕评作文分,就是平时的教学中教师也总为作文评分而苦恼。因此我们希望作文评分向电脑化方向发展,闯出一条新路子来,提高高考作文评分的效果与效率,同时也促进日常教学中作文评定的科学化和标准化。

另一方面,评分质量的提高在很大程度上取决于评分误差的反馈、调整与控制。然而现行作文评分法所反馈的仅仅是评分员评定的总分。评分员具体的个性倾向被隐含在总分之中。注重于语言文字的评分员可能会因为作文中优美的词句而判为高分；注重篇章结构的评分员可能会因为前后呼应或段落过渡不够而扣过多的分数；注重思想内容的评分员却可能因为作文内容中闪耀着某个新颖观点而拍手叫好，对其他标准一放而过。对于类似的个性和倾向，现行的高考评分法是无法鉴别的。由于无法鉴别评分员对标准的把握程度，无法鉴完评分员在哪一方面过于偏宽或偏紧，从而我们也就无法对评分小组的评分误差进行调整和控制，因此，我们把评分标准格式化，排成 3 行 6 列矩阵，要求评分员在相应的行列中记下它所评定的结果，由此来反馈评分情况，使我们能及时地分析、调整与控制作文的评定误差，最后达到提高评分质量的目的。

二、新评分方法的试验情况及其分析

1987 年江西省的高考阅卷工作是 7 月 1 日开始的，我们的试验是 7 月 18 日开始的。为了尽可能控制试验过程中其他因素的影响，实施时，我们采取了以下几条措施：(1) 请江西省高考语文阅卷组负责人出面请人，并主持试验阶段的评分工作。同时开诚布公地告诉评分员，请大家再次评定 100 篇作文，一是要比较两种方法的评分结果，二是要由此检查一下我们的评分质量。(2) 评分单与作文都是 10 份一叠，事先装订好。其中作文每篇复印了 2 份，装订时每 10 份的划分都是随机的。但划分后相同的 10 篇作文均按正反两种顺序各装一本，两种评分单也都是 10 份一本，每评定一篇用一张评分单。(3) 要求评分员各自独立地评分。(4) 考虑到方法之间、前后 50 篇作文之间的相互影响，试验分隔两次进行。第一次是 7 月 18—19 日实施的。同时考虑到评定对象质量的不同，会对评分员产生后效作用，因此把第 1 试验组的人员分成了素质结构及评分水平大致相同的两个小组，每组 5 人，其中第 1 小组先用现行高考评分法顺序评定 1—50 号作文，再用新评分法反序评定 51—100 号作文。第 2 小组先用新评分法顺序评定 51—100 号作文，再用现行高考评分法反序评定 1—50 号作文。第二次是 7 月 25—26 日实施的。同样，我们把第 2 试验组的人员分成了评分水平相当的 2 个小组，每组 6 人，要求第 1 小组先用新评分法顺序评定 1—50 号作文，再用现行高考评分法反序评定 51—100 号作文，而第 2 小组先用现行高考评分法顺序评定 51—100 号作文，再用新评分法反序评定 1—50 号作文。具体安排见下表。

表1　7月18—19日第1试验组试验安排表

	第1小组	第2小组
起初	用现行法评定 1—50 号作文	用新评分法评定 51—100 号作文
然后	用新评分法评定 100—51 号作文	用现行法评定 50—1 号作文

表2　7月25—26日第2试验组试验安排表

	第1小组	第2小组
起初	用新评分法评定 1—50 号作文	用现行法评定 51—100 号作文
然后	用现行法评定 100—51 号作文	用新评分法评定 50—1 号作文

上面第1试验组与第2试验组评分员的素质与水平都大致相同。

经过分析，笔者认为新评分法有如下几个特点：

1.具有较高的信度。通过对试验结果的分析，我们发现所试用的评分法具有较高的信度。为清楚起见，我们必须先简单说明一下何谓试验评分法的信度。一般来说，信度是指测量工具所得结果的可靠性而非指工具本身。类似地，我们这里所指的信度也是就试验评分法评定的结果而言的，是指这种评分法评定结果的一致性程度。同样的作文，以不同的评分法评定，会得出不同的结果。其中，有的评分法无论多少个不同的人用它去评定许多作文，所得到的结果总是趋于一致，而有的评分方法则不然，哪怕你一人谨慎地使用它去重复评定同一篇作文，其结果也会相差甚大。这就告诉我们，评分方法存在着信度，对于我们所试验的这种评分方法，我们从三个方面分析了它的信度。

一是从 100 篇作文评定的 1000 个分数中，以及它们与其他评定结果的一致性进行了分析。我们先求出 10 个人用试验评分法评定每篇作文的平均分数，然后分析它们与其他方法评定结果的相关性，结果发现，与高考语文成绩的相关系数为 0.66，与高考期间阅卷员评定的作文分数的相关系数为 0.75，与试验中现行高考评分法评定的平均分数的相关系数为 0.88。我们知道，高考语文分数不光包括了作文的评分，它还包括了语文基础知识的评分。若把它当作考生作文水平的标志，其信度是不高的，因此它与我们新评分法所评定结果的相关程度就低一点，只有 0.66。而在试验中以现行高考评分法认真评定的分数，必然比高考阅卷时评定的结果更为准确一点，加上最后的分数是 10 个人评定结果的平均数，其信度毋庸置疑会比高考阅卷时的结果更高。事实也是如此，相关系数已从 0.75 提高到 0.88，高了 0.13。由此可见，新评分法评定的结果是比较可靠的，或者说新评分法具有较高的信度。

二是从对同一篇作文评定结果的一致性进行分析。我们所选取的这 100 篇作文，几乎包括了最差等级到最好等级中的各种样本（因为按高考阅卷评定的分数看，它们几乎是从 4 分到 38 分（满分 40 分）连续地分布）。显然它们具有一定的代表性。每个评分员都分别以两种评分法交叉对它们进行了评定，结果发现新评分法评定结果的一致性高于现行高考评分法评定的结果。例如，在所评定的结果中，新评分法评定的作文，3 个以上结果完全相同的占 99%，而现行高考评分法仅占 44%，评定结果中 4 个以上完全相同的，新评分法占 78%，而现行高考评分法仅占 9%，5 个以上完全相同的，新评分法占 36%，而现行高考评分法一个也没有。就同一篇作文 10 个分数的最大差来看，新评分法评定的作文结果中，85% 的作文其 10 个评定结果中，6 个以上的最大差均不大于 4（4 为九个等级中最小的等级差），即 $\max\{\,|\,a_i\text{-}a_j\,|\,\} \leq 4$。

三是我们还分析了 10 个评分员的评分水平，试验评分员利用现行高考评分法评定的结果与原先高考阅卷中所评定的结果，其相关系数为 0.83。由此可见，所选择的试验评分员基本上与原高考阅卷员的水平一致。换句话说，他们的评分水平与一般评分员的水平差不多。所以，新评分法评定结果的一致性并不是因为试验评分员评分水平特别高明，而是方法本身决定的。

当我们直接利用 Kuder-Richardson 公式 20 的变式 $r=K/K\text{-}1\,[\,1\text{-}\sum S_{2/i}/S_{2/j}\,]$ 检查评分信度，得出 r=0.93，这表明新方法具有相当高的信度。

综上所述，我们可以看到几方面的分析都说明新评分法所评定的结果比较可靠，因而具有较高的信度。

2.具有较高的效度。一般来说效度是指一个测验测量了它所要测量的东西程度，也就是测量目的的到达程度。对于我们所试验的新评分法来说，其目的是希望能更客观地反映考生的作文水平，把具有不同作文能力的考生区别开来。因此我们这里所要考查的效度就是新评分法客观地反映考生实际作文能力或成绩的程度，为此我们随机地在五类水平的作文中选取了 10 名代表。它们的分数分别是 35、37、36、33、30、24、22、8、6、4。按高考阅卷的规定满分为 40，前三篇属于一类水平的作文，第 4、5 两篇属于二类作文，第 6、7 两篇属于三类作文，最后三篇属于五类作文。对于这 10 篇作文，我们不但进行了仔细的审阅，而且笔者还深入到 10 个考生所在的学校，找到他们高中时期，尤其是高三年级时的班主任与课任教师了解了他们平时的作文成绩和作文能力。结果班主任与课任教师一致反映，38 分的考生所在的班是县重点中学高三年级中的一个农村班。初中升高中时该考生成绩较差，仅比当时 380 分录取线多 3.5 分。与该班学生相比，智力中等，写作水平中等偏上，平时 100 分的作文常是 70 分左右，偶尔得过 80 分，若排队一般在 10 名之外，平时作文讲评很少抽到他的。这次高考作文 38 分其水平是发挥得好的。该考生审题立意能力较强，其他一般。37 分的考生是县重点中学的一个学生，平时语文成绩中上，50 分的作文一般是 38 分左右，学校作文竞赛得过奖，其审题立意能力较强。这次高考作文 37 分，其水平是发挥得较好的。36 分的考生是一个 1984 年毕业的补习生，智力一般、平时议论文写得较好，他逻辑思维能力和语言表达能力好，平时 100 分的作文一般在 80 分左右，补习班中作文成绩常在 10 名之内。33 分的考生平时作文成绩在 75 分左右，语言表达能力方面好一点，平时作文从未拿到班上讲评过。30 分的考生是一个农村中学大专班的学生，平时 50 分的作文一般在 36 分左右，作文能力在班上中等偏上，审题立意能力较强一点。24 分的考生是一个补习生，平时语文成绩在补习班是中上水平，作文水平是中等，34 人中排在第 12 名，100 分的作文常是 70 分左右，其审题立意能力还可以。22 分的考生是市重点中学的应届生，高考总分 481 分，语文成绩 69 分，平时 100 分的作文一般在 70 分左右，审题立意能力较强，原来基础差，后来进步快，这次高考水平没有发挥出来。8 分的考生高考总分 176，语文成绩 46 分。该考生平时很少上课，是该中学 400 多名考生中最差的一个。6 分的考生是一个农村中学大专班的学生，高考语文成绩 56 分，总分 440，平时成绩是班上中等偏下，但这次高考作文水平发挥不够好。4 分的考生是一个补习生，高考总分 434，语文 62 分，平时学习成绩是班上中等稍偏上水平，50 分的作文一般是 35 分左右，这次高考作文发挥得不行。

从以上所了解的情况来看，一类作文的 3 个考生平时作文是属中等偏上水平，高考作文都是超水平发挥的结果。二类作文的 2 个考生平时作文也属中等水平。而三类作文的 2 个考生平时作文也属中等水平，但总体比较 24 分的只能属于中下水平，因为他在 34 人的补习班才算中等水平。而五类作文的 3 个考生，其中 2 个是中下水平，其余一个是比较差的。当我们以新评分法重新评定这 10 个考生的高考作文时，评定结果按前面从高分到低分的顺序排列，分别为：26.5、34.4、25.5、27.6、16、30、7.2、4.5、14.4。而以现行高考评分法评定的结果相应地为 30.4、32、33.8、29.2、22.4、19.1、29.1、9.4、6.2、9.6。由此看来，新评分法把高考阅卷时评定的分数几乎都给降低了。一类的三篇降为二类，二类的两篇降为三类，三类的（其中一篇除外）降为四类，而五类的（那篇未完的作文除外）降为更低的分数。所有这些结果基本上与实际了解的水平相一致，也与现行高考评分法的平均分数相一致。然而，通过对 10 篇作文的仔细分析，我们发现新评分法更为客观更为准确，以三类作文中那篇 22 分的作文来说，22 分似乎低了点。该篇作文的题目是"四化建设离不开科学理论"。一开头考生就紧扣所给的作文材料进行论述，得出了理论对实践具有指导作用的结论。接着从第二段开始，考生联系中国两千多年的革命史来论证没有科学理论作指导，没有马列主义思想作指导，革命就不可能取得胜利。最后一段，结尾时指出，社会主义四化建设只有在中国共产党、在马列主义毛泽东思想的科学理论指导下，才能实现。由此点出了四化建设离不开科学理论这一论题。显然，本篇文章中心突出、内容充实，而且在语言文字上没有发现错字病句，在篇章结构上也是清楚、完整和连贯的。因此它应该获得二类作文的基准分——30 分。再看看五类作文中那篇被评为 4 分的作文。该考生平时 50 分的作文成绩一般都在 35 分左右，属于中等水平。当我们审阅他的作文时，发现原来是一篇没有写完的作文，只写了开头及中间的 192 个字，但从这 192 个字来看，他分了两段。第一段，从他自己所学的辩证唯物主义常识中引出了科学理论对实践具有正确的指导作用这一主题，第二段虽然没有写完，但从所写的 96 个字来看，考生扣紧了所给的作文材料论述科学的理论对实践有指导作用这一主题。从这里可以看出考生对中心是明确的，内容并不贫乏。从语言文字与结构来说，除了说他没有写完之外，没有其他大的毛病。因此新评分法没有把它列为五类作文而是客观地把它提为四类作文。

另一方面，在分析调查的实际情况的同时，我们还分析了新评分法对 100 篇作文评定结果的标准差和两个试验组 20 个人分别利用两种方法评定前后 50 篇作文的标准差。结果是，新评分法的标准差为 7.40，比现行高考评分法的标准差 6.49，几乎大了 1 个单位。20 个评分员利用两种方法评定的 40 个标准差（见表 3）。

表3　20 个试验评分员利用两种方法评定的 40 个标准差

	1—50 号作文									
	1	2	3	4	5	6	7	8	9	10
7 月 18—19 日	7.86	5.98	6.08	5.19	6.53	6.28	6.74	6.22	4.42	5.52
7 月 25—26 日	6.21	8.00	8.28	9.58	7.63	1.03	7.56	7.91	8.80	10.93
比较结果	1.65	2.02	2.20	4.39	1.10	4.75	0.82	1，69	4.38	5.41
	51—100 号作文									
	1	2	3	4	5	6	7	8	9	10
7 月 18—19 日	11.36	10.52	9.93	9.74	9.43	8.64	8.65	10.46	2.15	9.44
7 月 25—26 日	7.90	9.75	8.09	8.44	7.51	6.92	8.25	8.40	8.93	8.66
比较结果	3.46	0.77	1.84	1.30	1.92	1.72	0.40	2.06	0.22	0.78

从表 3 中我们可以看到，无论是相对同样评定对象的纵向比较，还是相对同样评分员的横向比较，都发现新试验评分法的标准差普遍比现行高考评分方法更大。尤其是从纵向的比较中，我们可以清楚地看到，新评分法的标准差，除第一个外，其余 19 个都比现行高考评分法大，其中有 5 个大了 3.46—5.41。这说明新评分法的区分性比现行高考评分法更好一点。综上所述，新评分法不但能比较客观地反映考生的实际作文能力与成绩，而且还可以较好地把不同水平的考生相互区分开来，因而我们说它具有较高的效度。

3.能反馈较多的信息。任何评定对于被评者与评定者来说，都是一种信息的反馈，其反馈的信息越多越好。现行的高考评分法，它反馈的信息仅仅是一个总概性的分数，我们很难由此了解到其他许多我们所想了解的信息。例如，评分者所评定的结果是如何得来的？他在哪一方面的标准把握上偏宽或是偏严？然而，新评分法评定的结果却可以清楚地告诉我们这两个问题。因为新评分法是要求评分者按三个标准六个等级来评判，通过比较评分员在表格上所作记号的位置，我们不但知道评分员最后评定分数是如何得来的，而且还能鉴别各个评分员的个性偏向。这种鉴别功能在试评挑选评分员与组织各个评分小组时尤为重要。

例如，若500个评分员同时对所选择的样本作文进行试评，则每篇作文在语言文字、思想内容和篇章结构三个方面都可以得到500个等级。求出他们的平均数与标准差之后，我们就可以知道哪一个评分员在哪一方面评得过高或过低。若要求每个评分员给出印象分，则当我们比较同一个评分员对各类作文三个方面评判的等级时，我们就可以看出他注重的是哪一个方面，喜好的是什么文章。由此可见，新评分法能给人们提供比现行高考评分法更多的信息。

4.方便可行。任何一种评分法，若难以操作，则最有效也无法实现。我们所试验的新评分法在操作上一点也不比现行高考评分法更困难，在某种程度上它的操作甚至比现行高考评分法还要方便。例如，在试验过程中，我们注意观察了分别使用现行高考评分法与新评分法评定作文的情形，发现两者平均进度大体相同，而且，每次都看到在先用现行高考评分法再用新评分法评定作文的这个小组，在后50篇作文的评定中普遍比另一个正采用现行高考评分法评定的小组速度更快、更早评完。另外，每次试验结束时，我们都召开了座谈会。在两次座谈会上大家一致感到新评分法评定的作文更准确、更客观，并且没有感到操作上的困难。他们说，如果各个等级的标准能更具体地反映实际的作文情况，则评定工作会更方便更简单，最后综合出的分数也会更客观，因此座谈会上好几个人都提出，准备在以后的作文教学中让学生采用新评分法评定自己或别人的作文。实际上，这种评分法确实也是比较方便可行的。只要评分者熟悉评判表之后，根据所评定作文的情况在相应的等级中注上记号就行。然后评判表通过光电输入电脑中，评定的结果接着就会自动显示出来。在这种方法的评分过程中，由于评分员的注意力可以更好地集中于对各基本标准的判断，因此既提高了评分的准确性，又减轻了评分员的劳动强度。评分员可以更好地保持他旺盛的体力与脑力。因此，这说明新评分法是方便可行的。

三、存在的问题及其讨论

由于我们这次仅是一次初步性的试验，其中的许多评者是首次性的，显然会遇到不少问题。有的问题我们及时地解决了，而有些问题却需要提出来讨论，并在以后的试验中逐步解决，以下就是笔者觉得特别需要提出与大家商讨的几个问题。

1. 新评分法是否需要更多的时间。就两种评分方法的整体比较来说，我们发现新评分法所花费的时间要比现行高考评分法更多一点。

试验结束后，我们分别计算了两次试验中各种方法在每篇作文评定上所花的时间。具体情况见表4。

表4 两种评分法评定一篇作文平均所费的时间

	1—50 号作文	51—100 号作文
现行高考评分法	3.50（分）	3.55（分）
新评分法	4.55（分）	4.10（分）
比较差	1.05	0.55

从表4我们可以看出，新评分法比现行高考评分法花费的评分时间平均要多80分钟。产生这种结果的原因是否完全是由评分方法不同所造成的呢？我们对此是持否定态度的。我们认为其中相当一部分原因是由于评分者对所试验的新方法不熟练所造成的。因为所挑选的评分员都曾多次参加过高考阅卷工作，而且他们当中的人（除1人外）都参加了今年高考作文题的评分工作，因此对于现行高考评分法他们已相当熟练了，然而，对于新评分法来说，他们却是头一次进行。这显然会使他们感到有点缩手缩脚，在操作上不那么利索。但经过一定适应或练习后，他们的评分速度肯定会得到提高，分析的结果正支持了我们这一判断。下面就是同一试验时间中先后采用两种评分法评定作文的时间对比表。

表5　同一时间中两种方法评定时间的对比

	1—50 号作文					51—100 号作文				
	评分员									
	1	2	3	4	5	1	2	3	4	5
开始	4.44	5.32	5.72	5.52	5.34	4.52	4.24	4.00	5.12	6.50
最后	4.34	4.04	3.60	3.96	3.18	3.70	3.14	3.22	3.26	3.26
比较	0.1	1.28	2.12	1.56	2.16	0.82	1.10	0.78	1.86	3.24

从这个表中，我们可以看到采用现行高考评分法评定 50 篇后再采用新评分法评定作文的时间普遍要比一开始就用新评分法评定作文的时间少。每篇平均要少 1.5 分钟。若我们先让评分员利用新评分法评定一些作文后再正式评定作文，则我们还可以期望少更多的评定时间。然而，我们也无法肯定新评分法的评定时间就一定会比现行高考评分法更少。因为从要求上来说，新评分法要求对任何一篇作文的任何一个方面，都必须作出六者选一的准确判断。但另一方面，作文的形式千变万化千姿百态，常常很难把所评定的作文归为六个等级中的哪一类，此时就必然使人犹豫不决而花费过多的评分时间。现行高考评分法的要求更灵活一些，它只要求评分员五者选一，且在每一选择中都给予了评分员很大的回旋余地，可以在一个等级中前后伸缩。这样评分中所花费的时间就可能要更少些。

2.评判表有待进一步完善。在所进行的二次试验后，每次我们都召开了座谈会，就评判表的使用谈体会。90% 的人发言指出项目太少，加上各个等级的标准有交叉重叠之处，因此许多作文对不上号。许多作文中出现的情况不知如何处理。例如，没有运用所给的作文材料，或字数超过了，或者有错别字如何扣分？标题好坏如何给分？类似等等情况都在项目中或标准中没有指明，一遇到这些情况就不知所措了。同时，各个等级中的标准表述，缺乏针对性与准确性，比较模糊笼统，使具体的评分发生不少困难。事实上，等级过少是难以处理考生作文的各种形式，但太多了又要花费更多的评分时间。如何设计评判表来解决这个问题，还值得我们去探讨。

另外，7 月 19 日下午，当 4 个评分员利用新评分法提前评完了后 50 篇作文时，我们要求立即以现行高考评分法把刚评过的作文再评一次，结果发现73%的人评出的结果都高于新评分法评定的结果。仔细一分析后，我们觉得其中大多数是中间等级转换后分数过低所造成的。由此看来，评判表有进一步完善之必要。

3. 对于离题、中心不突出或没有写完而中心不明确的作文，新评分法评定的结果波动较大。我们在比较两种评分方法评定的结果中发现，对于那些语言文字或篇章结构较好但离题或多中心以及未完中心不明显的作文，新评分法评定的结果波动特别大。例如71号与88号作文，新评分法评定的结果一致性很差，具体情况见表6、表7。

表6 71号作文两种方法评定结果的比较

	1	2	3	4	5	6	7	8	9	10	标准差
现行高考评分法	22	24	23	20	24	18	25	15	23	20	2.97
新评分法	28	32	12	24	24	28	20	36	36	20	7.2

表7 88号作文两种方法评定结果的比较

	1	2	3	4	5	6	7	8	9	10	标准差
现行高考评分法	26	20	17	15	25	19	23	20	19	15	3.62
新评分法	12	12	0	24	4	20	32	12	24	20	9.30

两篇作文，都是离题或多中心，而其他两个方面还好的作文，由于现行高考评分法对离题或未写完而中心不明显的作文均有具体的规定，而新评分法在这方面缺乏相应的措施与规定，因此，在采用新评分法实际评分时，有的人受现行高考评分法思想的影响，对于类似71、88号这样的作文一般都列为四、五类或低等级的作文，不会给过高的分数。有的人却原则地按新评分法要求评判，按这种方法评判，即使完全离题的作文也能因语言文字与篇章结构较好获得一定的分数。因此要减少这种波动与振幅太大的现象，我们就应采取某种控制措施进行控制，或在最后分数的转化中进行某种调整。

以上就是我们初步试验新评分法的报告。限于篇幅与时间，许多细节与其他问题无法在此一并列举和讨论。笔者上述有关的分析也不一定完全客观。鉴于许多老师想了解我们南昌试验的情况，故在这里把我们的试验过程与结果报告于大家，并谈了笔者的浅见。不妥之处还请各位同行专家多多指教。

附录：作文评判表

评判项目	评判级别					
语言文字	文理不通	语言连贯性差，病句、冗句多。	语言基本通顺，但不够简洁，有少量语病。	语言通顺，略有冗句，用词正确，无明显语病。	语言连贯、清晰、简洁，用词准确。	语言灵活，富于变化，用词贴切、生动。
	0	1	3	5	7	9
思想内容	文不对题	内容贫乏，或与题意无关的内容较多。	有中心，但不够明确。内容比较空泛，或有疏漏。	中心明确，内容基本上能覆盖题目的要求，或某部分比较充实，而另部分比较空泛。	中心突出，内容充实、全面。	（1）见解深刻；（2）能从多角度思考；（3）有新意、有创见；（以上符合一条即可）。
	0	1	2	6	5	7
篇章结构	杂乱无章	层次不清，不会分段，或内容前后重复、交叉。	结构比较松散，有随意蔓延现象。	首尾完整、层次清楚，但不够紧凑。	结构完整、层次分明，组织得当。	结构严谨、层次分明，且层次内在联系紧密，注意连贯与呼应。
	0	1	2	3	4	5

说明：在认真审阅之后，若您认为该篇作文在语言文字方面属于或接近于文理不通，则请在"语言文字"这一行对应"文理不通"这列下面的空白处记上"√"。在思想内容方面，若您认为该篇作文属于或接近于中心突出、内容充实全面，则请在"思想内容"这一行对应"中心突出、内容充实全面"这列下面空白处记上"√"。以此类推，每一行要且只要打一个"√"就行。

试卷编号：

评判员姓名：

评分时间： 年 月 日 时 分

评分方法：把每篇作文对应三个评判项目中的三个等级分数相加，再按下列规定转换：0—2 转换为 0 分；3—4 转换为 4 分；5—7 转换为 12 分；8—9 转换为 20 分；10—11 转换为 24 分；12—13 转换为 28 分；14—15 转换为 32 分；16—18 转换为 36 分；19—21 转换为 40 分。

论文型试题评分方法新探 *

——兼谈矩阵评分法在作文评分中的应用

评分，无论对理科题还是对文科题，无论对客观型题还是对主观型题，也无论是以一个符号作答的题还是必须写上数页的论文型题，人们均习惯于以一个十分简洁的分数或等级来标明其价值，这对于人们记忆与统计来说，显然是比较方便的。然而，随着目前教育观念的变革，人们不再把教育仅仅看作是一种鉴别与挑选人才的教育机构，不再把考试看作是筛选的工具。人们越来越重视评分结果的反馈、诊断与分析，普遍感到过于简单的分数或文字性的等级已无法满足教学与考试的实际需要。为此，本文就我们所试验的矩阵评分法作一介绍。

一

矩阵评分法，实际上是一种把代数学中的矩阵应用于评分过程的一种方法。它既可以应用于评定一张试卷的全部试题，又可以用于评定某一个较为复杂的客观型题或主观型题。但我们主要是在高考作文评分方法探讨中提出的，是针对作文数字评分法的不足而提出的。

为了说明矩阵评分法的特点，首先我们来简单说明一下什么叫矩阵。

---

* 原载于《现代中小学教育》1990 年第 4 期。

由 $s_x t$ 个数 C_{ij} 排成的一个 s 行 t 列的表

$$\begin{pmatrix} C_{11} & C_{12} & ... & C_{1t} \\ C_{21} & C_{22} & ... & C_{2t} \\ ... & ... & ... & \\ C_{s1} & C_{s2} & ... & C_{st} \end{pmatrix}$$

叫作一个 s 行 t 列（或 $s_x t$）矩阵，C_{ij} 叫作这个短阵的元素。[①] 它可以看作是表格的简化形式——即任何一个表格省略表头名称与分格线之后都可变成一个矩阵。所以，实际上它几乎可以运用于一切可以运用表格的地方，目前已广泛地应用于数学各个领域以及国民经济等部门。实践表明，它也适用于用来评定学生各学科的学习及其考试成绩。为确切起见，在评分过程中，我们把用来评定学生成绩的矩阵称之为评分矩阵，它有多种分类和名称。例如，当运用矩阵来评定全班某次考试的成绩时，可以把试题号从左向右列出，把全部考生从上至下列出，由此而得到的矩阵元 C_{ij} 就表示第 i 个考生在第 j 个试题上的得分数。这种矩阵不妨称它为试卷评分矩阵。当运用矩阵来评定某一个包括几个小题的大型题目时，可以把各个小题横向排成行，而考生纵向排成列，此时 C_{ij} 就表示第 i 个考生在第 j 个小题上的得分情况。当我们把矩阵运用来评定某个主观性试题时，我们可以把评分标准横向排成行，而把考生纵向排成列，此时矩阵中 C_{ij} 元素表示第 i 个考生解答结果在第 j 条标准上的符合程度。例如，现在有一道立体几何试题，主要考查考生对直线、平面之间的位置关系，空间想象能力和逻辑推理的能力。原题是：已知三个平面两两相交，有三条交线，求证这三条交线交于一点或互相平行（满分为 12 分）。本题的评分标准根据解答的结果的分析分情况给分：（1）证明了三个平面中两条交线是相交或互相平行的给 2 分；（2）在缺少（1）的结论的前提下直接假设三个平面中两条交线交于一点而证明三条交线交于一点给 5 分；（3）在缺少（1）的结论的前提下，直接假设三个平面中两条交线平行而证明了三条交线互相平行的也给 5 分；（4）在（1）的结论上证明了三个平面中三条交线交于一点给 7 分；（5）在（1）与（4）的基础上又证明了三条交线互相平行给 12 分。

如果把（1）—（5）顺次从左向右横排，把某考场考生从上至下纵向排

---

① 参考张禾瑞等编：《高等代数》，高等教育出版社 1990 年版，第 13 页。

列，则评分员只要记住每条标准及其相应的位置，符合哪一条即在哪一格做上记号，则就对应得到一个 $C_{ij}=0$ 或 1 的矩阵。当 $C_{ij}=1$ 时表示第 i 个考生得了第 j 条标准的分数。

又例如，我们这里把某教师日常作业批改中对学生几何证明题评分要求进行矩阵化描述。假设该教师所制定的评分标准都是定性的，其标准是：（1）在所考查的知识或能力上有明显的错误，其得分为满分的 10%；（2）仅在证明过程中引用的重要根据上发生错误，得满分的 30%；（3）仅在证明过程中次要的根据上发生错误，得满分的 60%；（4）仅在证明过程中发生笔误，得满分的 70%；（5）按教学要求证明无错误，得满分的 80%；（6）按教学要求证明，但证明具有一定的深度，或用了另外一种讲过的方法证明，得满分的 90%；（7）用了教师未讲过的新方法，或自己独创的新方法证明，并基本上正确，得满分的 100%。把这些标准顺序从左到右横向排列，把学生从上至下纵向排列，则矩阵中的元素 C_{ij} 仅限于 0 或 1，1 表示第 i 个学生作业符合第 j 条标准的要求。

两个例子的矩阵我们都统称为原始评分矩阵，因这些矩阵中的元素都是评分中直接的标记，换句话说都是原始的评分数据。如果我们把两个矩阵中右边的两列数据与底下两行的数据也包括到矩阵中来而变成虚线所示的矩阵，则我们就把这种包括了原始数据以外经过某种处理的矩阵称为增广评分矩阵。显然，增广评分矩阵比起原始评分矩阵来说，能使我们了解到更多的信息。

二

利用矩阵评分改进了现行数字评分法的许多不足。

首先，矩阵评分法改进了数字评分法只见评分结果不见评分过程，只看答案不分析解答过程等不良现象。当我们像上面例子那样运用矩阵评判一个论述题简答题证明题的时候，由于标准把解答过程序列化了，评分时要求评分者从左到右顺次地逐个判断并在合符相应的标准下注上记号，因此，当学生及其第三者知道了矩阵每行对应的标准含义后，那么，他们既可以通过记号对着底下一行的分数，知道学生所得的分数是多少，又可以直接了解到为什么得到那样一个分数，从而克服了只知道评分结果不知道原委的弊端。

其次，矩阵评分法能正确全面地反映学生的成绩，使人能一目了然地看出分数蕴涵的意义、特点和关系。

考试考查既是测量又是评价，它们必须定量与定性相结合。不仅要有反映全面、全过程的总括性分数与等级，而且要有解题过程中包含的思想、方法及各个环节的质量评价，以便使整个的解题过程与解题结果都能置于科学的控制与客观的评定之下。这样才能多角度与全方位地从深度与广度、从过程与结果，从度、量、质量等方面对试题及其成绩作出客观、准确公正的评定，才能保证我们考试或考查的信度与效度。由于原始评分矩阵，尤其是增广评分矩阵的横向是解答过程的序列化，纵向是全体学生的互相比较，而且，通过最右两列的数据，既可以看到评定的总括分数，又可以了解它们的相对意义及其关系；通过最底下两行数据中的平均得分，可以了解到各个试题的难度；通过中间各个数据和难度又可以具体地了解右边总分的含义和特点。

再次，矩阵评分法发挥了考试考查分析、诊断和反馈的功能，有利于教学的正确进行。

按照信息论、控制论的观点，考试或考查是向教师、学生本人及其家长反馈教学信息的手段。教师教授之后希望知道自己的效果，学生学习之后希望知道自己的成绩，孩子上学之后家长关心孩子的学习情况，因此每当考试或考查之后教师、学生及其家长都想知道有关的情况，获得一定的信息。数字评分法由于仅仅反馈一个概然，而信息情况来自于对考卷情况全面客观的反映及其正确的分析。数字评分法由于仅仅反馈一个概括性的分数或等级，因此常常给人带来甚少或者错误的信息。例如不少家长常常是根据单个分数或等级本身的大小高低来看待孩子学习成绩的好坏，在他们看来，90 分的语文总是比 70 分的数学成绩更好，却不知实际 70 分的数学在全班是名列前茅，而 90 分的语文却属中等，因此错误地要求孩子把精力放在数学学习上。矩阵评分法则不然，它具有明显的分析诊断性。例如通过增广评分矩阵右边一列的分数，我们可以知道学生成绩的高低。若两个学生分数相同，则可以通过矩阵中的元素及底下难度了解他们是完全一样还是实际不同。若两个分数不同，也可以通过矩阵的元素及底下难度了解原因何在。比如，从试卷评分矩阵中看考生 5 与考生 8 得分都是 86 分，但从矩阵中的元素我们可以知道考生 5 第二、五、六三题上得分高，这三个题难度大，而考生 8 第一题得分高，在第五、六两题上得分近于平均分。由此看来两个人实际成绩并不相同。考生 5 今后应加强知识学习的系统性与全面性，而考生 8 今后应加强学习方法与技能上的训练，培养学习能力。

最后，矩阵评分法提高了主观性试题评分的客观性与合理性。

由于矩阵评分法把评分标准、评分结果严格地按统一的评分程序、评分过程、评分对象，把学生实际状况与水平序列化、文字化，因此它一方面要把所有的评分结果都在固定的位置上予以及时记录，便于检查分析，另一方面，它又注意了解题的结果和解题的过程，因而显得更加客观、更加合理一些。

此外，矩阵评分法能够把评分标记、结果保存、题目分析、成绩比较与报告综合于一体。

三

作文评分，历来人们都是根据"标准"打个印象分。仔细的评分者一般还会把标准细分成条，然后逐条对比最后总概评定。然而较为性急的评分者则常常顾不得这么多，他扫视一遍后就凭着头脑中留下的印象评个数分。这种评分的误差性早已被人所察觉，但因没有其他更好的方法来取代而一直只好任其自然。为此我们试用了矩阵评分法来评定学生的作文，具体作法如下。

首先，根据评分要求把标准条理化与等级化。例如，我们根据近几年来高考作文的评分要求，把评分标准列出了 12 条，从上至下而排列，把每个标准分成 5 个等级从左到右横排列。

其次，按评分要求评分。试验中我们让三个教师同评三篇不同质量的作文，每人每评一篇作文后都得到一个评分矩阵，一共 9 个，每篇 3 个，都是 12 行 5 列的矩阵，其元素或是 0 或为 1。

再次，我们根据各条标准与等级在总体评定中的重要性制定了权重矩阵和等级矩阵。

最后，按代数中矩阵的一般乘法与加法进行运算。

例如，三位教师对第一篇作文的 3 个评判矩阵分别为：

$$A=\begin{pmatrix}0\,1\,0\,0\,0\\0\,0\,0\,1\,0\\0\,1\,0\,0\,0\\0\,1\,0\,0\,0\\0\,0\,1\,0\,0\\0\,0\,1\,0\,0\\0\,1\,0\,0\,0\\0\,1\,0\,0\,0\\0\,0\,1\,0\,0\\0\,0\,0\,1\,0\\0\,0\,0\,1\,0\\0\,0\,1\,0\,0\end{pmatrix}\quad B=\begin{pmatrix}0\,1\,0\,0\,0\\0\,0\,1\,0\,0\\0\,1\,0\,0\,0\\0\,1\,0\,0\,0\\0\,0\,1\,0\,0\\0\,0\,1\,0\,0\\0\,0\,1\,0\,0\\1\,0\,0\,0\,0\\1\,0\,0\,0\,0\\0\,0\,0\,0\,0\\0\,0\,1\,1\,0\\0\,0\,1\,0\,0\end{pmatrix}\quad C=\begin{pmatrix}0\,1\,0\,0\,0\\0\,1\,0\,0\,0\\0\,0\,0\,1\,0\\0\,0\,1\,0\,0\\0\,0\,1\,0\,0\\0\,0\,1\,0\,0\\0\,0\,1\,0\,0\\0\,0\,0\,1\,0\\0\,0\,1\,0\,0\\0\,0\,1\,0\,0\\0\,0\,0\,1\,0\\0\,1\,0\,0\,0\end{pmatrix}$$

规定 12 条标准的权重矩阵为：

$W_标=$（0.120.060.120.160.240.050.060.060.060.030.040.030.03）

规定 5 个等级的权重矩阵为：

$W_等=$（10.80.60.40.2）

则第一篇作文的最后得分即可以由下列公式计算出来：

$M=W_标*$［1/3＊（A+B+C）＊$W_等$＊100］=1/3*2.0108*100=67.00（分）

同理得到第二篇与第三篇作文的成绩分别为 73.4 分与 27.9 分。

与其他日常经验评定法和现行的高考作文评分法相比，发现这种方法在抑制评分者的嗜好、偏向等主观性的心理影响上和鉴别评分质量方面有它的独到之处，提高了评分结果的客观性与一致性。

关于矩阵评分法还有其他的变形运用，例如，我们 1987 年暑期采用附表二的评判表进行的评判结果就是 3×6 的矩阵，其中元素为 0 或 1。

其中的权重矩阵为 $\begin{pmatrix}9\,7\,5\,3\,1\,0\\8\,7\,5\,3\,1\,0\\8\,7\,5\,3\,1\,0\end{pmatrix}$

若每篇作文由 4 个人评判，则评判的结果可按下列方法运算：

首先按普通乘法把评判矩阵与权重矩阵中相应的各个元素对应相乘。设评判矩阵 A=（a_{ij}）3*6，权重矩阵 B=（b_{ij}）3*6，则乘积矩阵 C=（c_{ij}）3*6，其中 $c_{ij}=a_{ij}*b_{ij}$。然后再把乘积矩阵 C=（c_{ij}）3*6 的 18 个元素按普通加法相加，得到评判结果最后把 4 个评判者的评判结果再按普通加法总和即为该篇作文的分数。

总之，经过研究与试用，我们认为矩阵评分法有许多不同于传统数字印象评分法的优点，特别适用于评定书面作文、口头作文操作表演等综合性较大的试题，适应于现代教育测量与评价的要求，能更好地为教学与选拔人才服务。

附：作文评判表

评判项目	评判级别					
语言文字	文理不通	语言连贯性差，病句、冗句多。	语言基本通顺，但不够简洁，有少量语病。	语言通顺，略有冗句，用词正确，无明显语病。	语言连贯，清晰简洁，用词准确。	语言灵活，富于变化，用词贴切生动。
思想内容	文不对题	内容缺乏，或与题意无关的内容较多。	有中心，但不够明确，内容比较空泛，或有疏漏。	中心明确，内容基本上能覆盖题目的要求，或某部分比较充实，而另部分比较空泛。	中心突出，内容充实，全面。	（1）见解深刻。（2）能从多角度思考。有新意，有创见。（以上符合一条即可）
篇章结构	杂乱无章	层次不清，不会分段，或内容前后重复、交叉。	结构比较松散，有随意蔓延现象。	首尾完整、层次清楚，但不够紧凑。	结构完整，层次分明，组织得当。	结构严谨、层次分明，且层次内容联系紧密，注重连贯与呼应。

说明：在认真审阅之后，若您认为该篇作文在语言文字方面属于或接近于文理不通，则就请在"语言文字"这一行对应"文理不通"这列下面的空白处记上"√"。在思想内容方面，若您认为该篇作文属于或接近于是中心突出、内容充实全面，则就请在"思想内容"这一行对应"中心突出、内容充实全面"这列下面空白处记上"√"。以此类推，每一行要目只要打一个"√"就行。

试卷编号：

评卷员姓名：

评分时间：　　年　　月　　日　　时　　分

德育测评及其科学化研究的意义与作用 *

如何科学地测评德育工作的质量，这是历史遗留给我们的一个世界性难题。虽然自春秋战国开始，我国在德育学科许多领域的研究上就已取得了令世界瞩目的成就，但是在德育测评的研究上至今却还有很多空白。世界其他国家在德育测评的研究上也是步履艰难。然而，德育作为一种塑造与改造学生心灵和建设社会精神文明的系统工程，必然要求科学的德育测评作为其信息反馈的手段。德育工作的优化控制和当今德育整体改革的现实，已促使越来越多的人认识到德育测评对整个德育过程的调控作用，认识到加强德育测评及其科学化研究对整个德育深化改革的关键性、重要性与迫切性。

所谓德育测评，是德育测量与评价的总称。这种总称并不是"测量"与"评价"两个概念的机械相加，而是指一种建立在对德育信息测与量基础上的分析判断。它实质上是一个特殊的认识过程，是一种能动的反映过程。在这个过程中，测评者通过测与量的活动，获得所要搜集的德育信息，然后将它们与确定为标准的东西进行比较认识。数量化只是德育评测过程中采取的一种基本手段，德育测评的关键是要想办法花费尽可能少的人力物力获得尽可能准确全面的德育信息和测评结果。与德育评估、德育评价相比，它更加强调比较判断要以准确客观的事实数据为依据、定性定量相结合；强调德育测评过程及其结果的准确性与客观性，强调事实的"测"与数据的"量"，而不是"估"与"评"。在这里，"测"可以是用眼观测访问调查、量表评定、问卷探测；"量"可以是实质的量也可以是形式的量，可以是精确的量也可以是模糊的量；

* 原载于《中学教师培训》1992 年第 4 期。

而"德育评估"与"德育评价",均着重于"估"与"评"。无论"估"还是"评",社会实践中都容易因其字义而纵容主观性,忽视客观性与准确性。与德育考核、德育考评或德育评定相比,德育测评更加强调对整个德育过程的促进与调控功能;强调德育测评要贯穿整个德育过程;强调德育测评、诊断决策和反馈督促的功能;强调对包括工作与结果在内的整个德育活动的测评。德育考核、德育考评和德育评定,无论我们怎样对它们加以明确的学术定义,在社会与实践中都容易因其字义引诱人们只注重其"考"与"定"的功能,注意对最后德育结果的考核与评定,注重期末或毕业时实施的德育测评,甚至容易把它作为管卡压的手段。因此,我们主张采用德育测评这一概念。德育测评及其科学化研究有着重要的理论意义与实践作用。

首先,德育测评的研究及其科学化能够强化德育的内部机制与功能。有人总是在那里抱怨人们轻视德育、放弃德育,因而要求党政领导重视德育工作,把德育摆在首位,甚至采取行政法规上的措施来保证德育的首位性。这显然有其一定的合理性,但多年的实践证明,光是依靠行政命令从外部来强化德育,是远远不够的,也许可以一时奏效但却持久不了。因而尽管天天喊德育放在首位而最后却被放在一边。要强化德育工作,非常重要的一点是要注意从德育内部来健全与强化德育的机制与功能。德育测评,虽然说是德育过程的最后一个环节,但它对整个德育过程却起着一种调控作用。它既是德育工作与德育效果的接合点,又是德育工作与德育价值的接合点。科学的德育测评,不仅能为德育目标的正确制定,为德育内容的正确选择、德育方法和德育措施的有效选取提供客观的依据,而且还能够使德育的效果与价值得到社会公正的评估与承认,能够从根本上改变德育一直处于软、弱、涣、散的落后状况。长期以来,由于缺乏一种科学的德育测评方法,使德育这种艰辛的劳动价值得不到及时客观公正的反映,因而在学校内部总是流于德育说起来重要、做起来次要、忙起来不要,在学校外部人们无法认识德育的客观效果与价值性,德育工作被认为可有可无,被社会所轻视。由于最后的升学、毕业和就业对品德缺乏严格科学的测评,因而平时学生与家长,甚至学校都不愿意把大量的人力物力投入到学生品德的教养与自我修养上,仅以不犯法为标准。因此加强德育测评的研究,能够从根本上改变家庭、社会、学校及学生本人对德育的轻视态度,促使其对德育工作的自觉改进，强化德育的内部机制与功能。

其次，德育测评及其科学化研究是德育成为独立实体中所不可缺少的支柱之一。德育要成为一个独立的实体，无疑需要有独立的组织机构、专职的人员队伍和完备的设施场所，需要有足够的经费投资和科学的德育学科体系，但我们认为更需要德育自身有一套科学的测评系统，能够对德育工作的各个环节予以调控与指导。德育测评相对整个德育体系的具体来说，就好比是其脊梁骨，它连接支撑着德育系统的各个部分。缺乏德育测评的德育虽然也可以是一个实体，但却是软弱的、无法独立的实体。具有科学测评系统的德育，将能自我检查其组织机构和设备场所是否完善，人员队伍是否合格，经费投资是否合理；能知道德育的内容和方法是否科学，德育的质量是否达到要求，再也不会被人牵着鼻子走，心中无数，人云亦云。

最后，德育测评及其科学化研究对德育学科的完善与发展有着关键性的作用。由于德育测评课题研究的复杂性与困难性，以前所出版的德育学对德育测评的研究一直是处于空白状态。近来虽然刚出版的少数著作有所论及，但内容甚少，有也是借鉴国外与心理学科的多。不论从德育学的理论体系上来看，还是从德育实践上来看，德育测评都是必不可少的重要部分，因此德育测评的研究可以弥补德育学科体系中德育测评方面的空白。从德育学科完善发展的方法论角度看，德育测评研究及其科学化也有重要意义。马克思经典作家曾经说过，任何一门学科的科学化都是以应用数学为标志。德育学科虽然不像自然学科，难以数量化，但是借助德育测评能够帮助我们较为客观而准确地认识德育现象及其规律，把德育学的研究建立在可靠的事实基础上，这对于加速德育学科自身的科学化，无疑会起着关键性的作用。回顾四十年德育学科发展的历史，不难看到我国德育学的研究基本上是停留于主观思辨与经验描述，缺乏以德育测评为基础的科学依据。国外在德育学的研究方面之所以能够有突破性的进展，一个重要的原因就是他们善于把自己的研究建立在德育测评的基础上，以科学的事实数据为根据，因此，我们要充分认识德育测评及其科学化研究，对整个德育学科建设的方法性作用。

品德测评量化中的若干理论问题 *

    品德测评量化，是目前品德测评理论与实践中亟待研究的一个关键问题。品德测评的科学化与现代化，在很大的程度上依赖于品德测评的量化。然而，品德测评量化对人们来说还很陌生，其可接受度远不如智能测评的量化。对于品德测评能不能量化、该不该量化的问题，人们还持有不同的观点。对于品德测评如何量化，人们也缺乏经验。因此，有必要对品德测评量化的问题进行讨论，以求取得共识。否则，认识上的模糊与实践中的盲目，将会严重影响我们对品德测评问题的深化改革与实践研究。

一、品德测评量化的可能性与必要性

    品德，是指一个人依据社会思想观点、政治准则（包括法制）和道德规范在言行中表现出来的一些经常的、稳定的特征和倾向。如果这一定义成立的话，那么我们可以由此再扩延一点，把品德视为是关于个体在思想、政治、道德、法制、心理健康等方面行为特征与倾向的总和。

    显然，品德特征有存在与否及明显与否之分，行为倾向有存在与否及强弱之别。就行为特征与倾向的经常性、稳定性来说，也存在程度上的差异。每周做一次好事，一个学期下来也够上"经常"，而每周做四件好事，一个学期下来同样也够上"经常"。然而后一个"经常"的程度却是前一个的 4 倍。正是因为不同学生的品德之间，存在着这种数量与质量上的差异，才使教师可以对

---

    * 原载于《教育评论》1993 年第 4 期。

他们进行不同的测评。

品德数量与质量的表征形式可视为品德行为表现的频率及其社会价值。品德行为的数量像其他任何事物一样，往往就是该个体品德本身所固有的一种规定性，是对某种内在德性的表征，它不一定是那么绝对精确和保持不变。但却具有一定的概率不变性。我们对品德行为的这种数量认识虽然有时难以把握，但这种数量认识却能够使我们对品德特征的认识得到继续与深化。

任何事物的质与量，都是可以相互转化的，一定的质变可以看成是由量变产生的，所谓"积善成德"就是一个例证。这启示我们，客观上必然存在某种转化机制，可以把品德中的质转化为量的形式，可以从量的形式中揭示品德的质，去揭示整个品德的本质与面貌。品德测评的研究任务就是要去寻求这种转化机制，品德测评的量化是这种客观转化机制的一种具体表现形式。建立这种品德测评量化转化机制的关键在于寻找或确立介于量与质之间的度。品德特征中的质能否通过量去测评，或者说品德特征中的量能否正确地揭示品德特征的质，都取决于是否寻求到了或确立了品德特征量与质之间转化的节点数值。当这种节点数值确立得越真实越客观时，则品德测评量化的效果就越佳。在当前品德测评量化的实践中，人们对于这种节点数值的确立常常带有一定的习惯性或主观性。由于各人的背景条件不一样，每一个测评者头脑中实际建构与操作的质、量、度体系不尽相同，品德测评量化的任务就是要使这种不尽一致的程度减少到最低点。

由此可见，质量统一规律为品德测评量化提供了必要性的理论依据，而质量互变规律为品德测评量化提供了可能性的理论依据，质量分析中度的理论则为品德测评量化提供了突破口。

二、品德测评量化的实质与功能

品德测评量化的实质是什么呢？从哲学角度看，品德测评量化就是通过测量手段来揭示品德的数量特征与质量特征，使人们对品德有更深入更本质的认识。从数学的角度看，品德测评量化就是通过品德测量法则，把个体稳定的行为特征和倾向空间，与某一向量空间建立同态关系，使定性评定中无法综合处理的行为信息，可以得到统一的数量处理，使测评者对不同个体品德的心理感觉差异反映于数量差异之上，进而综合反映个体品德的差异与水平。

品德测评这一特定的社会现象，可以说主要是由三个部分构成，这就是个体行为空间、同态映射与测评向量空间。

所谓个体行为空间，通俗地说就是某学生某一时期（某学期或某学年）品德行为的总和。假如我们同意学生在该时期内表现的任何一次品德行为，都可以通过时间、地点、背景、动机与效果等变量进行刻画的话，那么学生的任何一次品德行为，就都是由时间、地点、背景、动机与效果五个坐标参数决定的五维向量（向量在这里既有数值大小之分又有方向不同的区别）。任何一个学生在整个学期或学年的所有品德行为就构成了一个特定的行为向量群。同一方向上或相近方向上的行为构成了特定的行为向量子群。由于每个学生在某一时期内的品德行为都是有限的，故个体特定的行为向量群都是有限的。

所谓测评向量空间，通俗地说，就是品德测评结果中能选择的空间。例如同一个班主任对其所有学生的操行评语就是一个向量空间。如果我们同意任何一条评语均可以由内容与程度刻画的话，那么其中任何一条评语就是一个二维向量。在当前品德测评实践中常见的测评向量空间，主要是三种，一是评语向量空间，二是分数向量空间，三是图像向量空间。评语向量空间是多维有限的，分数向量空间是一维有限的，图像向量空间也是多维有限的（图像向量的方向定义为曲线变化率总和）。

所谓同态映射，通俗地说就是个体行为空间与测评向量空间之间的对应关系，通过这种关系，个体行为空间中任何两个行为的关系及其分析综合，都能通过测评向量空间的对应向量进行运算或加以表征。在当前品德测评实践中常见的同态映射，有随意同态映射与控制同态映射、计算机控制同态映射与人工控制同态映射。例如，没有具体标准的操行评定或等级评定，则基本上就是一种随意同态映射。电脑辅助品德测评则是属于计算机控制同态映射。制定统一的品德测评标准和测评方法，则属于人工控制同态映射。现行各种品德测评方法中所建构的同态映射，大多数是主观规定的，当这种主观规定的同态映射比较客观地反映了行为空间的特点与规律时，所得出的测评结果就比较客观真实。

品德测评的实质就是通过建构较为科学的同态映射，把行为空间的复杂分析与综合，转化为测评向量空间中较为简单的分析与综合。品德测评量化的实质，就是通过品德行为测评法则（包括测评标准与方法），把复杂纷乱的行为群投射变换为简单有序的分数列，大大提高了测评的效率与效果。

目前人们对个体品德的认识与评定，大多还处于个体的感觉体验阶段，其中许多测评虽然有一定合理性，但却都局限于只能意会不能言传的第六感范围，语言难以表述。所作认识与评定还处于自我封闭状态，无法上升扩展到自我以外与群体的共识测评中。这种感觉体验性的测评，由于缺乏简便的物化手段，总是随测评者个体感觉的消失而消失，随着测评者个体经验多寡而不同。借助于量化手段，品德测评则能够从测评者个体感觉经验的局限中跳出来，由个体的感性测评上升到群体的理性测评，由模糊混沌的体验测评转化为明确清晰的测评。

品德测评的量化，除了方便简洁物化表述功能外，还有以下几个具体的功能与作用：

（1）使品德测评的对象及其信息得到统一的数学表征，减少记忆负担，保持信息传递载运的客观性。

（2）使品德测评的对象及其特征信息有可能进行数学上的统一转化与运算，减少综合分析过程中的主观影响，增加测评过程及其结果的客观性。

（3）使品德测评对象及其过程有可能进行数量分析，提高测评结果的准确性与可靠性。

（4）使品德测评对象及其过程有可能借助计算机等技术实现测评现代化，提高品德测评的效率与效果。

尽管我们提倡品德测评量化，认为量化有助于品德测评的科学化，缺乏量化的品德测评够不上科学的品德测评。但这并不等于说，品德测评的量化本身就是品德测评的科学化。凡是进行了量化的品德测评就成了科学的品德测评，凡没有量化的品德测评则毫无科学之处。品德测评量化本身有科学与不科学之分，只有建立在对品德因素的质与量正确认识基础上的量化才是科学的。品德测评量化的主要功能，在于使我们对品德测评对象及其特征信息，能够客观化、符号化、等值化，便于采用数学方法与计算机技术进行客观的综合、分析与推断，加强与提高品德测评的科学化与现代化。

三、品德测评量化的主观性与客观性

品德测评的量化既是主观的又是客观的。对于品德中客观存在的数量特征（例如行为的次数、频率等）的量化则是客观的，而对于品德中的许多质量特征（例如好与坏的程度、尊敬师长的程度等）的量化，则是主观的。然而，在这种主观量化中却存在客观的因素，其客观性体现于量化对象质量差异的客观存在性与数量关系的客观存在性，体现于量化法则的统一性与测评者感觉的恒常性。这种品德测评主观量化的客观性，当测评对象差异较大时更为突出。好的学生全班学生几乎都会评他好，而差的学生全班学生则几乎都会评他差。

品德测评量化的主观性，主要体现在量化法则的主观规定性与测评者认识的主观性上。由于目前国内对学生各项品德的测评，还没有较为客观的测评指标，没有科学的测试手段与有关的统计指标，确定各项品德测评的分数，各学校只能靠自己的主观经验权衡，其主观规定性还明显地体现在品德测评指标体系内容及其各项指标采分值上。同一年级的学生，不同学校则规定不同的品德测评指标内容；同一品德测评指标，不同学校则给予不同的采分值。

主观量化的这种规定性不仅存在于社会科学领域，在自然科学中同样存在。但是这种主观规定的品德测评指标一旦形成，如果大家能够对它形成统一的认识与理解，并自觉严格地执行操作，则主观的规定就具有客观的效用，成为客观的东西。

如果有人想在品德测评的量化中去追求那种绝对的客观量化，追求全部的客观量化，那么这既不可能也不现实。品德的载体是诸多的具体行为，它们都是个别、离散地分布于个体活动的整个时空中。品德测评的具体对象不是品德行为本身，而是蕴藏于其中的德性特征。品德测评不是对单个行为的测评，而是要求把相关的品德行为"聚集"在一起，并由此"分离"出其中的德性。要完成这种"聚集"与"分离"的工作，目前只有依靠测评者的主观能动性。品德测评的量化，并非一种纯定量的量化，它实际上是一种定性基础上的量化。品德测评者对每项指标分数的测评，都要经过反复多次的综合与分析。要对诸多行为的内在德性进行抽象和概括，凭着自己的经验感觉并与有关标准反复比较衡量后才能给定。想在这种测评过程中完全排除人的主观性是不可能的。

虽然追求绝对的客观量化是不可能的，但是控制量化过程中的主观性却是可能的。要把品德测评量化中的主观性控制在最低点，关键在于对品德测评指标内容及其采分规定的客观化，在于对测评者认识主观性的控制。要达到这一控制目的的有效办法是，尽可能采用客观化的标志来规定品德测评指标的具体内容，同时采分的标准尽可能确定在一般测评者的感觉阈限之上。

四、品德测评量化的内容与形式

品德测评的量化形式，从理论上来说有一次量化、二次量化、类别量化、顺序量化、等距量化、比例量化、模糊量化与当量量化等不同形式。

一次量化与二次量化。什么是一次量化与二次量化，人们对此似乎还解释不清。我们认为其中"一"与"二"可作两种解释。当"一"与"二"作顺数词解释时，一次量化是指对品德测评的对象进行直接的定量刻画。例如违纪次数、捐献给灾区人民的钱物数、坚持为"五保户"买煤的时间等。一次量化的对象一般具有明显的数量关系，量化后的数据直接揭示了品德测评对象的实际特征，具有实质性意义，因而也可称之为实质量化。二次量化指对品德测评的对象进行间接的定量刻画，即先定性描述后定量刻画的量化形式。例如学生的礼貌行为，先依据品德测评的标准要求，用"做到""基本做到"和"没有做到"三个词进行定性描述，然后再用"5"表示做到，"3"表示"基本做到"，"1"表示"没有做到"。这样，对学生的礼貌行为测评就实现了量化。这种量化就是我们所说的二次量化。二次量化的对象一般是那些没有明显的数量关系，但是有质量或程度差异的品德行为特征。如果量化的结果并没有直接揭示量化的内容，换句话说，当量化的表现形式与量化的具体内容并不存在任何实质性的数量关系时，我们将把这种形式的量化称之为形式量化。当"一"与"二"作基数词解释时，一次量化是指品德测评的量化过程可以一次性完成，品德测评的最后结果可以由原始的测评数据直接综合与转换得到。二次量化则不然，它是指整个的品德测评量化过程要分二次计量才能完成。

类别量化与模糊量化。类别量化与模糊量化都可以看作是二次量化（第一种解释的二次量化）。所谓类别量化，就是把品德测评对象（既可以是具体的行为与特征，也可以是学生的整个品德）划分到事先确定的几个类别中的一个去，然后每个类别均赋以不同的数字。这种品德测评量化的特点是，每个测评对象仅属于一个类别，不能同时属于两个以上的类别。量化是一种符号性形式量化，"分数"在这里只起符号作用，无大小之分。模糊量化，则要求把品德测评对象同时划分到事先确定的每个类别中去，根据该对象的隶属程度分别赋值。这种品德模糊量化的特点是，每个测评对象同时且必须归属到每个类别中，量化值一般是不大于1的正数，是一种实质性量化。由此可见，模糊量化的测评对象是那些分类界限无法明确，或测评者认识模糊和无法把握的品德行为与特征。类别量化的测评对象则是那些界限明确且测评者能完全把握的品德行为与特征。

顺序量化、等距量化与比例量化。在同一类别中常常还需要对其中的诸品德测评对象进行深层次的量化。这就是顺序量化、等距量化与比例量化，它们也都可以看作是二次量化。顺序量化，一般是先依据某一品德特征或标准，将所有的品德测评对象两两比较排成序列，然后给每个测评对象一一赋以相应的顺序数。顺序量化使品德测评对象可以进行名次优劣比较。等距量化比顺序量化更进一步，它不但要求品德测评对象的排列有强弱、大小、先后等顺序的关系，而且要求任何两个品德测评对象间的差异相等，然后在此基础上才给每个测评对象一一赋值。等距量化可以使品德测评对象进行差距大小的比较。比例量化，则又比等距量化更进一步，它不但要求品德测评对象的排列有顺序等距关系，而且还要存在倍数关系。品德测评比例量化可以使品德测评对象差异进行比例程度的比较。

当量量化。在品德测评的量化过程中，我们常会遇到对于不同类别（或者说不同质）的对象如何综合的问题，类别量化仅起了给测评对象"数值"分类的作用，并没有解决其量化后的综合问题，因此类别量化之后常常需要再作当量量化。所谓当量量化，就是先选择一中介变量，把诸种不同类别或并不同质的品德测评对象进行统一性的转化，对它们进行近似同类同质的量化。例如各项品德测评指标的加权，实际上就可以看作是一种当量量化。当量量化属于一种主观量化，其作用是使不同类别不同质的品德测评对象可以得到量化，能够相互比较和进行数值综合。

五、行为的表面性与思想动机的隐蔽性

任何个体的品德，均由外层行为表现与内部思想动机构成。品德测评的量化，应以什么为直接对象呢？要保证品德测评的客观性与公正性，以及提高品德测评的科学性、可靠性，我们必须选择个体的行为表现作为量化的直接依据。在品德结构中，思想动机是内在的，是看不见摸不着的，除行为主体本身之外，其他人无法感觉与判断，因此它们不便也不宜作为品德测评量化的直接依据。然而，当确认行为表现为品德测评量化依据之后，其深层次的思想动机、情感信念以及个性如何测评呢？

品德对于测评者来说是一个灰色系统，其表层是可以观察到的行为，但其内部却是一个看不见的"黑箱"。"黑箱"理论启示我们，可以从输入与输出形式的比较分析来探测内部"黑箱"，也可以从输出的形式来探测内部的"黑箱"。个体品德的输入形式涉及家庭、社会与学校许多有形的与无形的教育影响，无法计量。因而，我们可以采取其输出形式的探测方式，个体品德的输出形式显然就是其行为表现。

按照"黑箱"理论，品德内部的思想动机、情感信念与个性倾向都会通过行为表现的方式输出。虽然单个的行为常常不足以测评深层次的品德，但联系大量的系统的行为表现群进行分析，则往往可以充分地看出其行为的特征倾向，推断其内部的思想动机、情感信念与个性倾向。

值得注意的是，"黑箱"理论所揭示的输出是就一般意义上说的，指的是个体品德的全部输出形式。对于有限的时间内、有限的范围与空间内，尤其是对于特定的测评者，深层次的品德因素是否会全部以行为表现的形式输出并被测评者观察到呢？这显然是难以肯定的事情。因此，日常观察评定下的量化测评结果，只能是对品德测评的近似值。我们必须借助于一些较为科学的品德测评方法进行优化观察，或进行情境投射测评，引发内部品德因素。只要是较为稳定的思想动机、情感信念与个性倾向，只要外部刺激适当，必然会以行为

表现输出。

对于个体思想中极少数的"流念"，由于它们稍纵即逝、大多数又是由情境因素或偶发因素引起，我们一般不把它们包括在品德测评对象之内。

六、分数报告的抽象性与特点反映的具体性

有人认为评语报告，别人一看就知道学生的品德好在哪里差在哪里，应该朝什么方向努力。评语具有这种明确性，而量化的分数因过于抽象还需要一番以一定的知识为前提的"理解"。此外，两个均为 72.5 分的学生，其品德状况绝非完全相同，但量化的分数却不能表明这一事实，而评语却能办到。

显然，这种意见暴露了品德测评量化中分数报告的抽象性与特点反映的具体性要求的矛盾，对于这种矛盾问题我们要作具体分析。首先，当品德测评的结果是为考核评比服务时，我们对品德测评信息的了解，一般是侧重于客观与总括性的大致了解，并不需要作具体详细的情况了解，分数报告基本上能够满足这种要求，相反从评语中却常常难以比出个高低。其次，人们之所以觉得评语明确而分数不明确，也有个习惯问题。对于学科的学习成绩测评，其报告历来都是采取分数形式报告，但大家基本上一看分数就知道其学得如何，人们也没有因为评语比分数更明确而改用评语去报告各学科的学习成绩。最后，品德测评总分相同而品德状况绝非完全相同的两个学生，也并不一定只有用评语报告才能办到，而采用量化分数形式就办不到。当我们采取分项指标测评分数报告与总分报告相结合的形式时，就可以将这两位学生相互区别开来。

不过，当我们的品德结果主要是用于问题诊断时，测评结果最好以测评分数报告并辅以有关评语说明。当我们的品德测评结果主要是用于个性特点分析时，当然以评语报告为宜了。

总之，品德测评中的量化是整个品德测评理论与实践中一个十分敏感而又困难的问题，人们对此还有许多争议与看法，以上所提及的六个问题仅仅是所有品德测评量化理论与实践问题的一部分。在这里所作的探讨也是初步性的，还有许多问题有待于大家共同去深入研究。

高师思想政治教育评估原则初探 *

高师思想政治教育评估是一个复杂的系统工程。因此必须有一些基本的评估原则作指导。我们认为，在高师思想政治教育评估的实践过程中，有以下几个原则必须遵循。

一、方向性原则

方向性原则是指整个思想政治教育评估工作必须前后一贯，始终与思想政治教育方向保持一致。而且，要注意利用评估目标的导向作用，使学校的思想教育工作的方向、学生思想品德发展的方向和师范教育目的所规定的方向相互一致。这一原则是我国师范教育的社会主义性质所决定的，是思想政治教育评估的导向功能所决定的。

我国师范院校的思想政治教育具有明显的统一性与计划性，要求整个思想工作坚持社会主义方向，使培养出的学生能真正成为忠诚于社会主义教育事业的人民教师。因此，评估工作须与师范教育的目的、与整个学校的思想政治教育工作保持一致。这样，评估的导向功能才能够正向发挥作用，才能够把学校思想政治教育工作及学生的思想品德的发展引导到正确的方向上。

方向性原则的贯彻，应该注意充分体现在思想政治教育评估的各个环节和整个过程中。例如，体现在对评估内容的选择、标准的确定、目标体系的设计、权重的分配和结果的解释等环节上。其中评估目标体系的内容设计与权重

---

* 原载于《赣南师范学院学报》1991 年第 5 期。

分配是贯彻方向性原则的两个关键环节。

二、教育性原则

教育性原则是指评估者在评估过程中要注意发挥高等师范院校思想政治教育评估的教育作用，使评估成为一种教育的活动而不仅仅是一种评定活动。

这一原则是高等师范院校思想政治教育过程的规律及其评估的性质所决定的。思想政治教育过程是一个长期反复与不断提高的过程。大学生的思想品德还是处于形成发展的时期，思想品德还不稳定，加上经验不足、能力较差，他们的思想品德容易受环境影响而发生变化。因此，思想政治教育评估对学生目前的不足不能妄加"定罪"。另外，我们的评估始终要注意强调它是思想政治教育工作中的一个环节，是为思想政治教育工作服务的。因此，我们的思想政治教育评估应侧重于改进和促进高等师范院校的思想政治教育，而不是对它们起干扰或破坏作用。

教育性原则的贯彻，首先必须重视发挥评估客体（被评估者）自我评估的积极性与自觉性。无论是对学校思想政治工作的评估，还是对学生思想品德的评估，都应在自我评估的基础上进行，都要注意调动学校领导、教师和学生参加评估活动的积极性。切忌使评估客体或被评估者看成是被动地接受检查，并注意防止评估客体产生抵触情绪。

在思想政治教育效果或思想品德水平的评估中，评估客体本身的自我评估及其对评估所持的态度，对评估结果的准确性与客观性有着很大的影响。因为评估客体本身积极参加评估能够为评估提供更加全面、更加丰富和更加准确的评估资料，从而能够使评估结论有更加客观的评估依据。同时，评估客体积极参加评估，也有利于改进思想政治教育工作、引起评估客体及其有关主体的重视与努力，调动一切积极因素。

其次，贯彻教育原则，还应把评估与指导结合起来，使评估与第三者都能够真正理解评估的结论、明确改进教育工作的方向或自己所应努力的方向，增强信心，改正缺点，纠正错误。评估之后给予一定的指导，对学生来说更具有重要的意义。青年学生对于自己的缺点与不足容易失去克服与改进的信心，对于自己的优点与成绩，则又容易产生骄傲自满的情绪。如果在评估的同时辅之以具体的指导，则思想政治教育工作评估就真正成为一种教育活动。

最后，贯彻教育性原则，还要注意正确处理与利用评估结果。例如，若把评估结果以张榜排名次的形式公布出来，则思想政治教育评估就很可能失去它良好教育作用。

三、客观性原则

客观性原则是指在制订思想政治教育评估方案、建立评估目标体系及其开展评估活动时，都必须符合思想教育活动及思想品德形成的客观规律。

这一原则的提出，是由思想品德本身的特点以及评估的内在要求所决定的。如果思想政治教育评估缺乏客观性，仅凭个别人的主观臆断，那么，评估对于思想政治教育工作不但不能起促进作用，反而会起阻碍或消极作用。

客观性原则的贯彻，首先要求评估目标体系本身的制定具有科学性，要求目标体系能够反映评估的对象和评估的内容本身的特点。

其次，要求评估方法合理，与评估的客观需要相适应。有人认为，思想政治教育评估的客观性就是定量性，量化的程度越高，就说明客观化的程度越高。他们忽视了思想政治教育活动和思想品德本身的特点。毫无疑问，数学方法本身的科学性与客观性是不容置疑的。然而方法本身的客观性并不等于评估结果的客观性。例如，当我们用一个天秤去测量一个物体的体积时，虽然天秤本身具有非常客观的标准，但我们不能因此说由它所测得的物体的体积结果也是准确的。因为当物体的比重发生变化时，重量与体积之间并不存在正比例关系。因此，一方面我们在评估过程中，要尽量采用模糊数学与统计学的理论与技术，对获取的信息尽可能地量化，使评估的结果尽可能客观、准确，避免主观随意性。但另一方面，因为思想政治教育是一种改造与塑造学生思想品德的社会活动，其过程十分复杂，其成果又是精神产品，因此评估又不宜过分追求数量化，而应把评估结果的量化、评估结果的解释和品德特性的评语很好地相互结合起来。

最后，实施评估时，要注意控制无关因素及主观因素的影响，保证评估过程的客观性。评估的客观性将使评估的结果能够得到社会舆论、领导、教师及全体同学的一致拥护与赞同。实际上，只有当评估的结果获得了整个集体和社会的一致支持的时候，评估才有力量，才有权威，才能对思想政治教育工作起评定促进的作用。

四、行为性原则

行为性原则是指思想政治教育评估要以行为为根据，统一考察评估客体行为的效果与动机。这一原则是根据思想品德本身的特点及其内在要求提出的，也可以看成是学生个体在某一时期内行为特征的总和。思想政治教育评估是以行为为评估的直接对象。离开了行为，评估就只能成为一种主观臆断，就会失去它的客观性。

行为性原则的贯彻，首先，要求我们的观察既要全面，注意学生的全部行为，又要抓住那些最能说明问题的关键性的行为。其次，要注意观察的时间与场合的选择。要从家庭、班级、娱乐场所、邻居朋友等学生经常活动的客观环境中去了解。再次，要运用科学的方法来观察学生的行为表现。例如，借助检核表、评定量表及录音、录像等现代化技术，以保证观察的客观性与准确性。最后，要注意透过行为现象分析把握行为的本质，在评估行为效果的同时要分析其动机，特别注意从大量的行为表现中概括行为的本质特征。

五、综合性原则

综合性原则是指要用全面的和联系的观点去评估学生的思想品德及其所有思想品质因素，而不能孤立地去评估其中某几个因素。这一原则是根据思想品德的结构及制约思想政治教育效果的因素具有多方面性与多层次性所提出的。

综合性原则的贯彻，首要的是必须建立一套能全面系统地反映学生思想品德或思想政治教育效果的目标体系。

其次，要争取不同的方法来获取各种信息。例如，可以采取笔试的形式并结合思想品德课的教学考试来考查学生对思想政治教育有关基本知识的掌握程度，用问卷、谈话及观察等方法来考察学生的道德情感、政治情感和思想意识，用观察、调查等方法来考查学生的行为表现。然后，分析与综合以上几方面的评估结果，得出最后的评估结论。

值得注意的是，所有的思想政治教育效果的结构因素既是多方面的又是相互联系的，对各个因素单方面评估结果的简单相加并不能够得出有关学生思想政治教育效果的整体结论，而必须参考多方面的评估情况，参考学生行为的所有方面，参考同学、任课教师、政工人员及学生自己的评估结果，从思想政治教育效果整个时期的动态发展和横向的比较中全面综合地评估思想政治教育的效果。也就是说，贯彻这一原则，要注意时间与空间上的综合性，既要行为评估与认知评估相结合、个人评估与集体评估相结合、教师评估与各部门思想政治工作人员评估相结合，又要校内评估与社会评估相结合。

六、动态性原则

动态性原则是指思想政治教育效果的评估的目标体系要具有一定的变化性，这一原则是根据思想政治教育过程的规律及思想品德本身具有一定的变化性所提出的。

思想政治教育是一个受多种因素影响的劳动过程，其效果的形成与反映也有一个发展过程。另外，学生的思想品德处于形成与发展时期，会随着时间与环境的改变而不断地变化与发展。因此，作为思想政治教育过程中的反馈环节中的评估就应该反映这一客观事实。

动态性原则的贯彻，首先，要求思想政治教育评估者要不断地检查目标与评估工作，以使及时地对评估目标和评估工作作出适当的修正或调整，以适应与满足思想政治教育要求的变化性。其次，对评估目标的内容及权重要予以相应的调整和变化，以适合于对不同年级特征学生品德或不同阶段思想政治教育的评估需要。最后，评估思想政治教育工作的效果，不能凭一时一事作判断。而要看被评估者的过去、现在和将来的发展全过程。既要看被评估者原有的基础，也要看其进步与发展的趋势。同样，评估一个学生的思想品德，也要既评估他现在已达到的水平，这叫静态评估，但同时又要纵观学生的过去情况、预测他将来的发展趋势。尤其要注意评估学生或被评估者自我修养的态度与能力。因为自我修养的态度与能力是被评估者思想政治教育效果得以进一步巩固与发展的动力。只有注意贯彻动态性评估原则，才能通过对评估客体现有思想政治教育水平的评估去促进他们的自我修养，发挥评估的教育作用。

七、可行性原则

可行性原则是指思想政治教育评估要简单方便，能为人们所普遍接受。这一原则是由评估工作的实践要求所提出的。思想政治教育评估的可行性，在一定的程度上将决定它能否进一步在更大的范围中开展起来。

可行性原则的贯彻，首先要求评估者从实际情况出发、分层次分类别进行评估，使评估的结果相互具有可比性。

其次，制定的目标体系要适宜于评估需要。若目标体系过于繁琐、主次不分，则评估工作十分麻烦，造成不必要的时间与精力浪费。若目标体系过于简单，则又不能反映评估对象或评估内容的全貌、有失偏颇。同时，按照这种目标体系评估的结果必然是片面的，会把思想政治教育工作及学生的发展引到死胡同或错误的方向上去。

最后，整个评估过程要力求简化，做到简易可行，切忌复杂繁琐。总之，从制订评估方案、确定评估对象、建立评估目标体系、选择获取评估信息的方法、对评估信息的统计分析以及评估结果的运用与解释，都要从实际出发量力而行。

八、有序性原则

有序性原则是指思想政治教育的评估目标的内容及标准的规定，要根据学生年级特征发展的顺序螺旋式地排列。这一原则是根据思想政治教育内容的阶段性及思想品德形成具有一定的顺序性而提出的。

这一原则的贯彻，首先要求评估目标的排列要与思想品德的发展顺序及实践中人们评估的习惯顺序相适应。

其次，要求评估目标的权重分配要考虑到同一品质对不同年级学生的重要性与差别性。因为学生在不同的年级阶段会表现出不同的心理特征，针对这些不同的心理特征会授予不同的思想政治教育的内容。因而，学生在不同年级阶段中形成与表现的思想品德就会有差别。

最后，要求评估目标的结构排列要遵循学生思想品德形成与发展的自然顺序。因为虽然学生的思想系统处于不断变化与发展的过程中，但这种变化与发展不是随意的，而是依据一定的规律形成与发展的。在思想品德系统发展的总序列中，各子序列之间都存在着必然的有机联系。这种有机联系表现为序列发展的顺序不能颠倒，系统的发展不能逆转。例如，学生的专业思想的形成在总体上一般要先于政治意识与人生观的形成。因此，评估目标、结构排列应有不同的层次性与一定的顺序性。

当前品德测评实验改革的分析与思考[*]

学生品德测评方法，归纳起来最基本的有两种：一种是综合性的鉴定评语法，另一种是分解式的项目测评法。前者以传统的操作评定法为代表，测评结果一般是定性的评语。后者以目标分解评价模式为代表，测评结果往往是定量的分数或等级评定。目前我国各地试验与研究的大多是后一种，只是具体做法不同，不少地方大胆探索，结合自己工作的需要，在品德测评的各个环节上都有所改进、有所发展。

品德测评指标的内容，已由过去单独的政治思想表现，逐步扩充为对政治、思想、法制、心理等方面的行为特征与素质能力的全面兼顾；品德测评指标的研制方法，也已由过去简单的主观规定，发展为调查研究与统计分析相结合的科学研究。指标体系的条目有多有少，要求有高有低。多的有113条，少的也有9条。标准内容有的以最基本的行为规范与守则为要求，有的以理想或期望性品德目标为要求，而有的则以一般学生实际所能达到的品德水准为要求。品德测评指标的结构及其形式也多种多样。有精确规定性的分值标准，也有模糊规定或无规定的等级标准；有粗线条的单级指标列，也有具体可操作的多级指标群。为便于大家的直观了解，下面列举分析几个我国部分省市试验的实例。

北京市156中设置了9个品德测评指标：出勤、学习常规、服饰仪表、助人为乐、文明礼貌、爱护公物、遵规守纪、遵守公德、为集体服务。它们基本上是结合教育管理及德育要求而提出的。山东省教委设置了10项品德测评目

---

* 原载于《教育理论与实践》1993年第5期。

标 25 个测评指标。10 项测评目标是：自尊自爱、注重仪表、真诚友爱、礼貌待人、遵规守纪、勤奋学习、勤劳俭朴、孝敬父母、遵守公德、严于律己。它们基本上是综合中学生行为《规范》与《守则》提出的。浙江省设置了 16 个品德测评目标 50 项测评指标，内容基本上是综合现代德育要求与《规范》而提出的。上海市设置了 9 个品德测评目标 25 项测评指标，其内容基本上是根据德育大纲与社会要求提出的。广东省设置了 10 个品德测评目标 33 项测评指标，其内容包括政治、思想、道德以及个性的心理素质等方面。辽宁鞍山市设置了 14 个品德测评目标 53 项测评指标，内容包括政治思想、道德行为、个性心理素质和品德能力等方面。

以上所制定的品德测评指标体系虽然各不相同，但都有其合理之处，有其适当的依据。由此也许我们会问，究竟什么样的品德测评指标体系科学合理呢？有的人认为经过聚类，主因素分析等多因素分析得出的品德测评指标体系，必定是科学合理的。其实并不一定。多因素分析技术的功用，主要在于化繁为简，为指标体系的结构及其数目提供参考依据。其最后分析出的品德测评指标体系是否科学合理，在很大程度上取决于原始的品德测评指标体系是否全面合理，取决于数据的取样是否具有代表性、可靠性，取决于所选择的分析具体方法是否科学。如果科学合理的因素分析并不建立在全面可靠的基础上，那么分析所得到的结果必然既不科学也不合理。品德测评指标体系的内容，从目前实验改革的情况来看，趋向于包括政治思想，道德心理素质及品德能力几个方面。

在学生品德测评方法的研究方面，各地也都有自己的特色。例如湖南省教委制定的测评方法是，每学年末首先由学生自我测评，计算自我测评总分，并请家长签字，然后以小组为单位互相测评，要求负责小组互评的班干部将组内每个同学各项得分填入"互评"栏内，并计算总分。规定小组互评结果在上交班主任之前，班干部还可以就组评情况集体研究一次，对各组掌握的宽严尺度，对某一学生的测评是否恰当等向班主任提出建议，由班主任决定是否还复议，但班干部不得直接修改结果。班主任自己要在全面观察学生平时表现，征求班干部意见与了解任课教师意见的基础上，对每个学生的品德状况作出测评，并把结果登记在"师评"栏内，计算总分。

所有人的总分，规定满分为 100 分，测评采用直接记分法，每项指标的测评，既有等级区别又有分值规定，要求先评等级再定分。训练自测、互测、师测各总分后，按一定的权重综合汇总。其中小学低年级，不搞自测与组测，以班主任测评为准。小学中、高年级按 10%、15% 与 75% 汇总，初中按 10%、20% 和 70% 汇总，高中按 10%、25% 和 65% 汇总。90 分以上为优秀，75—89 分为良好，60—74 分为及格，0—59 分为不及格。此外还有奖惩测评规定。受省级以上表彰的学生可直接评为优秀，受县以上、省以下表彰的学生可在原评等级上再上升一等。反之有严重思想品德不良行为或违纪违法行为的学生，并且无改进者一律评定为不及格。

辽宁鞍山市中学生思想品德测评方法的具体步骤是，每周先由学生自测一次，然后交家长助测一次。每四周班主任在学校统一安排的时间内组织学生互测一次。考核定等级时，采用模评判办法，每条指标分优、良、中、差四个等级评定。对应每个等级，都有统一的标准规定和相应的分数规定。每学期班主任评定两次，期中一次，期末一次。自测、组测、家长助测、师测均按测评标准先评等级，后给分。最后按下列公式汇总：

学年总分 = 期中（自测 ×40%+ 家测 ×10%+ 组测 ×30%+ 师测 ×20%）× 40%+ 期末（自测 × 40%+ 家测 × 10%+ 组测 ×30%+ 师测 ×20%）×60%。

0—59 分为差，60—74 分为中，75—89 分为良，90 分以上为优。评为差的学生需经校长审核批准，签字盖章。值得一提的是，他们对学生自测的诚实度不要进行再测评。具体测评的标准与方法是：D=［前 13 个测评目标师测（或组测）总分 ÷ 前 13 个测评目标自测总分］×100%。

当 D ≥ 90% 为最诚实；75% ≤ D<90% 为较诚实；60% ≤ D<75% 为还算诚实；0 ≤ D<60% 为不诚实。班主任根据诚实程度不同按规定给以一定的分数计入品德测评总分中。

青岛市中学生品德测评的方法与上述两种都不同。其具体步骤是，首先按等级进行定性考核。每项测评指标的具体考核分成优、良、中、差四级。"优"的标准为对考核指标诸方面都做得很好，或在某一方面有突出表现；"良"的标准为对考核指标诸方面基本做到；"中"的标准为对考核指标诸方面大部分基本做到，但在某一方面有严重缺点；"差"的标准为对考核指标诸方面大部分不能做到，并在某些方面有严重错误或有轻微违法行为，且不接受教育。

现行品德测评方法利弊剖析 *

如何科学地测评学生的品德，这是广大中小学教师经常遇到而又苦于无法解决的一个问题，也是当前教育领域中讲质量、求效益急需解决的一个难题。在一定程度上，这个问题的解决取决于教师能否全面正确地掌握当前我国中小学在品德测评实践中所试用的种种方法，扬其所长，避其所短，正确地选择与运用适合于测评对象的各种品德测评方法。为此，我们从当前中小学品德测评研究与实践的成果中，概括出了以下十种测评方法，并对各种方法的利弊及其相互关系做了初步的比较分析。这些品德测评方法的概述、命名与分析都是试探性的，提出来共同研究。

一、整体印象评判法

所谓整体印象评判法，我们把它总结为：品德测评者根据自己平时对学生情况的了解及业已形成的整体印象进行某种价值性判断的一种方法。例如，期末班主任常常是根据自己平时了解的情况，对每个学生的品德作出优、良、中、差的等级评定所采用的就是这种方法。这种方法还被广泛地应用于日常教育与考核中。

整体印象评判法是其他品德测评方法的基础。其优点是方便可行，花费最小。它主要利用测评者平时观察所获得的信息，评判时不要做什么特别的资料收集工作。测评者注重学生的平时表现，注重最熟悉最清楚的行为现象。因

---

* 原载于《中学教师培训》1991 年第 5 期。

167

此，测评的结果具有一定的真实性。但是，这种方法带有一定的主观性与片面性，可靠性较差。

首先，整体印象评判法所依据的测评信息非常有限。它仅仅是根据测评者平时所听到或看到的有关情况进行评判。这种"听"与"看"常常是偶然的、无意的，从中所获取的信息也就只能是零碎的和片面的。其次，这种测评方法具有不可避免的主观倾向性。事先它没有明确严格的评判标准，测评者平时对测评信息的收集与记忆带有很大的随意性和主观选择的偏向性。不同的测评者对同一个学生的测评结果，其差异常常判若两人。最后，整体印象评判法最容易受到各种心理效应的影响。

二、操行评语鉴定法

所谓操行评语鉴定法，可以把它概括为：品德测评者根据自己对测评对象长期的观察了解，针对有关规范标准的内容用陈述句的形式，对学生某一时期的品德表现行为一一给出自己的鉴定意见。

这种方法大家是颇为熟悉的，应用也最为广泛。它既汲取了整体印象评判法的优点，又在一定程度上改进了它的不足。首先，使用操行评语法的人一般事先知道自己的身份与职责，会对测评对象做比较系统而有目的的观察与了解，主观随意性大为减少；其次，操行评语鉴定者一般要求由那些受过专门训练或者具有一定专业素养和具有一定观察鉴定经验的人担任，测评的结果比较准确、比较可靠；最后，它是依据一定的规范标准进行鉴定，测评的结果具有相当的规范性与针对性。此外，它对学生在各主要活动领域中的表现都有鉴定，比较全面。

然而，操行评语鉴定法在很大的程度上仍然还是以整体印象评判法做基础。每一条评语的鉴定仍然是以测评者个人对学生的整体印象为根据，只不过每次评语鉴定侧重某一方面而已，因而仍然还有相当的主观随意性。

三、操行加减评分法

所谓操行加减评分法，实际上可以把它看作是操行评语鉴定法的一种改进形式。在这种方法中，测评者根据德育目标对德育对象日常行为的要求，提出一系列评语式的测评项目，然后对每个测评项目作出一些具体规定，指明达到什么程度加多少分，违反到什么程度减多少分。每个学生都有一个相同的起始分数。①

操行加减评分法的特点是，把测评者对学生品德行为的质量评判转化为数量评分。对每条操行的评判都有统一的、具体的、差别明确的等级标准，大大改进了原来操行评语鉴定法的不足。

首先，操行加减评分法评定的结果比较客观，它使原来操行评语的"软"评判变成了"硬"评判。其次，能比较灵敏地反映学生在操行上的变化，并且使品德测评在选拔评比学生中发挥标准作用。因为操行加减评分法的测评结果最后是综合成单个的分数，不同学生的同一行为及其总评结果都能得到直接的比较。因此，品德测评的结果能够在评选当中发挥真正的标准作用。最后，操行加减评分法能够使德育工作、德育管理及品德测评综合一体，相互促进。

然而，操行加减评分法也有不足之处。例如，测评者使用不当，则容易出现以测评代替教育的做法。有的教师把操行加减评分法作为尚方宝剑，谁的行为合乎自己的要求则多给点分，谁的行为与自己分庭抗礼则多扣点分。有的教师甚至还把重扣分作为压"乱子"、治"顽皮"的法宝。实际上，品德测评只是德育过程的重要一环，操行加减评分法只是德育工作中的一种辅助手段，绝不能代替对学生进行深入细致的思想教育。另外，操行评判项目本身的表述、分数的分配及等级标准的规定也都还存在着主观随意性。

四、积分测评法

所谓积分测评法，一般是先将德育目标或德育要求具体化为一些操作行

---

① 具体实例请参考《中学生品德考评量化的尝试》（《教育理论与实践》1987 年第 1 期）。

为，并用具体项目表示。每个项目定出几个间隔相等的等级分数，事先予以公布，然后定期进行评判，最后累加起来即得到学生某一时期的品德分数。[1]

积分法实际上可以看作是操行加减评分法的一种改进。它具有操行加减评分法的绝大多数特点。不同之处是，它注意了把教育机制引入测评，变扣分的压抑性为积分的鼓励性，尊重学生，注重被测评者个人的自我测评，注意发挥家长、班主任与学生集体各自的优势，要求分块评定不同的方面与内容，从而有利于学生自我教育意识的增强，有利于学生养成民主的作风，有利于增强家长与其他教师的德育责任感与合作感。

但是，积分测评法在实践中容易出现偏向或评定矛盾。由于学生、家长和教师三方分工负责测评不同的内容，因此，有时三方评定的结果相互矛盾。例如家长评定很高，学生评定过低，总评平均一下则就偏低。有时某一方评分过高，其他几方评分适中，总评就会偏向高分一头。

此外，积分法像操行加减评分法一样，列出的项目再多也无法穷尽学生千姿百态的行为表现，而且，项目一多测评就显得非常繁琐了。

五、加权综合测评法

这种方法是建立在操行加减评分法与积分法的基础上，在最后总评时给不同的评判项目、不同的评判主体及其在不同时空中评判的结果以不同的比重，以此来显示各自在最后总评中的重要性。[2]

这种方法的优点是，以统一确定的数学模型保证了各种测评因素（测评主体、测评项目、测评时间、测评空间等）在总评中能真正发挥其适当的作用，以改进前面操行加减评分法与积分法的不足。例如，在操行加减评分法及积分法中，每个评判项目在总评中常常是等量齐观的。然而各个评判项目在不同时期中，在品德发展的不同阶段及总体德育目标中，实际所起的作用并不是相等的。因此，通过不同权数把它们适当区分开来就显得更为合理与科学。

---

[1]　具体实例请参考北京师大科研组制定的《学校政治思想道德教育大纲》。

[2]　具体实例请参考《湖南教育》1987 年第 7—8 期。

而且，通过给不同主体分配适当的权重，把它们合理地统一起来，就能始终如一地保证各方测评结果在总评中的公平地位。即使各方评定的结果相互矛盾也能按各自权重协调解决。这种方法的缺陷是，有时难以定出一个合乎实际情况的、合情合理的权重分配方案。因为各个学生处于社会空间中的不同位置，有关的测评因素对于他们的关系也十分复杂，因此，难以用一个固定的权重分配数学模型进行统一描述。

六、模糊数学综合评判法

所谓模糊数学综合评判法就是汲取与应用模糊数学中综合评判的思想，全面合理地考虑到所有影响测评对象的因素，采取模糊计量法，通过计算的形式来得出测评结果的一种品德测评方法。它有五个基本操作程序：（1）制定品德测评项目体系；（2）使各测评项目量标化；（3）选择并组建测评团体；（4）进行模糊测评计量；（5）进行模糊综合评判并确定最后评定等级。[1]

在模糊综合评判法中，其设置的测评项目要求在方向上与德育目标或任务相一致，在内容上与德育内容、学生守则及规范相一致，在表述上与测评对象的表现行为特征相一致。测评中有明确、具体、可操作的目标，使不同测评者的评判有一个统一的"标尺"。在模糊综合评判法中，其评判有具体统一的参照标准，判断的方式汲取了整体印象评判法的等级评判方式，以等距模糊量词"好""较好""一般""较差""差"作为评判的级别，以区别本质上不同的测评对象。另一方面它又采用模糊集合元素及时客观地记下了判断的结果，既能恰如其分又减轻大脑的记忆负担。模糊综合评判法以模糊数学作为基本工具，不但可以对所观察到的现象进行客观而恰当的量化描述，而且能够通过它，把测评者关于品德表现大量的、分散的和模糊的认识转化为集中的精确判断，从现象测量深入到本质评价，集经验评判与数学描述于一体。

但是这种方法计算复杂，一般教师难以操作，除非借助事先编好的计算机程序。

---

[1]　具体实例请参考《合理科学通讯》1986 年第 5 期。

七、评分评等评语测评法

这种方法实际上可以看作是对前述非操行评语鉴定法的一种综合兼容与改进。它是在采取其他非操行评语方法评定出一个分数或等级之后再辅之以评语的说明与补充，以解释等级分数的意义或补充它们无法说明的个性特征。这种方法更容易被人们所接受，因此目前国内广为运用。[①]

这种方法改进了数量等级测评结果难以满足诊断性分析的客观要求。简单的一个等级与分数难以反映学生品德多方面的实际差异，对于学生品德表现的多样性及个性特征的丰富性，只有评语的变化性与包容性才能全面恰当地表述出来。但是，这种方法要求以先进的测评技术与科学的测评方法为基础，否则意义不大。

八、考试考核测评法

这种方法主张把品德考察与品德政治课学习成绩的考试结合起来。认为完整的品德行为应包括知与行两种因素，品德测评既要考其知识与判断能力，又要观其实践行为。福州台江第四中心小学就是采用这种方法测评学生品德的。[②]

把知识作为品德测评的一项重要内容，改变了以前各种把行为等向动作并把它作为唯一测评标志与对象的做法。在测评方式上发挥了笔试的作用，使品德测评与品德政治课成绩考核相结合，相得益彰。一方面克服了行为（动作）测评法的片面性，另一方面也能改变目前品德政治课空洞说教不注意指导学生行为的教育方式。但是，这种方法掌握不好，容易以知识考试冲击行为考核，降低测评结果的效度。

---

① 具体实例请参考广东省《学校思想政治道德教育大纲》研究小组提出的有关测评方法。
② 具体实例请参考《福建教育》1987 年合订本。

九、写实测评法

写实法是近来提倡的一种品德测评方法，沈阳市二中对这种方法做过不少尝试。然而对这种方法目前尚无一个明确的说法。为此我们专门走访了国家教委思想政治教育司的同志。实际上，它基本上是对测评对象的一些主要事件或关键行为进行"复写"与"摄影"性的记述。它与轶事记录有点类似，但却没有任何的评价与解释。作为一种"隐形"的品德测评法，它不可能像轶事记录那样详细并局限于某一件事的测评，它必须尽可能简洁而系统地对整个品德面貌进行测评。它也不可能像其他测评方法那样深入，它主要是对重要事件或行的客观描述。

十、工作实践考核测评法

这种方法根据实践是检验真理的唯一标准的原理，认为一个人的品德如何，最客观最可靠的办法是用他的工作实践过程及其成绩来验。这种方法在人物选拔时比较常用。例如，新生入学后，为了物色干部人选，班主任往往会委派各种工作给学生，以测试他们为班级服务的想法与能力。这种方法中最具体的一种形式是品德测评的"盖棺定论"法，认为品德好坏只有人死后才能定论。

以上十种品德测评法大致可以划分为三大类：一是侧重于定性的测评方法，二是侧重于定量的测评方法，三是介于两者间的中性的测评方法。兹归并如下：

```
                        ┌─ 整体印象评价法
                定性 ───┤
                        └─ 评语鉴定法

                        ┌─ 积分测评法
品                      │  操行加减评分法
德              定量 ───┤
测                      │  模糊综合评判法
评                      └─ 加权综合测评法
法
                        ┌─ 评语评等评分法
                        │  考试考核测评法
                中性 ───┤
                        │  写实测评法
                        └─ 工作实践考核测评法
```

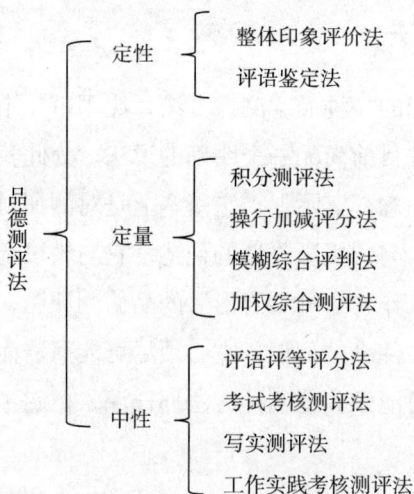

    所有这些品德测评法都有其各自的利弊，不能一概而论哪个好，哪个不好。只有根据不同的测评目的和具体的测评情况，进行全面而具体的分析比较，才有可能决定选择哪一种方法更为适合些。在实际测评中，常常需要我们对它们取长补短、综合运用，共同发挥其各自的优点。

关于吉林省第二实验学校
品德测评实验的调查与思考*

　　吉林省第二实验学校是省教委直属的一所学校，地处长春市南湖新村。有人曾把它比作为吉林省的"景山学校"。为了提高学生的品德素质，促进智能的发展，该校在 16 个班进行了"品德行为测评"实验。其中 8 个班是实验使用《品德行为测评手册》。实验的目的是以品德行为测评为突破口，改革传统的德育方法，调动学生、家长及班集体积极参与提高与培养品德素质的意识，提高德育的效率与效果，促进学生个性素质的全面和谐发展。

　　实验自 3 月初开始以来，学生、教师及家长对它贬褒不一。有的教师说搞这个实验是为"落实德育首位问题"走形式，不会有什么好结果。有的家长说，有这个测评实验我的孩子也好不到哪里去，没有这个测评实验我的孩子也坏不到哪里去，简直是浪费时间。带着疑问与关心，我们对实验班学生及其家长进行了间接或直接的调查。

一、调变过程与结果

　　我们从 16 个实验班中抽样调查了小学四、五年级和初中一年、二年级四个班近 200 名学生。对小学四年、五年级两个班的学生是以"我们班的品德行为测评手册"为题进行开放性问卷调查，对初一是以"品德测评手册"为对象随笔谈心，对初二则是采取直接面谈方式询问座谈。

　　小学四、五年级两个班 94% 的学生在问卷中，列举了大量班级及自己自

　　* 原载于《江西教育科研》1993 年第 6 期。

品德测评实验以来的变化。有的把《品德行为测评手册》比作是一面大镜子，有的把它比作是个检察官，有的把它比作是第二个班主任，好像时时刻刻都在提醒与教育自己如何做人。这些学生一致认为《品德测评手册》对自己的不良行为有约束作用，对自己的不足有检查作用，对优缺点有认识作用，对自己的进步有促进作用，对自己的日常行为有督促作用。但初一年级的学生，大约有35%的学生在笔谈中叙说，开始1—3周的自评结果，都是胡乱填写的。有的学生是怕评差了别的同学会笑话，看不起自己，故自评就高不就低了；有的认为品德好坏无所谓，只要学习成绩好就行，故随心所欲地填评；有的认为品德测评对自己升学一点用也没有，是在浪费自己的时间，故照前面的评定抄写，更有甚者，仅用2分钟就评完了所有的70项，连条目看都不看。还有的把家长、小组评的栏目一块儿代填代评，认为这样做可以省去小组与家长再评的麻烦。不过初一年级也有约2/5的学生谈了自己的进步变化，或对品德测评作用的体会与认识。初二年级所抽查的学生全部认为自己在品德测评活动中有进步，并一一列举了实例。

另外我们利用开家长会的机会，请实验班的家长就品德行为测评实验提出意见，并实事求是地把孩子自实验以后所发生的变化简单报告给学校，有变化就写，没有变化就不用写，以便为修改实验方案提供依据。从所收回的50多份调查材料来看，大约90%以上的家长都列举了自己孩子自品德测评实验以来的变化。其中变化最大反映最多的是，以前总爱与父母顶嘴，父母意见听不进去，现在不顶嘴，意见也能听进去了；以前写作业总要有人陪着，现在不用了；以前早上叫几遍也不愿起床，现在不会了；以前客人来了从不打招呼，现在打招呼了；以前从来不帮父母干任何活，现在会帮着干活了；以前出进从不与父母家人打招呼，现在每次出进不但会打招呼，而且会告诉父母去哪里，什么时候回来。家长们一致要求学校把实验搞下去。

以一年级实验班为例，收回62份调查材料，其中有53位家长列举了自己孩子自测评实验开展以后进步的实例，5位家长只提出自己对《品德行为测评手册》的意见，1位家长说自己的孩子自开展品德测评实验以来并无明显变化，3位家长说自己的孩子毫无变化与进步。但没有任何人提出反对试验的意见，绝大部分家长在列举或肯定《品德行为测评手册》的促进作用后，都提出了修改意见，要求测评目标减少，表述浅显。

二、调查的思考与启示

纵观所有调查的情况，不难得到以下几点结论与启示：

1.不赞成搞实验的人，虽然表面上没有发现，但可能存在。不过可以肯定，那毕竟是极少数。

2.绝大部分的家长与学生都认为通过测评促进了自己的进步与缺点的改正。不少家长认为，《品德行为测评手册》不仅是对孩子品德教育的好教材，也是提高自己教育水平的好教材。以前不知从何教育、如何教育，现在知道了。

3.《品德行为测评手册》应进行修改，以适应不同年段学生的年龄特征与发展需要。

4.品德测评实验在全校各个班产生的效果不平衡，小学普遍好些，中学差些；班主任认真组织、结合测评适当做教育工作的班级效果好些，而不重视、应付完成任务的班级差些；家长重视、学生认真的效果好些，而家长不重视，学生自己不认真的效果差些；家长把品德加评作为一种有效教育手段、民主评议与教育指导相结合的效果好些，而仅把品德测评作为评定手段看待，不与孩子商量、不指出优缺点、不给予正确行为方式指导的效果就差些。

5.不能为测评而测评，事先要宣传教育，端正学生、家长等各测主体的认识，要逐条讲解测评目标，让测评主体明确测评标准与范围；在测评过程中，要予以指导，及时纠正各种舞弊及不正确的认识，保证品德测评在严肃、认真、公正和民主的气氛中进行；事后要及时总结、及时指导与及时教育，使品德测评的作用，由表层的约束发展为激励与促进，使学生由被动地接受划筹、恐惧评差，发展为主动地积极进取、争取全优。

三、值得继续研究的几个问题

在调查总结之余，我们认为还有几个值得提出讨论的问题。

1.品德行为测评要不要进行？个别家长在意见中提到，进行品德测评，会损伤孩子的自尊心，但大多数家长认为品德行为测评能帮助小孩明辨是非，在同学的批评指正下更快地发现自己的不足与改正缺点。

2.品德行为测评重点应放在哪儿？品德测评既有评定功能又有教育功能，这是大家公认的。若侧重于教育功能，则品德测评宜宽不宜紧，宜高不宜低，宜适于教育情境的需要，而不要强调客观的评定；若侧重于评定功能则相反。

3.品德行为测评该充当什么手段？有人认为若把品德测评当作一种教育手段，效果并不一定比其他方法好，甚至会得不偿失；而作为一种评定手段，其结果又不可靠，还不如写评语好。但有人认为这是一种外行看法。

4.小组测评要不要取消？东北师大附小的调查发现，绝大多数学生要求取消组评，认为组评不公正、走形式，但吉林二实验初二的学生，绝大多数要求进行组评，认为组评可以保持各人测评的公正性，讨论越充分效果就越好。

5.品德行为测评多长时间进行一次为好？从发挥品德行为测评激励与督导的功能来看，最好是每周进行一次，以便经常及时地促进学生良好品德的形成。但若从品德测评本身的需要来看，并不需要每周一次。期中期末各一次已足够。过多的测评，不但花费时间与精力，而且短期内也反映不出学生品德会有多大变化。

6.品德行为测评的结果要不要公布？要不要与评优奖励挂钩？实践证明，品德行为测评结果若不公布、不与评优奖励挂钩，小组长比较敢于坚持原则、实事求是地测评每个同学，同学间的互评也能在融洽友好的气氛中进行。一旦公布结果或与评优奖励挂钩则不然。另一方面，若测评结果不公布或不与评优奖励挂钩，其激励作用似乎不那么明显；但一旦公布测评结果或与评你奖励挂钩，却又会造成虚评假评，会出现送人情分的测评现象。以上这些问题，虽然是我们调查分析中所遇到的，但它们也许曾是进行品德测评实验同志已经遇到过，或者会是将要从事品德测评研究的同志要遇到的问题。限于时间与篇幅我们不再展开论述，仅在此提出，以引起大家注意与考虑。

日本学生操行评语法的分析与启示 *

学生操行评语法，在日本称之为操行查定法，又有人称之为人品查定。

一、操行查定法的普及

日本学者齐藤利彦研究认为，操行查定是日本明治 20 年代后期在学校普遍使用的一种学生品德测评方法。它最早始于明治 20 年与 21 年之间，当时称之为"人品查定"。当时"人品查定"的目的与方法，日本文部省在明治 20 年 8 月 6 日发布的第 11 号政令中有明确说明："学校不仅要进行学科教育，而且还要进行人品培养。学校对每个学生的人品都要作出评定，分'普通'与'优秀'两个等级，毕业时给予相应的人品证书。"

在贯彻这个政令的过程中，遇到了两个问题。一是"人品"究竟是什么东西，它应该包括哪些内容？当时的文部大臣森有礼认为，"人品"就是指能为帝国服务的善良的臣民所具备的品格。实际上这位大臣只是给人品的功用作了点说明，"人品"及其测评的具体内容、方法及标准都含混不清，使学校进行品德测评时遇到许多困难。例如不同的学校及不同个人对"人品"有不同的理解，学生对老师评定的结果不满意等。第二个问题是，学校对"人品查定"的实施相当惧怕与为难。他们认为毕业时要发相应的"人品证书"，这是除毕业证书以外的另一种证书。这种证书一发放即就会被校外社会所知，给人以不好的印象，实际上学生正处于成长的过程中，今后还有充分发展的可能，学校一发"人品证书"，等于是仅仅通过学生在校时间的表现，就给了他固定不变的

---

　　* 原载于《外国教育研究》1995 年第 1 期。

评定。这是不公平的，会导致学生对校方的敌视与仇恨，并引起多种纠纷。因此，明治 23 年 5 月 24 日在"全日本教育工作者大会"上，不少学校要求废除"人品证书"。据史料记载，当时已经停止"人品证书"发放的学校已有 19 个县。基于上述情况，日本文部省于明治 23 年 8 月通过第七号训令，废除了要求学校发放"人品证书"的规定。但是，同一天文部省总务局长发出通知说，废除"人品证书"制度并不是要废除操行查定法，各学校要求在校内进行包括"品性修养"在内的操行查定。就这样，"操行查定"于明治 20 年代后期在全国各地的初中普及起来了，并在明治 30 年代得到蓬勃发展。当时人们已不再把初中看成是与实业教育有关的部门，而是把它看作普通教育的机关。既然初中是普通教育，那么应该谋求"德""智"的全面发展，因此教育界便进一步强调起"操行查定"的重要性。明治 35 年 7 月，在"全日本中学校长会议"上，与会者向文部省提出，是否可以将操行查定的成绩作为学生升级的条件，结果得到了文部省的认可。于是操行查定法在中学得到了进一步的普及与发展。

二、操行查定的类型与内容

对于操行查定的方法与内容，当时各学校做法不一。有项目分解测评法，有协议会评定法，有百分测评法，有等第递减排列法。在实施这些方法的过程中，所测评的内容与依据标准又不尽一致。

例如，东京普通初中，以"行为端正、节操坚实"的学生作为品德一等的标准，然后把其他学生与之比较，顺次测评出更差等级的学生；山形县普通中学给品德民德最优者打 100 分，然后把其他学生与之比较，视情况依次降低分数。从福岛普通初中在明治 21 年的"操行查定"结果来看，最优者是 89.5 分，平均分数是 75 分；这种操行查定法实施时，常常是结合会议评定法进行综合查定的。福岛县普通中学规定：要先"充分地注意学生的言行，然后在员工会议上依据每个人对学生作出评分综合确定"。山形县普通中学规定：根据"职员平时的观察，在每学年终总结会议上，对每个学生的操行进行查定"。静冈县中学则仅把"风气、习惯、言语、举动"作为学生操行查定的项目。由此可见，这些操行查定方法，当时既没有一个明确的测评标准，也没有具体的测评程序。这是难以令人满意的。人们不难发现，仅规定"品行""节操""举止"等抽象的测评项目，是不能保证测评的正确性的，笼统赋以最优者100分，不制定具体的赋分细则，是无济于事的。仅规定查定的大体方式，缺乏具体的测评程序，也无法保证操行查定的公正性。因此，当时有的学校就采取目标分解法来制定品德测评的标准。例如大分县某初中，首先把品德划分为"性格""行状""纪律""勤怠"四项，然后再把"性格"一项细分为"智力""感情""意志""全体"四个亚项目，把"行状"细分为"言语"与"动作"两个亚项目，把"纪律性"细分为"纪律""整顿""协同"三个亚项目，把"勤怠"细分为"修学""体育""家务"三个亚项目。接着又进一步把所细分的亚项目再次分类子亚项目。例如，"性格"项中的亚项目"感情"一项，被再次细分为两极对立的五个子亚项目：稳健—急躁，同情—薄情，热心—冷淡，冷静—狂热，感恩—忘恩；而"全体"一项，则再次被细分为：高洁—野卑，刚毅—柔情，真挚—轻挑，宽宏—狭隘，果断—优柔，顺从—反抗五个子亚项目。最后整标准体系为137个两极对等的测评项目。

这些项目所作分解的依据，似乎不那么明确。从有关的史料来看，其最后的子亚项目，可能是从日常生活中收集人们彼此之间的评定词语而汇制的。因此，这种方法确切地说，可以称其为"特征目录法"。

关于品德测评项目的分解，新潟县有个初中，还采取了另一种表格的形式，其内容如下表所示：

表1

至诚	正直（狡猾）、忠诚（不诚实）、讲信义（虚伪）、高尚（卑劣）、公愤（私愤）、刚直（阿谀）
恭敬	礼貌（无礼）、谦虚（傲慢）、文雅（粗野）、自重（自弃）
义务心	理义的精神（不理义）、报恩（忘恩）、牺牲（利己）、公共的精神（私欲）、服务的精神（享受）
克己	勇气（柔弱）、勤劳（不勤）、忍耐（不忍耐）、节欲（纵欲）
纪律	遵守（不遵守）、严正（粗放）、清洁（不清洁）、卫生（不卫生）

朴素	朴素（奢侈）
温雅	宽宏（小气）、亲切（不亲切）、同情（残酷）
沉着	沉着（轻浮、不稳）
周到	慎重（轻率）、思虑（鲁莽）、经济（不经济）、致密（粗杂）

从上述品德测评的项目体系中，我们不难看出，它有以下几个特点：

1.品德测评标准体系中的项目，大多数带有明显的价值倾向。例如"忠诚""报恩""牺牲"等，而类似"举止""言语""风气"等中性价值的项目大为减少。

2.整个测评目标体系建构了一个以"忠孝"为核心，以服从、奉献为方向，以至诚、恭敬、义务、报恩等为特征的标准人物。

3.最后的子亚项目所构成的测评目标体系，不但对整个品德测评的外延范围有明确的控制，而且也规定了对比式的测评程序。例如，"至诚"一项，就是规定通过正直—狡猾、忠诚—不诚实等子亚项目的对比进行测定。

可以说，对品德测评目标逐级分解的方法，打破了以往操行查定项目的抽象性，并且在一定程度上使测评的方法、程序得到了制度性的确立。随着项目分解测评的出现，当时日本还出现了"操行评定簿"和"操行协议会"的评定方法。所谓操行协议会法，是指先物色一些专门人员对学生平时的品行表现进行及时的观察记录，然后在碰头会上各评定员汇集情况，并在此基础上对每个学生的操行作进一步的评定。操行评定簿法则要求每个教师注意观察每个学生的言行表现，并把有关情况详细记入评定簿中，然后每月集中评定一次。

操行查定法的另一种改革变式是操行评等。这种方法目前日本各学校中仍在普遍使用。

静冈县立初中在明治35年，则把先前的操行评分法改变为甲、乙、丙、丁、戊的五级评等法。而大分县立初中则把操行评等法改进为二判十级评等法。先按甲、乙、丙、丁四级评定，再把甲、乙、丙分别按上、中、下三等判别，所以有甲上、甲中、甲下、乙上，乙中、乙下、丙上、丙中、丙下，丁共十个等级。但有的中学只分甲、乙、丙三级评定。显然这种操行评等法比起操行评分法来说，其操作容易多了。

但据有关史料记载，由于学生对操行等级不满、部分学生曾经因此发生了罢课、动乱及其他抗议活动。操行查定后来又经历了多次变革形成了现代日本各学校操行评语的模式，只写评语，不给评等，只实事求是纪实描述有关情况，不作任何主观评定，或者多写优点，侧重鼓励，少写缺点。缺点错误的批评指正在平时面谈中指出与说明。

三、操行查定法的启示

日本政府重视品德测评的管理作用，19 世纪后期就在学校中普遍进行了主观印象评定、观察记录会议评定、分数测评、等级评定等多种品德测评活动。当时他们主要把操行查定作为教育质量评价的一种手段，作为学生管理的主要工具。明治 39 年，当时日本政府发表了"牧野训令"，各学校据此把操行查定作为强化学生管理的重要手段。第一，学校把品德测评的结果与处罚措施结合起来。例如，有些学校规定，操行查定结果为丙等的，校长将勒令其退学。有的虽然不那么严厉，但校规中明确规定，当操行查定结果不合格时，就要降级。第二，要求加强平时对学生的言行观察，经常到教室、寝室及有关活动场所进行巡视，对校外、家庭或社区的行为也要求经常进行调查访问。一方面加强了对学生行为表现的监督，另一方面也有利于提高品德测评的客观性。

当时日本政府忽视了品德测评的教育作用，没有把测评建立在学生自我测评的基础，把重点放在帮助与指导学生品德的完善与发展上，故不断遭到来自学校与学生的反对，最后迫使进行改革、修止，成为今天侧重于写优点，少写缺点，甚至不写缺点，不作评定的描述性操行评语方式。

现代中小学教育评价中的常规方法 [*]

——操行评语法操作中的问题分析

操行评语是目前学校用于评价学生最为常见的手段与形式。它不但简单方便可行，而且在教育学生、沟通社会与家庭方面发挥着十分重要的作用。写得正确恰当的操行评语，常常对学校与班主任的教育工作起着积极的促进作用，带来意想不到的良好效果。而写得问题百出的操行评语，其产生的教育效果往往就事与愿违，适得其反。因此，通过各种各样操行评语的案例分析，找出当前中小学操行评语所存在的一些问题，对于改进与提高班主任操行评语的质量，强化学校教育效果均有着重要的意义。

基于上述考虑，最近我们对 600 份中小学生的操行评语进行了比较细心的分析，感到现行的操行评语评价学生主要存在以下几个问题。

一、教育手段与评定手段相悖

操行评语，大家都很熟悉，我们一方面把它作为评定学生一学期或一学年行为表现与思想品德的手段，规定学期（年）末进行。要求评语客观、公正、全面、实事求是。但是，另一方面，我们又把它作为教育手段，希望通过评语对学生的内心思想产生一次震动，对学生日后的行为表现产生影响，因而要求评语要有鼓舞作用，鞭策作用，要从教育与发展的角度来写评语。同样一个好

---

* 原载于《现代中小学教育》1995 年第 6 期，作者为肖鸣政与温云云。

学生，若从评定角度来写评语，他应该写很好。但是若从教育角度来写，严格要求，优点可以写得平淡，缺点可以说得突出。同样一个差学生，若从评定角度来写，则缺点可以尽量少写，万不得已批几点较为严重的"策略"地写写，婉转地点点，以勉刺激家长与学生本人；而对他微小的进步与闪光点却要突出地指出，以鼓励其上进心，树立其自信心。这种双重矛盾的要求就常常使我们对有些好学生的评语不如中等生，而对差生的评语却优于中等生。这种反差现象对于班主任自身来说并不感到反差，但对于学生、家长及其他的人来说，就容易引起错觉了。

二、反馈信息的真实性与存档记录的畏惧感相悖

操行评语实际上是充当家庭、学校或者家长、学生与班主任教师相联系的纽带。通过评语，家长可以知道孩子在校的表现好坏，学生可以知道自己一学期来哪些地方做得好应发扬下去，哪些地方做得不够要继续努力，哪些地方做错了要加以改正。从这个角度出发，教师赞成什么、反对什么，学生错在何处、差在哪里，应在评语中实事求是毫不客气地批评指正。但由于每学期（年）末所写的评语除了要报告家长与学生外，还要存档，进入学籍，接受上级组织或录用学校或单位的审查。评语写得好坏直接会影响学生的升学与发展，影响学生本人及其家长对班主任的态度，因而有一种畏惧感，怕在评语中写出学生的缺点。

诸如盗窃等一些严重不良的行为或爱吃零食、常请病假等一些并不重要但要求改正的缺点，不明确写到评语中，总是屡教不改，也无助于学生正视错误改正缺点。写上吧，一旦记入学籍又怕对学生升学有影响，怕学生及其家长接受不了。再说，学生小，前途远大，所犯的错误行为具有偶然性，一旦写进评语则成了一个污点影响其终生。因此班主任写差生的评语或学生的缺点时左右为难，即使学生表现很坏也不敢直接写上去。然而这种怕写缺点或"含蓄"的态度直接影响了学生本人对自己缺点与不足的认识，影响了家长对学生的教育及其他人对学生真实情况的了解与教育。

三、评定的个别化与结果的可比性要求相悖

作为学生本人、家长，尤其是录用单位的人，特别期望评语有针对性，见评语如见其人，评语能起一种个性特征描像的作用。每个人的个性特征都不相同，故要求每个人的评语都不同。但另一方面人们又要求能从评语区别与比较每个人品德行为水平的高低，使评定的结果具有可比性。显然个性化要求班主任选择那些与众不同的行为特征作为评语的主要内容，选择那些最具个别特色的标志作为评语的对象。然而要让评语内容具有可比性，就必然要求评语选择那些各个人共同的行为特征作为评定的主要内容，要求选择大家公共平等场合下的行为表现作为评语的主要对象。个性化的要求与可比性的要求常常相互矛盾。当我们注意评语的可比性时，就难免采用"很""十分""较好""差""较差"等副词来套用到不同的学生身上。因为对于共同的行为特征作语言上的区分，一般只能采取这样一些副词。这既便于比较区分，也符合大家的理解习惯。

由于学生相互间在品德方面本质上并无太大差异，加上修饰副词的数量有限，不可能一个人一个样，即使采用百分制，也会有许多人的分数相同，更何况评语呢！因此最后不能做到评语如见其人是可以理解的。然而从评语是反映学生个性特征与面貌的角度来看，这却是不能理解的。人们要求评语者能抓住每个学生最显著的个性特征来写，由于每个人所处环境条件有别，个性特征相异，这样最后的评语也就难以相互比较了。

四、评定主观片面性与客观全面性要求相悖

操行评语作为期末或学年末总结评定，尤其是辅以操行等级的评定，特别要求评定的整个过程与结果能够全面客观。但在实际的操行评定中，却并非能如愿以偿。分析结果发现，在其他条件大体相同的情况下，集体观念强的人容易评优等，而集体观念差的人容易评下等；性格活泼开朗的人容易评上好的等级，而性格内向的人就差些；担任了班干部的学生的评语写得较好，而未担任班干部的人评语较差；家长中有职权的学生的评语等级普遍比无职权的学生高

些；外貌长得好的学生比一般学生的评语好些；好打扮的学生的评语比一般同学低些。总之，操行评语普遍会受到主观因素、性别因素、外貌因素、纪律性因素、职权因素、性格因素、活动因素等的影响。

五、操行评语版面过小与评定内容广泛相悖

当我们去翻阅现行的中小学生学籍簿，你就会发现，操行评语的板面非常小。我们所查看吉林省二实验学生学籍，操行评语的版面大约为 3cm×9cm（27cm^2）的矩形。笔者数了几个人的评语，密密麻麻地都写满字，也不到 150个字。这 150 个字所能评定的内容是十分有限的。另一方面，除学科的知识与技能期末可以通过考试评定外，其余德、智、体、美、劳、工作、活动等各方面的行为表现情况均要求操行评语予以评定。不但要评一学期来各方面的优点与缺点，还要分析原因提出改正与指导建议。显然要写的内容十分广泛，要评的行为非常丰富，150 个字又怎么能写得了呢？因此人们解决这一矛盾的办法普遍是对所评定的内容高度抽象概括，原则性地、粗线条地进行评定，无法进行详细具体的评定。鉴于这种困难，我们不要过分去责备评语内容空洞与抽象。否则，就会促使出现这一问题的反面现象，那就是有些班主任仅例举几件事情充当评语，有些班主任以一些琐碎的行为表现充塞应付。

六、班主任工作忙与操行评语工作复杂相悖

中小学班主任至少要担任两个班的课程，批改作业，对班级什么事情都得过问，都得管，真可谓上面千条线下面一根针。就是自习课、早读课与组织能力较差的教师的课都需要班主任去维持秩序或压阵。还要另外花费相当多的时间去处理班务与违纪事件，去应付各种活动、评比与检查。虽然每学期末前半个月，学校就开始布置写评语，但实际许多教师总是想集中某几天写完全班学生的评语，或断断续续利用点滴空余时间写写。不少中学教师或小学中高年级的班主任叫学生帮助抄，甚至叫人代写。因此常常在非常严肃的学籍簿的评语栏发现评语前后矛盾，内容重复，或错字别字，字迹潦草，不清楚，或漏抄。

实际上，写评语是一项非常严肃而又复杂的工作，不但需要评语者深入了解情况，熟悉学生的有关行为表现，而且要求具有一定的综合分析能力与文字表达能力，要求具有认真求实的态度，并非一般人所能为，也并非随随便便就可以完成。

七、中间难写两头也难写的问题

从我们所调的情况来看，大多数中小学班主任认为两头学生的评语好写一些。因为"好"学生与"差"学生一是平时接触多、注意多，印象较深，特征突出；二是人数少，情况较为熟悉，因此写起来顺手。而中间的学生却相反，情况不太熟悉，故写起来心中无数，瞎蒙。但是也有不少班主任说，优生好写一些，优点多，最后只要凑上一两点小缺点就行；而差生缺点多优点少，不好写。大家都喜欢听好话，不喜欢听坏话。而有的班主任认为中间学生好写，因为优缺点存在较多，都能找到足够的内容来写，两头的学生评语不好写。好学生缺点难写，差生问题多，很难找到几条值得写上的优点。

八、学生行为表现不断变化与评语前后无差异相悖

学生们认为他们行为表现在不断变化，但这些变化却在评语中得不到反映。有的班主任也认为，他们往往只注意开学初与期末时学生的行为表现。实际上学生更多的变化是发生在学期中途那段时间，但班主任只是到期末写评语时才会有意识地去注意学生的行为表现。教师这种开学初与学期末印象深而中间印象不深的事实，给评语带来了许多不良影响，使所写出的评语无法反映学生中途的复杂情况。有的教师刚接班时特别注意观察了解学生，一旦熟悉之后就形成了一种心理定势，往往发觉不了或看不见学生后来的小变化与潜在变化，因而感到开头一学期的评语好写，而后来就越来越难写，看不到学生有什么变化，写来写去就那几句话。年年一样，学生与家长看了乏味。下面是某学生小学三年级至五年级的评语，内容几乎没有什么变化。

某学生小学三年级上评语：响应号召，热爱劳动，诚实、拾金不昧。学习

较努力，态度积极、善动脑、积极发言、爱学习，成绩较好。

该学生四年级上评语：响应号召，关心班级，守纪律，团结同学，诚实、拾金不昧。学习努力，勤学习、善动脑，发言积极，成绩较好。

该学生四年级下评语：响应号召，团结同学，热爱劳动，工作较负责，诚实，不乱花零钱。学习努力、爱动脑，有独立见解，发言积极，成绩比较好。

该学生五年级上评语：响应号召，守纪律，团结同学，诚实，能严格要求自己，不乱花零钱。学习努力，有分析能力，知识面较广，成绩比较好，希望今后加强练习，进一步提高写作能力。

上面四则评语纵跨了三个学年，处于学生从中年级向高年级的过渡阶段，这其中显然含有许多变化，但是评语却未能反映这些变化，翻来倒去就是那么几句话，偶尔换换说法而已。

九、高要求与低认识相悖

一学期或一学年一次的操行评语应该是对该学期或学年内学生思想品德，学习目的、学习态度，社会工作、公益劳动、文体活动等各方面的行为表现予以全面的总结与评价，涉及的范围十分广泛。每个方面既要肯定学生的优点与进步，又要指出存在的缺点与问题，还要明确提出班主任的希望与要求，使学生明确今后的努力方向，使之不断前进，发挥操行评语的导向诊断与强化功能，要在小小的 $3cm \times 9cm$。大约150字以内的限制内完成以上的一系列任务，无疑是十分艰巨而复杂的。不但要求评语者注意观察、分析与综合，而且还要求措词注意策略与分寸，表述要求准确与简明。这种高要求高技巧的操行评语即使是专家教授也很难掌握。但是，大多数人却认为操行评语谁都能写，谁都会用，比较简单。这种反差或矛盾更加加剧了我国目前学生操行评语质量的低劣现象。

十、总结评语与诊断指导相悖

操行评语属于阶段性的德育总结评价，要在150个字的范围内对整个学期或学年的诸方面行为表现作全面性的总结评价，只能是高度概括与综合表述。但是另一方面，学校、学生及其家长又要求班主任在评语中要具体指出缺点与问题，起作用。不难看出，总结评价的全面性和概括性与诊断指导的确切性和具体性常常是相互矛盾的。这种矛盾的解决办法是增加评语的次数与版面，但这无形中更加重了班主任的负担。

十一、各班主任评语内容的不一致与评价比较要求的一致性相悖

现实中的操行评语是由不同的班主任所评定的，由于每个人的价值观不同，所以平时所注意到的行为事实也不尽相同。虽然上级与学校对写的内容及其标准会有大致的规定，但是具体落实到每个班主任的评语工作中，往往是走样失效。不同学校所写的评语内容不尽相同，同一学校不同班主任所写评语内容不尽相同，就是同一班主任对不同学生所注意到的及所写的评语也不尽相同。因为每个人所掌握的标准程度不尽一致，例如，有的学生平时爱提一些刁钻古怪的问题，可能有的班主任老师会认为他极爱思考问题，而有的班主任老师就会认为他爱出风头，或调皮捣蛋，故意为难教师。下面是不同学校与不同班主任所写的评语。

例一：甲学校同一学生不同班主任的评语实例

某女生初一上班主任甲的评语：响应学校号召，积极参加各项活动，团结同学，尊敬老师，学习认真。认真完成作业，课堂积极发言，工作认真负责。

该女生初一下班主任乙的评语：该生文静大方，内心善于思考，有工作能力，学习成绩优秀。希望学习上注意说、写能力训练。

该女生初二上班主任丁的评语：思想积极要求进步，工作认真负责，学习认真，尊敬老师，善于帮助同学，有礼貌，希望巩固成绩有所发展。

该女生初二下班主任丁的评语：该生在同龄人中有较好思想修养，学习态度明确，劳动态度好，工作认真负责，和同学交往中能注意礼让。学习的细致性要加强，以便提高学习成绩。

该女生初三上班主任丁的评语：该生思想要求进步，在各项活动中能尽职

尽责，关心同学，爱护班级，尊敬老师，有礼貌。学习刻苦，改进学习方法，争取更大成绩。

从上述不同班主任对该学生的评语内容中我们不难发现，初一上与初一下的评语内容明显不同。因为这是两个不同班主任写的评语。此外，从初二上至初三上虽然属于同一班主任写的评语，但无法比较与反映该学生的变化与进步。

第三部分
人力资源开发与教育研究

　　本部分主要围绕两个方面展开，其一是人力资源开发的方法与技术；其二是从就业和人力资源的角度分析与反思当前国内的教育现状与问题。

　　在人力资源开发方面，作者首先提出了在知识经济时代职业资格考评的新发展以及员工培训的新动向，同时分析了发达国家的员工培训和人才开发的崭新理念，介绍了"培训师"这一新职业的内容，使读者意识到员工培训已越来越成为现代人力资源管理中一个极为重要的模块。接着深度分析了作为人力资源开发有效方式的挂职锻炼的利弊、发展方向以及注意事项。

　　在教育研究方面，作者首先介绍了从人力资源角度看学校教育减负和建构德育目标的重要性与措施，然后指出了不受社会欢迎的毕业生，也就是离开学校走向社会求职过程中不受工作单位欢迎的学生的特征，并以一篇演讲形式的文章来说明作为一名学生对自己人生规划的重要性以及在求职环节需要注意的相关问题。

　　本部分重点阐述了人力资源开发的方法与技术，论述了人力资源开发对于促进教育思路变革、适应社会需求培养高质量人才的意义。

职业资格考评将引导职业教育社会化与自我化 *

——面向知识经济的中国人力资源开发之路

21 世纪是知识经济的时代，中国的发展将面临新的机遇与挑战。中国是个人口大国，如何把人口包袱转化为人力优势，这是世纪之交摆在我们面前的一个重大问题。本文将就这个问题作点探讨。

职业资格是劳动人事管理部门对从事某一行业工作人员基本条件的客观规定，职业资格考评则是对求职者与任职者是否具备从事某一行业岗位工作资格条件的认定与评价。职业资格既是岗位工作要求的客观形式，又是劳动人事管理部门对岗位任职资格的主观反映；既是求职申请者人力资本的现实形式，也是任职者职能水平的主客观反映。职业资格考评既是依据企事业内部岗位工作要求对求职任职者任职能力与条件的认定，又是根据行业规范对求职任职者本身职能条件的评价。

知识经济与科教兴国是中国今后的发展战略。党的十五大报告指出，要使我国的经济建设真正转移到依靠科技进步和提高劳动者素质的轨道上来。职业资格考评既能对劳动者素质进行鉴定与检查，又能对劳动者的素质进一步促进与开发。通过职业资格考评，有助于迅速有效地提高我国现有与未来各行各业劳动者的素质，保证每个劳动者的质量与规格符合岗位工作的需要，把科教兴国与知识经济的发展战略落在实处。因为科学技术作为推动社会经济发展的生产力，必须具备两个方面的条件：一是需要科学家与工程师把科学技术知识物

---

* 原载于《中国培训》1999 年第 5 期。

化为生产工具；二是需要职业技术教育培训大量的掌握现代科技知识、会使用先进生产工具的熟练工人、技术人员与管理人员。职业教育是为就业作准备的教育，技术教育是以传授岗位劳动中所需要的知识、技能与技巧为内容的教育。职业技术教育只是开发人力资源的一种手段，最后是否达到行业与岗位规范的要求，则需要进行职业资格考评。

职业资格考评也是现代企事业人力资源开发与管理的基础与核心技术。人员招聘、人员调配、人员培训与工资报酬等，都需要考虑任职者的职能资格与水平，需要以职业资格考评的结果为依据。

职业资格考评，是我们人口大国目前开发人力资源的最佳途径。中国100多年的历史告诉我们，知识经济时代中国人力资源开发的最佳途径不在于学校教育，也不在于职业教育。早在19世纪末，以康有为、梁启超为代表的维新派就提出教育兴国的口号。他们指出，才智之民多则强国，才智之士少则国弱。西方资本主义国家之所以富强，不在炮械军器，而在穷理劝说。中国之所以贫弱，主要在教育不良，缺乏人才。因此欲任天下之事，开中国之新世界，莫亟于教育[①]。然而时至今日100多年过去了，中国的教育仍然进展不大。目前我们正为普及9年义务教育而奋斗。12年义务教育与高等教育大众化的目标更为遥远。主要原因是中国的人口太多，教育经费的增长远远满足不了教育发展的需要。即使中国将来大量投入教育经费，实现了12年义务教育甚至高等教育大众化了，仍然解决不了中国人力资源开发的问题。因为无论是中小学教育，还是高等教育都属于基础素质与专业素质教育的范畴，学校教育解决的是素质形成而并非现实劳动力开发的问题。有人说出路在于职业教育。1903年11月清政府颁布的《奏定学堂章程》指出，兴办实业学堂，振兴农工商各项实业，为富国裕民之本计。1917年1月至3月，黄炎培在考察日本、菲律宾及南洋各地教育之后，深有体会地指出："今后之富国政策，将取径于职业教育。"[②]但职业教育屡屡兴衰，其原因有二：一是因为职业教育知识面较窄，而青少年的发展向往广阔无限，大多数不愿过早地限定自己的发展方向接受职

---

① 参考毛礼锐等：《中国教育通史》卷四，山东教育出版社1988年版，第260页。

② 吴玉琦：《中国职业教育史》，吉林教育出版社1991年版，第83页。

业教育；二是职业教育培养出来的学生专业基础不宽，且技术不够精深，适应的行业有限，难以满足社会经济建设中瞬息万变的市场需要。职业教育的滞后性与市场需要的超前性之间的矛盾长期以来难以磨合。

笔者认为，目前我国人力资源开发的捷径既不是普通教育也不是职业教育，而是要尽快建立职业资格考评的制度与体系。一方面，学校教育的时空是有限的，而人的劳动能力的发展是无限的，学校教育只能给人文凭和素质的基础，而无法解决水平与实力的鉴定问题。因此长期以来文凭与水平、学历与实力的矛盾无法得到解决。开展职业资格考评，可以给个人的水平与实力以公平认定，并予以职业资格等级证书的外显标志。另一方面，社会的实现需要是有限的，这种有限性具体体现为一定企事业单位岗位编制的数量限制，但是人的能力发展是无限的。因此长期以来，岗位需要的有限性限制并制约了人力的发展，造成许多人力资源的隐性与显性浪费。这一点在机关与高校最为明显。机关的领导职位数量是有限的，高校的教授职位也是有限的，但职员、教师的能力与资格水平的发展却是无限的，而且不同的人所发展的速度与水平也是不同的，但目前的人事管理却是按部就班，对每个职位的晋升都要求有一定的年限，对每个职位的设置都有一定的数量限制。职务级别越高，职位数量越少。一旦高级职位上有人，那么下级职位上的人再有能耐与水平也不能及时得到晋升，一直要等到上级职位的人退休或转调才有机会。这显然极大地压抑了下级任职人员自我开发人力资源的积极性与主动性，导致一些下级人员要么选择被动消极等待，要么外流求发展。如果实行职业资格考评制度，对每个任职人员的资格水平予以及时的认定与评估，予以资格水平等级证书的外化标志，则一方面可以让每个人职业能力的水平与实力及时得到社会的承认，从而能够激励个人职业能力的进一步发展；另一方面职业资格考评制度的建立，对限制职位数量的现实人事制度也不会产生任何副作用，同时还为一些对高职低聘不满的人外流与招聘单位提供了方便与依据，这极大地解决了岗位设置有限与人的能力发展无限的矛盾问题。建立职业资格考评体制，不但弥补了目前学校教育与人事管理对人力资源开发的不足，改变了传统的以文凭资历认定职业资格的做法，而且还开拓了获取职业资格的新渠道，把学校教育的机制扩大到社会上，让职业能力培训的教育社会化和自我化，极大地提高个人在职自我开发职业能力的主动性与积极性，通过自己现实的职业生涯来开发自己的职业能力，有利于学习社会的形成，有利于知识经济的发展，有利于个人职业能力的自我转向与发展，有利于资格更新和对资格持有者的及时认定，变学校文凭与资历的一元资格认定为社会职业资格考评的多元认定，创造一种对终身学习成果及时予以恰当评价的形式，使学习机会伴随人的一生成为现实。同时也减缓了高考对青少年学生的不良压力，使高考不再成为取得高级谋职资格的唯一道路。

职业资格考评的体系建立包括三大相互联系的子系统。第一是个培训教育系统，这个子系统担负着对职业资格形成的过程指导，以保证职业资格的质量并为其进一步提高提供指导；第二个是考评子系统，这个子系统要求考评方法科学，考评指标准确，实施操作方便；第三个是利益保障子系统，要求对职业资格及其考评建立相应的法律维护，把职业资格作为一种人力资本，并与实际利益报酬挂钩。这种利益报酬包括名誉、晋升与在工资中有一定的兑现。具体地说，要以法律形式立项，通过工作分析建立起一套行业与岗位的任职资格考评标准与水平等级，选择一些像银行、税务等国民经济中的关键行业及学校中没有设置的专业优先试点考评。职业资格考评的内容除基础知识外，重点放在职业岗位所需要的品性与能力上。考评时过程考评与结果考评相结合，由行业协会掌握考评标准，保证考评质量，政府不要直接参与。

总之，知识经济时代中国面临的最大机遇是人力资源的优势，但人力资源的优势并非现成的，而是需要我们尽快尽早去开发。中国人多教育经费有限，学校教育与职业教育都解决不了中国的现实问题。职业资格考评是适合我们人口大国开发人力资源的捷径。

面向知识经济的企业员工培训 *

　　人们对于培训往往有许多不同的认识，例如从培训课程内容的角度，有人把培训看成是对员工的一般技能开发；从培训者的角度，则认为培训是从事或者说保持员工职业能力所必需的；从受训者的角度，则可能视其为获得升职和调动机会的铺垫和准备。我们认为企业组织中的培训是人力资源管理与开发中不可缺少的活动，它旨在为组织成员创造学习的机会使他们通过培训学习过程，以直接或间接的方式提高组织及其内部的成员的效率和绩效。

　　员工培训对于 21 世纪中国企业的发展，有着十分重要而关键的作用。因为：

　　1.21 世纪是知识经济时代，信息和知识是绝大多数企业前进的推动力量。而培训则常常是提供信息、知识及相关技能的重要途径，有时甚至是唯一途径。在当今高手如林的市场上，立于不败之地的企业必定是那些帮助其员工充分发挥自己全部潜能的企业。

　　2.21 世纪的科学技术将不断更新。应用技术的人必须不断更新知识才能跟得上科技的发展。这是企业中每个员工所面临的最大挑战之一。

　　3.21 世纪的企业将成为学习性组织。这意味着企业员工必须将接受培训作为继续学习一种手段。

　　4.团队工作方式将日益普遍。同一工作小组的成员必须交叉培训，以便每个人能承担其他人的工作。

　　5.员工将更多地参与管理。很多的管理职能已经被下放到普通员工包括工

---

　　* 原载于《企业管理》2000 年第 2 期，作者为肖鸣政与张战武。

人，因此应该对员工进行管理培训。

目前与未来企业员工培训类别和内容大致有以下几种类型：

1.总经理技能培训。包括领导艺术培训，高级总经理学历课程（MBA）、指导下层技能和在不同部门就职沟通能力的培训，还包括如何转变管理方式与制定战略决策等的培训。培训对象一般为公司最高层管理人员。

2.经理技能培训。包括决策计划技能，领导艺术以及与其他经理交流的技能，如何进行时间管理、项目管理、辅导雇员制定工作目标和完成工作计划。

3.职业技能培训。包括广泛的培训内容，如人际交流技能、计算机技能，其他的相关专业知识（如财务、采购、工程等）以及各种基本技能培训和复习进修。

4.技术培训。这是近年来发展最快的一个领域，也是完成各项工作所必须进行的培训，培训内容包括计算机、生产工艺、使用特殊系统和设备执行有关政策和规程。

5.安全和健康培训。在降低劳动保护相关成本的同时，如何确保工作场所的安全与人员健康。内容越来越多涉及如何处理工作压力和建立健康的生活方式。

6.新员工上岗培训。确保新员工有一个良好的开端，能迅速与组织融为一体。所涉内容可以小到工作场所的基本介绍，也可以大到介绍公司企业文化的方方面面。

7.组织发展培训。有关组织变动管理的培训，诸如全面质量管理计划、顾客服务和团队建设。任何一种培训计划都应包括四个方面的内容：

（1）首先我们应该确定培训需求，应该确定员工或工作所需的培训类型内容。

（2）设定培训目标。在确定培训需求的基础上，必须设定具体的可评估的培训目标。

（3）开展培训活动。培训的职能是促进受训者学习，它通过精心的安排和多种技术来帮助受训者个人发现不足并获得某些重要能力，使他们能更好地完成本职工作。通常较多使用的技术和方法有在职培训、脱岗培训、视听技术、模拟情景培训等等。

（4）评估。在受训者完成培训计划后，必须进行评估确定培训在多大程度上达到了预定的目标。对培训的效果的评估，可以采取下面几种方式：①了解受训者对培训方案的反映。②检测受训者是否已经掌握了他们预定要学习的技能、知识。③观察受训者的工作方式有无改变。④看预先设定的目标实际取得了什么样的最终结果。

发达国家企业员工培训的方法与技术 *

本文分析的对象，是西方一些管理比较先进的国家，这些国家包括美国、英国、法国、德国与日本等，分析的时间跨度是 20 世纪 20 年代中期至 20 世纪末。从这些国家企业员工培训的历史来看，其变化发展过程大致可以划分为三个阶段。因此下面将从三个发展阶段分析有关的培训方法与技术。

一、技能培训阶段的方法与技术

这里所指的技能是指与生产岗位相关的工作技能。以这种技能培训为重心的大规模培训起始于二战。当时成千上万的熟练工人应征入伍，企业生产线上多是技能不熟练或没有工作经验的新手，劳动力的质量和数量都不尽如人意。另一方面，绝大多数工业企业的生产经营活动是以生产为基础，而且大部分为家族所拥有。他们对管理的认识还没有超过泰罗"科学管理"的局限。二战结束后，这些情况仍然没有得到明显的改善，员工能否适应生产岗位的工作要求成为制约企业生产率提高的重要因素。一些大企业积极研究新技术，试图以技术上的进步来抵消劳动力市场人力资源质量低下的负面影响，但是绝大多数企业是通过加强对现有劳动力的培训和开发，提高他们的工作技能，来提高企业的生产率的。因此，这一时期西方各国企业掀起了技能培训热潮。

在美国，出现了所谓的 TWI（Training Within Industry）方法，这种方法采用了一种非常有效的培训手段——在职培训，这种培训形式至今仍然在世界

---

* 原载于《中国培训》2000 年第 2 期，作者为肖鸣政瑟张超明。

202

上被广泛采用。它包括三个操作步骤：（1）培训者演示工作操作过程并阐述要点；（2）观察受训者的实际操作，不断纠正错误直至正确；（3）根据事先设定的培训计划，衡量和控制受训者的生产率，使之达到熟练工人的标准。

但有人在此基础上形成了一种更为成熟的方法，他们进行非常详细的技能分析，包括衡量四肢每一动作的幅度，每一感觉器官如何协调其他部位使用工具等，因而也被称为"技能分析培训"。

不难看出，这两种方法是建立在简单的工作任务分析基础上，广泛地应用了时间研究和动作研究，强调人对工作的适应。对于比较简单和大量重复的工作而言，这些方法是相当有效的。

与前两种方法不同，"程序化指导"（Programme Instruction）方法是一种来自于操作实验的培训方法。PI 有许多形式，但他们的共同点在于在进行培训时，按事先仔细设计控制的程序来表达信息，在受训者进行下一步学习之前，对他们关于信息的理解程度和运用信息的能力进行检测，然后将结果反馈给受训者，强化正确的行为动作、解释和纠正错误的动作。很明显，PI 更多地考虑到受培训者的因素，深入到其学习的内在基础，因而在 20 世纪 60 年代曾风靡一时。

二、管理能力培训阶段的方法与技术

到了 20 世纪 70 年代中期，培训和开发活动已经大不一样，其观念和侧重点已由技能开发转移到管理能力的培训上。因为二战后的科技革命，一方面使得企业的技术水平大为提高，许多大量重复性的工作已经为更高水平的机械化和自动化机器所代替，人们也认识到单纯依靠工人生产效率的提高不会带来整个企业效益的太大提高，他们的视线被吸引到一些非生产技术的因素上来；另一方面，劳动市场中的人力资源质量和数量比二战前后已经大大提高，再进行一些生产技能的培训开发意义不大，更为经济的方法是可以从劳动力市场寻找高质量的劳动力。这一时期人们对管理的认识也有了很大提高，Y 理论已经取代了 X 理论，企业开始倡导一种更有人性的管理，企业不再是人和机器都难以区分的生产线，而被认为是所有员工朝共同目标努力的载体，同时员工个人的目标理想也得到尊重。人们开始认为管理的好坏是企业成功的重要因素，管理者的管理素质是衡量管理有效性的重要因素。

上述理论和认识使得人们普遍接受"基本管理能力开发"是培训和开发的主要宗旨。这种理论认为，如果存在一种管理行为体系的话，那么一定有一些管理行为独立于特定的情形和场合，在大多数情况对管理者个人有帮助，换句话说即使管理者在较为基层的位置上，实际的工作情景因人而异，但是就某些管理行为而言他们有着非常相似的内容与要求，而这些在几乎所有情况下都有用的管理行为是可以通过精心设计的培训课程进行培训的。

在这种理论影响下，出现了许多"基本管理能力开发"的课程和培训系统。其中比较著名的有布莱克等人的"GKLD"培训方法、小组训练和敏感度训练等。

但是，以这种理论为宗旨的培训开发活动也出现了一些问题。例如，一两周这种培训效果会明显吗？这些基本的管理能力在这么短短的时间内能得到显著提高吗？尤其值得注意的是，因为培训大都是与实际的工作情景无关，接受过培训的管理者可能仍然受挫于企业中的实际环境，造成员工士气低落，工作效率的降低。

有人认为这些问题是来自"基本理论"自身的缺陷，他们主张管理能力的开发培训应与特定的工作目标相关，我们把其概括为"特殊管理能力开发理论"。其主要观点是，有效的管理行为在很大程度上取决于其发生的实际环境，特定行为对个人是否有用取决于他们运用的具体环境，因而从事不同工作的管理者个人，其培训需求和目标是有所不同的，恰当的行为只有通过切合实际和个人需求的任务才能建立起来。

上述两种观点虽然在结论上截然相反，但是现在看来实质上并不相互抵触，只是需要寻找二者最佳的结合点，必须在"职业资格培训"和"特定企业管理能力培训"之间作出一个恰当的选择。

这一阶段中上述两种观点带来了两个方面的变化：一方面，使得企业的培训和开发职能有了显著变化，许多公司都成立了专门的培训和开发部门，成为人力资源管理的一个子系统；另一方面，需要接受各种形式培训的人数大大增加，客观上促使了商业性的培训活动的兴起和繁荣，使得培训日益具有职业化和产业化的趋势。

三、组织开发和绩效分析技术阶段的方法与技术

进入 20 世纪 80 年代后，70 年代的许多理论假设受到人们的怀疑，而且培训和开发的效果被重新审视。第一个显著的变化是组织开发（Organization Development）活动的出现。其实 OD 早在 70 年代就已产生，只是需要开展这种活动的企业甚少，大多只是在观念上的接受，而无相应的实际行动。OD 活动指向组织整体变动的管理，不是一个局部的行为，它意在改变组织各个方面的现状，把企业改造为理想的模样。OD 活动一般从组织的顶层开始，并需要得到高层管理人员对其成功的认同；要为整个企业设计一个整体性的改革计划，每个层次的员工都应遵循相应的原则，有相应的目标，这些原则和目标必须要在员工中得到支持和协调。为了达到这个目的，许多培训活动侧重点有所转移，诸如全面质量管理计划、客户服务和团队建设，关键在于根据特定的原则，使各个特定的群体（正式、非正式）成员在一起工作，为实现同一目标而努力。在此过程中，人们普遍采用了一些独特的技术方法，例如情景模拟、管理游戏、角色扮演等。通常这些训练方法和练习都同特定的企业实际情况密切相关，因此从这个意义上说，它是一种以工作为导向的培训。而且，值得注意的是，这些培训活动不只是在设定的培训时间内完成，而是一个连续的过程，并通过定期的团队活动来维持这种连续性。在日本的企业中，有一种类似的 OD 活动的形式称"质量圈"，所谓的"质量圈"（Quality Circles），即"圈"内成员定期会面，进行工作和成绩自我评价和评价，这是一种被认为能达到"自我指导"（Self-instruction）的小组开发活动。

当然，无论是什么具体形式，这些培训开发活动的一个共同点是体现了组织目标同个人自我开发需求的有机结合，在此基础上还导致个人自我开发计划的产生。自我开发计划通常在组织指导下由个人自我设计，对企业而言，需要为员工自我开发活动提供支持，主要是提供各种便利的设施；对商业的培训机构而言，也在缓慢发生变化，开始提供自由组合的课程及非正式的培训机会，这种趋势持续到现在。

　　第二个显著的变化是"绩效技术"（Perfromance Technology）。PT 最早产生于 20 世纪 60 年代末期，但是经历了一个很长的发展才被接受。经过 70 年代，美国的一些专家创建了一些分析技术，主要用于分析如果组织绩效出现问题，那么培训与其他可选的方法能够解决问题的作用究竟有多大。他们的研究表明，实际上企业所要解决的许多人力资源问题，不是单单靠培训就能解决的，很多时候，培训并不是解决问题的必由之路，在一定程度上能被其他措施方法所取代，包括更好的甄选录用方法、通畅的信息系统、激励的报酬系统设计等。与 PT 相关的方法是比较微观的，有的甚至以单个员工为基础，它重在分析特定的个人或小组在某一项特定任务中的表现为什么会不佳？它一方面确认了培训需求是否必要，另一方面又可以帮助我们寻找相当有效的解决方案。

　　PT 可以说是"从下而上"的一套方法，着眼于局部，注重特定问题的分析；而 OD 则是"自上而下"的措施，着眼于整体，注重整个组织的重组与改造。

发达国家职业技术人才开发的经验及启示 *

社会就业结构的科学合理配置，不仅需要高学历人才，更需要大批的高素质的职业技术劳动者。有资料表明，西方发达国家经济之所以能够高速增长，除了拥有高水平的科学理论专业人才外，还拥有一支高素质的、熟练掌握现代化技术的劳动大军。然而，中国目前职业技术人才，特别是高技能人才严重缺乏，找 100 个大学生不难，找 100 个高级钳工却是难上加难。据劳动和社会保障部最新报告表明，目前我国城镇企业共有技术工人 7000 万人，其中高等级技术工人不足 5%，与发达国家 40% 的比例相去甚远。

职业技术人才，是指在生产一线熟练掌握专业技能，在关键环节发挥重要作用，能够解决操作难题的人员，包括高级工、技师和高级技师等。劳动和社会保障部在总结职业和技能发展规律的基础上，将职业技术人才分为技术技能型、复合技能型和知识技能型，他们是推动技术创新和实现科技成果转化不可缺少的重要力量，在提高产品和服务质量、提升企业竞争力、推动经济发展过程中发挥着生力军作用。推动"中国制造"走向世界，促进我国经济发展，离不开职业技术人才的贡献。分析西方国家特别是发达国家对职业技术人才的认识、理解、培养和运用上的理念、机制和措施，对于已经加入 WTO 的我国不无裨益。

---

* 原载于《民主》2006 年第 1 期，作者为肖鸣政与马芝兰。

一、职业教育的方式和侧重点各有不同

1. 高等职业院校专门承办

美国职业技术教育的方法灵活多样，由于劳动力市场的动态性，职业教育与培训也应是动态而不是静态的。社区学院对居住在学院所在地区的持有中学毕业证书的学生，或中学未毕业但通过了州中学最低水平测验的学生，以及18岁以上的本地区的任何公民，凡申请入学的最后都予以录取。社区学院和职业技术学院的专业设置原则是本地区缺少什么样的人才即开设什么专业，以满足本地区经济发展的需要。学员学完该课程后，可以继续升学，也可以再学专业知识，毕业后就业。

在日本，职业技术人才的培养任务由高等专门学校承担。在专业设置上，高度重视市场变化。根据市场需要设置专业，立足现有资源完善专业，与企业合作办专业。企业参与专业设置，以人才市场为导向设置专业。以职业岗位需要为标准设置专业，以高新技术直接相关的职业岗位设置新的专业。日本的专业设置职业性、适用性强。高等职业教育与劳动力市场相结合；有超前意识，预测未来的发展；结合高新技术的发展与应用设置职业教育专业。

在新加坡，职业技术教育由四所理工学院承担，专业以社会行业需求而设立，如南洋理工学院设24个专业，完全是社会多行业岗位急需人才。另一特点是有超前意识，建立未来的专业，采取超前培训，"以明天的技术，培训今天的学员，为未来服务"。政府明确提出，职业教育专业设置一定要有强烈的超前意识和市场意识，能否通过有效的积极的措施，主动而不是被动地适应乃至于促进国家经济的发展，应该是一个国家或地区发展职业教育时首先必须考虑的问题。职业技术教育不能消极地等待国民经济发展的召唤，而必须以一种超前的眼光，针对未来的技术发展，尽可能地做到超前的专业培训，从而主动地引导产业结构的不断提升和国民经济整体素质的不断提高，奠定最重要的人力资源基础。

2. 企业、社会共同承办

德国的职业技术人才开发实行"双元制"，即学校与企业相结合，以企为

主，理论与实践相结合，以技能训练为主，校企合作，双方共同培养技术人员。进入职业学校的学生，95%的人都是事先通过与工厂签订合同，首先成为工厂企业的学徒，再送进相关职业学校当学生；学徒学成之后，培训合同便无约束力，他可以留在本厂工作，也可去其他工厂企业就业。这种"双元制"的职业教育制度，对德国经济的发展起了很大的作用。

在英国，为了培养企业适用的高等职业技术人才，许多学校实行了"工读交替"的合作教学体制，这便是人们常说的"三明治"教学计划。学生中学毕业后，先在企业工作实践一年。接着在学校里学完两年或三年的课程，再到企业工作实践一年。合格者再在企业度过一年学徒期，由企业部门指定导师给予指导。

澳大利亚也实行工读交替的合作教育。高校在工程技术人才培养工作中越来越重视与企业界的协作，校企双方共同开展合作教育。在合作教育中，学校与工厂企业双方都参与学生课程的编制和检查，以及学生毕业设计的选题和评审。工厂企业的管理人员、技术人员和学校老师一起，共同承担培养开发工作。学生在学习期间，到工厂企业接受各种生产实习锻炼。

3. 企业自己承办

除了上述的专门职业技术院校的教育，日本的公司，从最小的单一车间到综合性大企业，无不自觉地把办学当作经营活动的重要内容。企业学校开设的都是适应本企业特殊需要的专业理论与实际技术方面的课程。目前，日本的这类企业出资自办的学校正演化为向社会开放的职业高中、中专和职业大学，它表明日本的各企业正向教育领域渗透。

二、重视职业培训，保证员工技能的更新和对新要求的良好回应

美国许多企业在企业内开设以不计学分为主的短期培训班，进行与本企业职工有关的技术培训。这种在职培训，一是对新职工进行岗前培训，使之获得从事本职工作所需要的知识与技能；二是在采用新技术、新工艺或推出新产品时，先培训一部分骨干，再由他们去指导其他人；三是培养技术工人的后备力

量，使技术工作后继有人。其特点是密切联系本企业生产的需要，注重实效，使职工在本职工作中跟上生产发展水平。此外，许多企业还自己办学，进行授予学分的在职培训。

三、重视从农村中挖掘职业技术型的人力资源

德国非常重视农村人才的职业教育，其农业职业学校和专科学校实行企业与学校配合、理论与实践相结合的办法。对农民进行的教育，由企业承担大部分费用和责任，来提高受训者的技术能力。毕业后发给"绿色证书"，获得经营农业的资格，可享受国家优惠贷款和支持。此外，还有各种专业技术培训班。

英国同样如此，全国有 200 多个农业培训中心，负责对农民和农业工人进行职业培训，以提高他们的农业技能，每年约有 1 万多名农村青年基础教育毕业后，除有 1/5 升学接受大专教育外，其余都要参加 2 年以上的不脱产的农业培训。对已有一年实践的青年农民也要进行二三个学分培训，毕业后分别发给普通高级农业证书。

法国在重视农村职业技术人才的培养方面，有其独到之处。每个县都有一所国立农业技术中学和 1—2 所农业技术培训中心，全国约有 350 所，其中私立约 200 所。其经费来源，由农业部拨给校长和教师工资，地方自筹学校设备和基建费用。每个学校都有实验农场，培训期间由国家和有关企业团体支付学生一定报酬。按不同年龄和文化程度，授以不同等级的职业技术教育。政府还利用广播电视及农业刊物等向农民普及推广先进技术。

比较分析上述相关材料，我们从世界各国的职业技术人才开发经验中，可得到以下一些启示。

1. 经济和高新技术的迅速发展是职业技术产生和发展的直接动因

20 世纪 70 年代，世界上一些经济发达国家与地区，由于新兴工业部门向传统工业部门的挑战、产业结构的调整、生产方式的转型以及新的管理制度的引进等原因，导致生产一线迫切需要补充大批既懂理论又具有较高操作水平的职业技术应用型人才。这是普通高等教育培养出来的人才所不能满足的。为此

各国产业界强烈呼吁大力发展高等职业教育，培养高层次的职业人才。由于高新技术与经济的迅速发展，急需大量各类职业技术人才，而长期以来，世界各国的传统大学重学术科研，且学制较长、专业结构单一，因此仅靠原有大学已远远不能满足目前的需求。因此，应该适当投资各级各类职业技术教育培训，建立起企业、社会与政府各种不同类型的职业技术开发体系，才能满足社会对不同类型人才的需求。

2. 树立务实的理念，把职业技术人才的开发、培养放在社会需要的长远发展格局中

欧盟曾制定了预测未来的职业技能要求方案，并加以实施，从而能够主动适应未来的发展。职业技能要求，不但要预测未来的专业发展趋势及对职业的影响，而且要预测消费者的需要、全球化及市场竞争等变化情况下的经济如何发展。我们对职业技术人才的开发，要特别注意适应劳动力市场的需求，职业界人士与专业界应该建立有效的沟通机制，以保证职业技术人才更适应市场的要求。

3. 政府重视、法规健全是职业技术人才开发的重要保障

发达国家职业技术人才的兴起，有力地促进了各国社会经济的发展和产业结构的调整，因而得到了各国政府的重视和支持，纷纷制定政策和法规以及增资拨款来保证职业技术人才开发的实施和发展。德国、美国、澳大利亚等国政府，都对职业教育予以极大的重视和支持，有的还以立法和制定政策法规来保证职业技术人才开发和确立职业技术人才的价值地位，这为我国尽快建立职业教育法、大力发展职业技术人才开发事业提供了可借鉴的经验。

例如，韩国政府为培养职业技术人才，十年来采取了一系列优惠政策：(1) 政府成立了一个专门从事职业技术教育的研究咨询委员会，进行理论研究，制定职业技术教育大纲和编写教材；(2) 职业技术教育的经费除政府拨款外，还成立了"职业教育发展基金"，要求企业向政府交纳一定金额作为职业技术教育发展基金；(3) 政府采取一系列优惠政策吸引学生报考职业高中，如职高生比普高生有更多机会取得奖学金和补助等。

对于"学而优则仕"的传统思想影响根深蒂固的我国来说，职业技术教育的立法与政策优惠，是非常必要的。

　　总之，中国的经济社会发展需要各种人才，目前职业技术人才的短缺要求我们积极借鉴世界发达国家的先进经验，尽快建立起中国职业技术人才开发的科学体系。

培训师：令人向往的新兴职业 *

中国是世界上人口最多的国家，有着丰富的潜在人力资源。21 世纪世界各国竞争的焦点将从自然资源转移到人力资源方面。中国要在这场竞争中取胜，关键在于如何把当前的人口优势转化为人力优势，把潜在的人力资源开发转化为实在的人力资源。要实现人口资源优势向人力资源优势的转化，关键在于人力资源开发，而人员培训是人力资源开发的主要途径与手段，因此，人员培训应该成为中国 21 世纪中最为重要的一种职业。

为了推动中国人员培训事业健康持续的发展，有必要对现有及未来参与人员培训事业的人员进行规范化管理，给人员培训的从业人员授予合理而科学的职称与资格，使他们的劳动与事业得到全社会的尊重与尊敬。

把培训人员中那些具备一定专业知识与技能特长的人员称之为培训师，有其合理之处。"师"，在汉语中有多种解释，但与本文"培训师"中之"师"有关的解释，大体上有以下 3 种：

1. 模范、楷模之意，例如为人师表。

2. 尊称，指在学问或艺术上有很深造诣，为大家所尊崇的人，例如艺术大师、武术大师。

3. 一种职位名称，在某一方面有一定专长的人员。例如，所谓律师，是指受当事人委托或法院指定，依法协助当事人进行诉讼、出庭辩护以及处理有关法律事务的专业人员；所谓工程师，指能够独立完成某一专门技术任务的设计、施工工作的专门人员。

---

* 　原载于《中国培训》2001 年第 8 期。

由此类推，我们可以把"培训师"界定为能够独立完成某一培训任务的方案设计、人员组织与活动实施的专门人员。培训师可以划分为高级、中级与初级三个等级，这三个职级对应于"高级培训师""培训师"与"助理培训师"三种称谓。

助理培训师的资格条件为：

1. 具备大专以上学历。

2. 从事培训活动 2 年以上。如果本科以上学历，则从事培训活动时间为 1 年以上。

3. 能独立从事培训方案设计、人员组织与活动实施的某一方面的工作。

培训师的资格条件为：

1. 具备助理培训师资格并连续从事培训工作 5 年以上。

2. 有相关的工作成果或研究成果，公开发表过论著或受到有关主管部门的奖励与表彰。

3. 独立主持并完成 5 个以上培训项目。

高级培训师的资格条件为：

1. 具备培训师资格并连续从事培训工作 5 年以上。

2. 对培训问题有独到见解，有专门著作公开出版与发表或在专业杂志上发表过 3 篇以上论文，字数在 10000 字以上。

3. 具有独立策划培训项目的能力，并独立完成策划 3 个以上培训项目。

培训师与教师有所区别，教师是学校中从事教育教学工作并具备一定资格条件的专业人员，教师上岗目前已有教师资格证书要求，没有教师资格证书的不能承担任何学校中的教育教学任务。教师的工作对象一般是在校学生；而培训师的工作对象一般是非学校的在职或非在职人员。教师的工作场所一般在学校内部；而培训师的工作场所可以是固定的培训场所，也可以是变动的，流动到各企事业单位与政府非政府的组织中进行培训。

教师的工作任务主要在于对学生素质的塑造与改造，而培训师的工作任务主要在于对被培训人员素质的开发与技能的训练。

然而培训师的工作性质与教师相近，任职资格条件要求上有相同之处。

总之，培训师与教师不尽相同，鉴于世界经济发展的新变化与中国人力资源开发的现实需要，有必要对人员培训的从业人员，给以合法合理的"培训师"职称，以推动中国培训业的健康持续发展。对具有不同培训素质与水平的专业人员进行"高级培训师""培训师"与"助理培训师"的三级认证，有助于对目前较为混乱的培训市场实行规范化管理。

以人力资源开发理论解读员工"政治素质" *

　　随着中国经济体制改革的深入与市场经济的发展，目前企业人力资源开发越来越注重核心竞争力的提升，员工的知识与技能等能力素质往往受到高度重视，而政治素质则受到忽视。因为人们倾向于认为政治素质只对政治和政府有意义，对经济和企业毫无用处。实际上，事实并非如此。这需要我们从人力资源开发的角度对员工的政治素质作出探讨与解释。

一、重新界定政治素质

　　政治素质常被用于表述政治组织成员所具有的某种特定素质。根据现有的研究，人们所认同的政治素质主要包含政治方向、政治立场、政治纪律、政治鉴别力、政治理想、政策水平、法治观念、工作责任感、团结精神和诚实正直的个人品质等核心要素。传统上，党政机关、国有企事业单位中的党政工作人员是政治素质概念的主要对象。但是，这种基于传统概念基础上的员工"政治素质"和企业的要求不一致，因此，对政治素质进行重新界定，使其具有更大的适用范围是十分必要的。

　　从政党和企业的本质来看，它们都具有一般组织所具备的基本性质，对其成员的素质要求在结构和内容上具有相似之处。将政治素质的概念适当扩大化，从组织的抽象意义上对政治素质做重新界定是可行的。基于这种理解，政治素质可以做如下广义理解：政治素质是非临时性组织要求其成员在处理与组

---

* 原载于《中国人事报》2007年5月11日，作者为肖鸣政与杨京涛。

*　原载于《中国人事报》2007年5月11日，作者为肖鸣政与杨京涛。

织之间关系时所持有的特定的与基本立场、观点、态度和行为等有关的素质的总和。举例来说，对于某个政党的党员而言，它是党员对政党的政治素质；放到企业中，则是企业对员工素质的要求。对于其他组织，如学校、医院等，这种关系都成立。

二、政治素质对于组织与个人的价值

从本质上来讲，政治素质贯穿于组织成员态度、言论和行为之中，具有很强的价值导向性与凝聚力。政治素质本身并不能直接创造经济价值，但是政治素质在一定的条件下可以转化为有利于企业发展的员工具体行为，这些具体行为可以为企业创造大量的经济价值。组织通过对政治素质相关内容的开发以及采取相应的强化激励措施，可以有效引导员工按照组织战略目标进行有效工作。除此之外，政治素质对于组织和个人，包括企业人力资源开发工作还有以下几点意义。

首先，对企业来讲，通过政治素质的开发与管理可以有效激发员工的积极性和创造性，使他们紧紧围绕企业经营、发展、稳定的中心任务，在企业的发展目标、发展路线和行为规范上统一思想，提高认识，为企业自身的发展提供强大的精神动力和思想保证。当然，提高对政治素质的开发也需要激励机制的保障，将提高员工政治素质与企业绩效考评工作结合开展，可以达到个人成功与企业发展的完美结合，为企业发展提供长久动力。

其次，对员工来讲，员工只有提高自身政治素质，树立与企业共荣辱的信念，才能在为企业创造更多价值的同时体现自身的价值，也才能获得物质与精神需求的双重满足。提高政治素质是企业与员工之间的一个互动过程，并非员工单纯的付出。员工政治素质受到企业重视意味着企业要在绩效管理的基础上提高员工精神上的满意度，这是员工高层次需求得到满意的表现。

最后，对于完整的员工素质开发与管理体系构建工作来讲，尽管目前企业对企业文化和员工忠诚等素质有所重视，但缺乏系统性，对员工政治素质这项重要资源并未有效整合。譬如忠诚这种素质尽管对企业非常重要，但仅仅依靠忠诚是远远不够的，有了忠诚还要有热情，还需要积极主动等。企业提倡忠诚，一般是在企业与员工关系出现危机或员工流动率过高时才会被动的被提上议事日程，这是一种头痛医头、脚痛医脚的做法，成本太高，代价太大。要真正预防相关问题的发生，需要将员工政治素质的管理工作日常化、系统化，将员工政治素质全面引入员工的日常管理中。员工政治素质不仅需要管理，而且需要开发。从企业的角度来讲，只有构建在政治素质基础上的其他员工能力和素质才能高效率的转换为企业效益。

总之，尽管政治素质的作用在企业正常发展的时期效果可能并不明显，但这不能成为忽视政治素质开发与管理工作的理由，如果企业到了危急关头再采取措施维护，不仅成本高，而且见效慢。所以，将政治素质作为企业人力资源的一项重要内容进行开发和管理，是十分必要的。如果能将这些工作与企业中的党群工作结合开展，则无疑有利于人力资源的深度开发。但是，企业绝对不能将员工政治素质的开发当作企业获取利润的工具，尽管政治素质的这种工具性是客观存在的。员工的个性必须得到尊重，员工利益必须得到重视，员工贡献必须得到补偿，只有这样才能形成员工与企业之间长期稳定的合作关系，获得共同发展。

干部挂职锻炼的人力资源学分析 *

从人力资源开发的角度来看，挂职锻炼是一种十分有效的岗位轮换的方式。政府在大组织内部进行人员的轮岗学习是开发和培养领导干部的一种经济而有效的途径。

一、岗位轮换，关键在于一个"职"字

从人力资源开发的角度来看，挂职锻炼是一种十分有效的岗位轮换方式。岗位轮换在企业中被广泛采用，政府使用这一开发方式则是充分发挥了其作为一个大型组织的优势。政府涵盖如此之多的部门、工种、职位，要进行公务人员的培训和开发是一项非常庞杂的工作，而利用政府自身的特点，在大组织内部进行人员的轮岗学习是开发和培养领导干部的一种经济而有效的途径。

挂职锻炼的一个特色就在这个"职"字上。领导干部所应具备的多项素质要求是在现实的工作中逐步锻炼出来的。像沟通能力、决策能力、协调能力这样一些能力的获取，既需要有理论的指导，更需要实践经验的积累。挂职锻炼让挂职者能够有时间充分了解挂职单位的状况，发挥自身的特点和优势，把上级部门的工作思路和先进的经验带到了挂职单位中去，同时也能从基层的单位中获取有效的信息，以利未来的工作。这既是对培养对象的培养和开发，也是对领导岗位后备人才的考察。

同样是因为这个"职"字，"挂职锻炼"也成了挂职者和派出单位发展进

---

* 原载于《人民论坛》2006 年 7 月刊，题目有所修改，作者为肖鸣政与饶伟国。

步的好方法。挂职者在工作的过程中深入了解了先进地区的工作方式和管理方式，既是学习，也是发展。西部地区的干部到东部地区挂职的许多例子就带来了这样的效果。挂职者回到原工作单位后带回的是全新的工作理念、工作方式，还带回了广阔的信息渠道。从个人层面看，挂职者获得了素质、技术、能力的提升，也就是俗话说的既长了见识，又长了本事。其中有些"本事"正是派出单位所急需的，而又难以在本单位内部获取的。从组织层面来看，就是该组织的人力资源存量的增长。各级政府在部门之间、地区之间进行人员的交流为获取组织所需要的人力资源提供了一个极为有效的方式，也为组织之间相互学习、加强信息沟通提供了途径。

二、精细化管理有效防止挂职走过场

挂职锻炼不光从人力资源开发的视角被看作一个有效的开发途径，它的功用还被众多的管理实践者和研究者所认同。但是，也有很多人对挂职锻炼这一现象表示质疑和担忧，特别是对挂职锻炼新近演绎出的多种形式并不肯定。

细细来看，这并非挂职本身的缺陷，而是挂职管理上存在着诸多漏洞。因此，加强挂职制度的管理是十分迫切的。现在的管理还处在很粗放的状态，首先要做的就是管理的精细化。对于挂职整个过程都需要有管理控制。从派出和接收规划的制定，挂职者的选择，挂职配套培训，对挂职者的考评和指导，挂职者返回后的辅导，挂职项目的评价反馈，诸多的环节都需要有明确的规定。

在挂职前，需要派出单位和接受单位制定出挂职项目的详细规划，比如每年交流多少人，挂什么样的职，任职多长时间，挂职的目的是什么，双方单位在合作期间如何沟通协作，等等，这样才能避免交流派遣的随机性和盲目性。对于挂职者的考核评价，更是应该有计划进行，防止出现挂职者一旦派出就"三不管"的情况。在缺乏控制和评价的环境中，挂职就容易演变成为走过场，而不能真正发挥其应有的作用，也是对组织资源的一种浪费。所以，需要派出单位和接收单位共同协作，有针对性地进行考核评价，这既是过程控制更是对挂职者的激励。总的来说，就是要将挂职管理作为一项能带来巨大收益的工程，各项管理工作需要深入细致地进行。

三、挂职制度需要明确的法律规范

挂职锻炼是在我国民主政治发展的初级阶段，为了加快干部培养，提高公务员的执政水平，缩小不同地区行政管理差距而实行的重要制度。但是，这一制度存在着严重的先天不足。首先，挂职锻炼的培养对象没有明确的法律规定，目的不十分明确，任职资格缺乏具体的审核程序。其次，挂职锻炼容易产生短期行为，有些地方挂职锻炼成了解决人浮于事问题的特殊方式，还有的变成了游山玩水、公费旅游的借口。挂职锻炼破坏了正常的行政运作结构和机制，容易造成在其位不谋其政的错误行政观念，影响机关的工作效率。最后，挂职锻炼容易破坏行政体制等级格局，在不同机关或者上下级之间产生纠结不清、拉拉扯扯的庸俗现象。另外，挂职锻炼为少数公务员以权谋私提供了便利条件，不少贪官污吏就是在挂职锻炼的过程中，结交了地方上的不良商人，最终滑入犯罪深渊。

在法律的框架内，适当进行公务员交流，有利于提高公务员的执政水平；但如果缺乏法律规定，那么，挂职锻炼很可能扭曲现行的民主政治制度，在社会上产生不良的影响。有些地方人大在选举过程中，明确表明某些市长或者副市长为挂职锻炼干部，希望人大代表能够心中有数。这种做法，既破坏了人民代表大会制度的严肃性，同时也在社会上产生了不良的影响。少数"空降"公务员由于缺乏民意基础，不能发挥应有的作用，他们在工作中处处受到掣肘，不能参与决策，挂职锻炼期间只能从事迎来送往的礼仪性活动。

因此，要想充分发挥挂职制度的作用，必须制定明确的法律规范，将红头文件中表现出来的原则性规定，变成具有可操作性的法律制度，逐步规范引导我国挂职锻炼活动。

四、挂职锻炼要与我国现行的民主选举制度和人民代表大会制度紧密结合

另外，在笔者看来，如何解决我国当前政治生活中的问题，加快民主改革比干部交流、挂职锻炼更有效果；加快推行首长负责制比挂职锻炼培养公务员

更为重要。加快民主政治体制改革的步伐，可以将那些德才兼备的优秀分子推举到重要的岗位；而实行首长负责制，则可以促使单位一把手在宪法和法律的引导下，大胆起用专业幕僚干部，组成精简高效的团队，实现竞选时所确立的目标。如果没有民主政治体制改革，机关干部暮气沉沉，那么挂职锻炼虽然有助于一部分公务员呼吸新鲜空气，但不能从根本上改变机关工作作风，提高工作效率，挂职锻炼只不过是权宜之计，不可能发挥重要的作用。

当前我国县级以下领导干部直接选举制度正在有序运行，厅级干部公开选拔制度正在全面铺开，干部培养和任用方面的民主化和公开化进一步加强。挂职锻炼必须服从于我国的民主选举制度，必须在党的组织部门精心安排下，充分尊重挂职锻炼地区选民意见，谨慎使用这种培养锻炼干部的制度。

总之，作为我国民主政治发展中的一种过渡性措施，挂职锻炼制度既要有明确的法律支撑，同时又要与我国现行的民主选举制度和人民代表大会制度紧密结合。

从人力资源开发看教育减负 *

　　中国人民大学教育科学研究所教授肖鸣政认为，从人力资源论的角度看，教育是人力资源开发的一种重要途径与方法，素质教育即是教育者对受教育者素质与潜能开发与提高的过程。中小学教育是人力资源开发的基础工程，而中等职业教育与高等教育则是人才资源职业定向开发的基础工程。

　　人口、人员与人才是个体发展的不同水平阶段，从人口到人才的自然形成过程比较漫长，且效果差，自学成才者毕竟少数；而在科学的教育指导下，人口到人才的转化过程比较快，且效果好。这种由低到高的发展，必然需要一定的压力，因此当前的教育减负首先要适度，如果过多地减负，甚至连必要的考核评价体系都不要了，那么势必影响到未来中国的成才率与成才效果。

　　其次，减负要科学。该减的减，不该减的决不能减。影响身心正常发展的过重学业负担应该减，但促进心智发展的必要负担不能减；以练代教的课业负担应该减，但精练精教的课程负担不能减；重复教学的内容应该减，而核心课程的负担不能减。

　　最后，减负要系统化不要简单化。减负不光就是减书包的重量，减课时数，减家庭作业，更重要的是要减除学生、家长不必要的心理压力和精神负担。面对当前下岗分流、优胜劣汰、激烈的就业竞争，面对当前以学科统考录取的高考，加上家长望子成龙，独生子女的社会氛围，仅从学校减负并非能见实效。因此我们应尽力广开社会就业机会，改革学科统考制度，建立以人才素质测评为基础的高校自主招生制度。

---

　　* 原载于《湖北社会科学》2000 年第 12 期。

从企业人力资源的需要看学校
德育目标的建构 *

众所周知，学校教育相对于个体发展与国家人才需求来说，具有滞后性与基础性，这种滞后性与基础性给学校德育目标的建构提出了科学性、预见性的要求，学生品德的培养还具有基础独立性的要求。然而，长期以来，学校德育目标的建构，却一直依赖于国家当时的政治要求、形势要求与教育者的意志，使学校德育目标长期处于抽象、空泛、落后与低效的状态。本文根据对近 150 名大中小学班主任教师、专家以及近 400 名企业管理人员、优秀员工的实际调查，揭示了当前我国学校德育目标建构中存在的问题及其原因，并提出了相关的对策建议。

一、品德在现代人力资源结构及其开发中的功能

人力资源是人们对组织中员工的经济学观点，认为组织中的员工是其经济效益增长的一种重要资源。员工对于一个组织经济发展的贡献，不但取决于他们的知识、技能与能力，更重要的是取决于他们的工作态度与品德。知识、技能与能力决定着员工能够为其所服务的组织做些什么，做到什么水平；而品德与工作态度则决定着员工愿意或乐意为其所服务的组织做些什么，做到什么水平。随着高等教育的大众化与企业培训的经常化、科学化、普遍化，员工的知识与技能水平普遍得到提高，基本上能够满足企事业组织对人力资源的智能需求。相对而言，员工的工作态度与品德越来越成为制约当前中国人力资源效用

---

* 原载于《中国人民大学学报》2001 年第 1 期。

发挥的主要因素，成为企事业组织之间竞争取胜的关键因素。

品德在现代人力资源结构及其开发中具有以下几方面的功能。

1. 统领协调功能。我国学者一般认为，人力即劳动能力。关于劳动能力，马克思曾有过明确的定义：我们把劳动力或劳动能力理解为人的身体即活的人体存在的，每当人生产某种使用价值时所运用的体力和智力的总和。从这个定义可以看出，劳动者的体力与智力，是劳动能力中的两个基本要素，然而在这两个基本要素中又有许多子要素。这些子要素在劳动者身上能否发展，发展到什么程度，则有赖于劳动者既有的品德素质对它们的协调与促发。一个身材高大的人，如果缺乏吃苦耐劳的精神，他的体力与躯干支撑力并不能取得最佳效用；相反，身材矮小的体操运动员，由于勤学苦练，体力却很强。

在马克思的定义中，"总和"并不是对智力与体力的机械相加，而是对它们的一种有机组合。体力与智力的诸子要素，是散在和独立的，它们靠什么东西在劳动者身上得到统一组合与协调呢？显然是品德素质。品德素质实际上就像一种胶合剂，把诸子要素凝聚在一起，形成整体的与实在的劳动能力。相同的体力与智力诸要素，因为劳动者品德素质不同，因而其"协调"与"合成"的方式就不相同，最后形成的实际劳动能力就有差别。当劳动形式由个体发展为社会化大生产的协作形式时，劳动能力的概念也就由个体的体力与智力总和，扩展为集体的体力与智力总和。在这种情况下，劳动者的品德素质的协调作用就更为重要。

协调作用有时还表现为补充作用。在一定的工作岗位上，品德的优势可以弥补智力、学历与技能方面的不足。学历知识水平较低的人往往会以服从、合作与勤快的品质获得主管人员及同事们的认同与好感。

2. 驱动功能。品德的实际效用既体现在受教育者自身的修养上，又体现在对社会他人的影响上；既体现在品德方面，又体现在对学习、工作与身体的改善方面；既体现在精神方面，又体现在物质方面。如果一个人集体观念淡薄，过多地考虑个人利益，对待工作就可能缺乏主动性与积极性，固有的智力与体力的发挥就会受到很大影响，在工作岗位上表现出来的劳动能力就很差，难以胜任自己所担负的工作。关于动力作用，古人也有所认识，例如从孔子开始，诸多学者就一直重视"志"的作用。这主要是由学校德育目的本身决定的。任何国家、任何民族、任何学校的德育，其主要目的都应该是两个：一个是培养受教育者做人之"德"，以符合本社会、本阶级或本组织的需要；另一个是培养受教育者学习之"德"，为教育及其日后成长服务。而"志"对这两个目的的实现均至关重要。

从国外科学家及目前社会对什么东西能给人以力量的评价中，也说明了品德在现代人力资源结构及其开发中的作用。过去人们崇尚培根说的一句话，即知识就是力量，后来人们又崇尚托夫勒说过的一句话，即善于为人处事的情商才是力量。

3. 核心作用。品德在人力资源结构及其开发中具有核心作用。北宋时期司马光在综观前朝历史的基础上，于《资治通鉴》中指出，自古昔以来，国之乱臣，家之败子，才有余而德不足，以至于颠覆者多矣。因此他认为德才全尽是圣人，德才兼亡是愚人，德胜才者是君子，才胜德者是小人。在这里，司马光明确提出了品德在人力资源结构及其开发中的核心作用。司马光的"君子"与"小人"也需要从人力资源论的角度来解释才能说清楚。这里的"君子"与"小人"均属人才范畴，但"君子"是"人才"，"小人"是"小才"。也就是说在一个人的人力资源结构中，如果他的品德发展落后于才能，那么他将来的成就有限，才能的发挥有限，不能得到充分的发展，不能成为栋梁之才。如果他的品德发展优于才能的发展，那么他的才能就能得到充分的发挥，得到进一步的发展与提高，将来会有较大的发展，能够成为栋梁之才。

这一观点如果从现代心理学关于情商与智商对一个人事业成功贡献的研究来解释，就更为明确了。我们把情商看作是品德水平的特定指标，而把智商看做是才能水平的特定指标，现代心理学研究表明，一个人的成就中至多只有 20% 归诸智商的贡献，而 80% 归于情商的贡献。心理学家霍华德·嘉纳（Howord Garder）说过："一个人最后在社会上占据什么位置，绝大部分取决于非 IQ 因素。"在现代社会中，"很多 IQ160 的人为 IQ100 的人工作"。

现代企业管理研究的成果也表明，随着高科技的发展，劳动者的品德素质在生产中的作用将日趋重要。有人预测，21 世纪以后，人力资源开发的重点与关键，将是开拓进取、协作竞争、敬业尽职、务实求效等品德素质。

4. 关键作用。品德素质在人力资源结构及其开发中的关键作用，从古至今一直为企业家、政治家与人力资源管理专家所关注。在人才选拔与人事考核中，品德往往被视为关键因素与标准。汉代王符在《潜夫论·忠贵》中指出："德不称其位，其殃必大。"汉代董仲舒认为，选贤取士要量才授官，录德而定位。清朝的康熙皇帝在24位皇子中物色接班人时，也是以德为先，以德为主。他说，观人必先心术，次才学。心术不善，纵有才学何用？又说，事君者果能以公胜私，于治天下何难！若挟其私心，则天下必不能治。因此他最后选定的接班人是四皇子雍正，而不是才能出众的八皇子与十四皇子。过去如此，现在企业用人也是如此。

由此可见，品德是人力资源结构中的核心部分，在现代人力资源开发与管理中具有关键地位，发挥导向功能、驱动功能和协调整合功能。

二、当前企事业组织对人力资源的德性需求调查

企事业组织人力资源的德性因素，在这里指品德素质。从表现层次上看，包括品德及其所决定的态度与思想。态度与思想既受它们所指的事件影响，受它们所处的环境影响，也受主体的品德素质影响。

众所周知，品德的心理结构形式表现为知、情、意、行、信五个层次。"知"即政治思想道德知识与认知水平，"情"即政治思想道德情感情绪，"意"即政治思想道德意志，"行"即政治思想道德行为习惯，"信"即政治思想道德信念。显然，员工对待工作的态度会在很大程度上受到其品德结构中"知""情""意""行""信"的影响。企事业组织人力资源的德性因素，从人员结构上看，包括高层、中层与基层人员的态度与品德。对于这三个层次的人员的德性要求，我们分别作了实证调查与研究。

1.企业职业经理人的德性要求

最近，我们结合北京市哲学社会科学"九五"规划项目"企业职业经理人任职资格考评指针体系研究"，先后查阅了大量的国内外有关企业家素质研究的成果。经过传记、简历和个别访谈，对北京市及国内其他省市和美国、日本、中国香港地区近100名有一定代表性的优秀企业职业经理人，进行了个别分析与职务分析，寻找决定其事业成功的品德素质。然后根据职务要求对搜集

的诸多品德素质进行初步筛选，按其内容结构排列，并以问卷形式再次咨询了多位企业职业经理人及其管理机构与人员，让每位被咨询的人结合自己的管理经验与实践体会，从中选择3条至5条对于企业职业经理人任职十分重要的品德素质，3条至5条对企业职业经理人任职成功起关键作用的品德素质，并要求对所有品德素质进行排列。最后，经过统计分析发现，对企业职业经理人德性要求中最为重要的6条品德素质是：事业心、自信心、责任心、果断性、坚韧性与诚实正直。

2. 企业对中层管理人员与一般员工的德性要求

为了探讨企业对员工的德性要求，我们对安徽省古井集团雪地啤酒厂的900多名员工进行了抽样调查。调查样本为294人。其中车间副主任以上的中层管理人员74人，其余均为基层管理人员与一般员工。调查内容共3大项，包括：(1)岗位职责与任务；(2)完成该职责任务所需要的基本条件、专业知识、基本技能、主要能力、品德素质与身体条件；(3)岗位评价。关于品德素质，我们又细分为3个调查项目，即做好本岗位工作必不可少的品德素质、较为重要的品德素质及起关键作用的品德素质。由于调查问卷的问题都是开放式的，被调查人的回答多种多样，长短不一，所以分析时要求分析人员用最简单的、能反映不同回答共性的语言加以概括。通过统计分析结果发现，对于企业中层管理人员任职要求中，排在前5位的品德素质依次为事业心、以身作则、廉洁奉公、乐于奉献和坚持原则；而对于企业基层管理人员及一般员工任职要求中，排在前5位的品德素质依次为敬业爱岗、合作共事、任劳任怨、热情待人、公正公平。

三、学校德育目标的调查

教育心理学研究表明，成年人的许多品性素质的形成关键在于学生时代。任何学生的品德素质都是在活动与交往中，在教育与自我教育过程中形成与发展的，其心理机制是内化与外化。对于内化过程，学者们作了不同的划分。皮亚杰把它划分为同化与顺应2个阶段，班杜拉把它划分为模仿、认同与强化3个阶段，布鲁姆把它划分为接受、反应、评价、价值的概念化、价值性格化5

个阶段。虽然个体品德素质随着年龄及社会经验的增长会有一定的变化，但就一般情况来看，大多数人的品德素质都是在中小学时期奠定的。由此可见学校德育目标对公民德性教育的重要性与关键性。学校的德育目标决定着学校德育的内容、德育的活动、德育过程及其方向及学生品德素质的结构与水平，决定与影响着学生走向社会后的品性发展与发挥，从而也就在一定程度上决定与影响着中国人力资源的质量水平及其实际效用。

当前我国学校的德育目标如何呢？从德育大纲中即可看出。但德育大纲中所列的目标与广大教育工作者实际认同的德育目标并不完全一致，因为前者是教育部以及研究部门共同制定颁发的，来自上级，而下级学校中教育工作者实际贯彻的是他们所认同的德育目标。因此，对学生品德培养发生实际影响的是班主任老师心目中认同并在实际教育工作中贯彻的品德教育目标。为此，笔者对 143 名大中小学优秀班主任进行了问卷调查。

我们首先根据教育部颁布的《德育大纲》《学生守则》，各学校的《学生规范》，以及中国传统美德的内容，提炼了 49 项品德素质。然后对 143 名大中小学班主任教师进行问卷调查，要求他们结合长期的德育实践经验与自己的认识，就每项品德素质在德育目标体系中的地位作用进行等级评定，即"最重要""比较重要""一般""比较不重要""最不重要"。为了保证调查的有效性，我们的答卷人都是经过认真挑选的责任心强且有丰富经验的优秀班主任。

调查统计结果表明，收回问卷共 97 份，超过半数（49 人）的人认为，最为重要的品德素质共 12 条，依次为：热爱祖国、拥护中国共产党、学习勤奋、遵纪守法、关心爱护集体、乐于助人、有理想、是非分明、生活学习有计划有规律、开拓进取、诚实守信、言行一致。

四、两种调查比较及其启示

从上述调查结果中不难发现，当前我国学校的德育目标体系存在以下几个问题：

1.注重国家政治与社会的现实需要，忽视学生人格健康成长的个人需要。

被97位大中小学优秀班主任同时认为重要的前5条中，有4条是与国家政治及社会要求相关，只有一条学习勤奋与个人成长有关；而"最为重要"方面被排到最后的5条中，包括知恩必报、庄重随和、尽情尽义、民主平等、合作共事，它们均与学生人格健康成长密切相关，其中与社会政治要求相关的有2条。

2.注重学生当时的人格发展需要，忽视毕业后工作的需要。从调查中发现，被列入最为重要的11条品德素质中，除了国家政治与管理的要求外，都是与学校当前的纪律要求及教育要求高度相关，而真正与学生毕业后工作需要有关的却没有。像独立自主、原则性强、适应灵活、爱参与他人或集体活动、尽情尽义、爱护公物、合作共事等学生毕业走上社会参加工作非常需要的品德素质却被选入"不重要"的行列。

3.注重品德的发展水平而忽视基本品质的培养。调查结果表明，意志坚强、乐于接受他人的批评、乐于为公众服务、爱护公物、扶弱爱幼、正直正义、尽情尽义、原则性强、自省自律、独立自主、注重身体、情操高尚等基本而十分重要的品德素质，都被大中小学班主任列为最不重要或比较不重要。班主任教师对德育目标的选择，必然导致他们忽视对学生相应品德素质的培养。

4.注重现代精神文明，忽视传统美德。节俭朴素、谦虚谨慎、知恩必报、庄重随和、体谅宽厚、自省自律、乐于助人等是中华民族的优良传统，但从调查结果发现，这些品德素质均被中小学教师所忽视，基本上被列为最不重要与比较不重要之列。

5.注重当前德育要求，忽视未来人力资源德性要求。对于爱国、爱党、爱集体、守纪律、爱学习等学校当前的德育要求，普遍被班主任教师所重视，但对于学生将来走上社会，特别是知识经济与未来社会对学生的要求却有所忽视。无论从中小学教师个体调查的结果还是群体调查的结果，都可看到这一点。一份调查结果表明，学习勤奋、诚实守信、孝敬父母、礼貌待人、热爱祖国、拥护中国共产党、自强不息、勇敢刚毅、开拓进取、生活学习有计划有规律、兴趣广泛等充分体现了当前学校的德育要求，均被选列为"最重要"一档；而合作共事、适应灵活、爱参与他人或集体活动、独立自主等未来社会需要的德性却被选列为"最不重要"或"比较不重要"。

6.学校德育目标与现实需求相脱节。从调查来看，企业经理人品德素质要求中最为需要的是事业心、自信心、责任心、果断性、坚韧性与诚实正直。事业心来自于有理想、乐于为他人奉献、务实求效、开拓进取、关心爱护集体，但这些品德素质在历次调查中绝大部分都没有被选入"最重要"一档；自信心来自于好强争胜、言行一致、适应灵活、自尊自信、务实求效、是非分明、独立自主，但这些品性素质也没有被选入"最重要"的档次；责任心在调查中也是被大多数中小学教师视为"比较重要"而不是"最重要"；果断性、坚韧性来自于独立自主、原则性强、意志坚强、勇敢刚毅、自省自律、自强不息、言行一致，但这些品德素质在调查中都没有被选为"最重要"；诚实正直来自于诚实守信、遵纪守法、民主平等、正直正义、是非分明、言行一致、原则性强等基本品德素质，但在调查中，也绝大多数没被选列为"最重要"。

由此可见，我国学校德育目标建构存在一定的问题，这些问题导致了学校德育教育的不系统、不一致，相互重复，相互矛盾。大学生注重礼貌教育、行为规范教育，而幼儿园小朋友与小学生却注重立志与爱国爱党教育，德育教育重心倒置错位，导致了学校德育教育的软弱与无力。产生这些问题的原因在于学校德育目标建构的不科学。

学校德育目标的建构，目前大致存在三种类型：（1）从人的本性、本能出发，对学生施以德育影响，使人固有的本性得以发展和完善，一切从人的本性出发，即个人本位论。（2）从社会要求与对人的思想行为规范需要出发，认为德育除了社会目的以外，无其他目的。（3）个人本位与社会本位的协调论，从对立统一的观点出发，认为学校德育目标的建构既要满足社会发展的需要，又要适应个体思想品德充分发展的需求。在建构依据与立论上，我国学校的德育目标基本上是第三种，这是科学的；但在具体的实施与执行上，却往往偏向于第二种，即社会本位论。

学校德育目标建构的程序与方法的设计虽然遵循"调查—分析—设计"这一思想，但实际操作过程却主要是对国家领导人的讲话精神、中央文件或少数专家的思想的诠释与注解，对政治纲领的分解过程。

针对这种情况，我们建议采用人力资源开发的有关学说与方法进行学校德育目标的建构。所谓人力资源开发，即开发者为提高被开发者工作绩效而进行的一系列有计划有组织的制度管理、教育培训与自我学习的活动。在这里，开发者可以是整个社会、政府、企事业组织、学校，也可以是教师、家长与管理者；被开发者可以是公民、职员、学生、儿童、军人及其他人员；工作绩效可以是广义的相对于整个国家与社会发展的目标任务而言，可以是相对于特定企事业组织的目标任务而言，也可以是针对某一工作岗位的职责任务而言。在这里，目标任务体现着一定社会、国家、组织发展的需求，而具备一定的思想政治、道德、法律、心理健康等方面的知识、经验、信念、情感、意识等，则是主导个体在发展过程中寻找适合自己的组织与工作、实现个人价值的因素；工作绩效则是两者对应统一的具体结合与表现，它既体现了个人价值的实现程度，又体现了社会、国家与组织需求的实现程度。

从理论上说，个人发展的可能是无限的，教育应从受教育者的需要与特点出发，努力开发出各自的个性特点，使之更具特殊性与多样性。但在现实中，每个人的生命是有限的，其中的关键与最佳发展期又更为短暂，从而也就从时间上限制了每个人发展的时间性。由于每个人所处的家庭、学校、工作与生活的社会空间有限，从而就从客观上规定了每个人发展的有限性。如何抓住个人发展的关键期与最佳期，在有限的时间与空间内取得最优的发展，实现社会与个人需求满足的双赢，这就需要我们遵循人力资源开发的理论与方法来建构公民的德育目标。

经过调查研究，我们发现，目前我国学校公民德育目标建构过程中主要存在6个方面的问题：（1）注重国家政治的现实需要，忽视学生人格健康发展的需要；（2）注重学生当时的人格发展需要，忽视日后毕业工作的需要；（3）注重品德的发展水平，忽视基本品质的培养；（4）注重市场经济的导向需要，忽视中国传统美德继承的需要；（5）注重当前德育要求，忽视未来人力资源持续发展的德性要求；（6）学校德育目标与现实需求脱节。因此，我们主张，按照人力资源开发学说建构公民德育目标，弥补当前德育教育的不足，这有助于提高德育的个人价值服务功能，减少德育的重复性与系统消耗性，提高德育的社会经济功用性。

参考文献

[1] 鲁洁、王逢贤：《德育新论》，江苏人民出版社 1994 年版。

[2] 肖鸣政：《品德测评的理论与方法》，福建教育出版社 1995 年版。

不符合社会需求的人员分析 *

一、只 "专" 不活的人

这类学生拿过去的话说便是白面书生。成绩好比起成绩差来自然是件好事，但对于成绩好的学生来说，如果因此而自满，则必然让人反感。

企业的工种繁多，并非只有成绩好的人才能胜任。再者，成绩好的人有的只会死读书，缺乏社会经验，而缺乏协调性是十分不利的。

二、"尖利"、不合群的人

学生时代独来独往是可以的，某些事情借助个人的力量也能够办到，且通过这些是可以表达出自己的意愿。但是，步入社会后人们要求的是通过群体活动来谋求一种协调性，有时个人必须做些自我牺牲。融洽相处可以和众多的同事一道共同创造一种 "和睦" 的气氛。工作上最重要的莫过于 "和睦"，自己感觉好就行，这种以自我为中心的想法和行为，其结果只能导致自己离群孤立。而且即便自己的意见是正确的，但有时会由于固执己见反而使自己处在不利的位置上。

---

* 原载于《中国大学生就业》2000 年 3 月 5 日，原标题为《哪些毕业生不受社会欢迎》，作者为肖鸣政与甘北林。

三、"朝气不足"的人

企业进行的只是进入公司的考试，不可能知道应试者的一切。达到一定的标准，其后便是评价进入公司后实际能力的发挥。学生时代耗尽了精力、酷似大人而缺乏年轻人的朝气则会被人视为元气不足。身体、行动、思维与老年人相差无几，使人敬而远之。给人造成"能干点事"的印象尤为重要。

四、学无所成的人

大学是从事教育和研究的地方，在大学里致力于一种研究且取得成果，进行一些前所未有的尝试，热衷于某事且能积极投身其中，如果这样，公司对你的积极性和忍耐力就会给予高度的评价。

四年的大学生活都是在懒惰中度过的学生很容易败下阵来。关于面试这类事，面对提问应该拥有自信且使对方充分领会自己的意思。

五、缺乏个性特点的人

总有些学生不善口头表达，他们不具备凡事都说得有条有理的素质。作为大学毕业生，本身应当充满魅力，譬如说成绩虽不好但不知为什么却能给人以好感，总有能吸引人的地方、身上有某些闪光的东西等，能够引起对方的注意是十分有利的。谈话明了风趣可以使人感到富有人情味且给人以好感。

六、缺乏责任感的人

与无忧无虑的学校生活不同，进入单位工作后，每个人都要负一定的责任，缺乏责任感的人不但干不好自己的事，而且还会给别人的工作带来麻烦。

七、不善与人相处的人

现代的工作往往要求众人彼此合作，不善与人相处的人，对于集体活动通常采取拒绝的态度，感情淡漠，不懂得关心与体谅他人，这显然会影响集体的工作成效。

八、体弱多病的人

不管怎样，弄坏身体就是自己的损失。不要给集体添麻烦，平时要注意健康保护，此事千万不可掉以轻心。刚步入社会的年轻人该留神的东西是很多的，这就要求自己得有能够适应环境的健康体魄。

掌握人生规划技术，提高求职竞争力 [*]

各位领导、老师与同学们：

大家好！今天我给大家讲的题目是《掌握人生规划技术，提高求职竞争力》。下面我将跟大家一起来探讨能力怎样展现与人生如何规划的问题。关于这个问题，我在北京大学百家讲坛讲过一次，现在我将增加一些内容，希望能给大家提供一点帮助。我要讲的内容大概有下面三个部分：人生需要规划、能力需要开发、求职需要技巧——这叫人生三部曲。人生规划，对于在座的每一个人来讲都需要。自从我们走进学校，都会有一个美好的目标，如果说没有，现在就应该树立一个。这里的目标我就称为理想的彼岸。达到这个理想的彼岸，每个人都有不同的战略和路线，可以坐船，可以游泳，可以自己制作工具，家境好的话，也可以坐直升机。这实际上就是你采取什么战略的问题，但是尽管存在着种种战略与路线，对于每个人来讲，还是存在着一个最佳的、最恰当的战略和路线。怎么来找这个最佳的战略和路线，就是我今天要讲的人生规划技术。

对于大学生来讲，大学生规划实际上就是人生规划中的一种，这里面包括职业生涯规划、家庭生活规划和社会影响规划。对于我们来讲，当前主要是职业生涯规划。那么什么是大学生规划呢？我把它概括为一个根据、两个结合、三个分析、四个确定与选择、八个计划与措施。

一个根据就是说我们每一个大学生要根据社会的发展需要来规划。如果我们不根据社会的发展需要、社会的发展趋势，那我们的规划到时候可能就会不

---

[*]　原载于《孔目湖讲坛录》，江西人民出版社 2006 年版，第 268—275 页。

切实际。两个结合就是结合个人条件和自我发展的需要。自己现在是学什么专业的，自己的性格是内向的还是外向的，自己是比较愿意服从还是创新，这些影响着自己将来要向什么方向发展，还有一个是自我发展的需要，你是想成为什么样的人。三个分析是指对可能影响自己将来发展的主客观因素，以及可能影响到的相关资源进行分析。也就是说，如果我去从事公务员，那我的优势是什么，我可能会得到什么帮助，我在将来的发展过程中可能会具备哪些有利的发展条件；如果我是从事科技这方面的，那我的优势是什么。这些都需要我们进行一些相关的分析。四个确定和选择，就是确定个人学习奋斗的目标、素质培养的目标、事业发展的目标与人生价值的目标，选择实现这一目标与战略的最佳路线。八个计划与措施就是指确定了一个根据、两个结合、三个分析、四个确定和选择之后，就要制定相应的课程学习、课题研究、社团活动、素质培养与职业选择的行动计划，对每一个行动与实践的计划和速度进行合理的安排，比如说像北大政府管理学院的有些学生，他们说他们的志向就是将来从政，成为国家干部。面对这样一个选择，他们所修的课程也应该是多一些有关政治理论与决策、经济管理与战略、领导艺术与修养方面的内容，看看人家是怎么管理的，甚至我们可以看那些中国古今中外的管理方面的优秀人才的人物传记，还要掌握一些公共政策与人力资源管理技术，在这个基础上再多参加一些学生活动。在结交朋友、老师方面也尽可能往这方面选择。等到他毕业的时候，写的论文也大多会涉及一个国家怎么发展，一个区域怎么发展。这样写出的相应的研究方面的论文或者课程，再加上是某某社团的负责人或干部，或者组织过某些大型的活动，这样的人，国家部委公务员考试，只要考试通过之后，很容易就可以进去。因为别人不具备这样的综合实力，这就是说，自己确定目标之后，比较规范的计划就应该从大学一年级开始。对于大四的怎么办呢？我毕竟在这里生活了四年，我就应该整理一下在这四年当中的KSAO，那些与我们求职的目标、目标岗位、目标单位相吻合的素质是什么。我参加过哪些社会活动，有哪些社会成果，做过哪些与学校相关的社会活动，你都可以把它整理出来。这样，当你递交简历上去的时候，人家一看，就会觉得很有特色。我要把这个规划好，就应该采取有效的措施，层层推进，最后实现奋斗目标，走向事业的成功与人生的成功。

凡事预则立，不预则废。所以说人生需要规划，还需要策划和经营。北京市有一个副处长，他是北大毕业的。他毕业的时候就知道自己一定有向北京市市长汇报工作的那一天，为此他作了积极的准备。这个人当时是北京市纺织局的副处长，结果他就抓住向当时的北京市市长贾庆林汇报的机会，把自己在学校里面培养的严密思维，把自己准备的观点系统地陈述出来。市长也对他非常欣赏，马上向有关方面举荐，组织考察后，认为确实不错，就把他提升为北京市的副市长。另外，山东有一个村干部，规划自己的人生。他原来只是生产队大队长，后来是村支书，他发动全村种泡桐树，一下子就把全村的经济搞上去了，这就引起了县里的注意。然后他知道自己要往上提，学历是关键，所以他就到党校进行函授。党校函授毕业之后，他开始选修 MBA 工商管理硕士，考博士，最后他成为我校政府管理学院的毕业博士，现在已经是副部长。我前面说的那副处长他有规划，有策划，后面这位应该说是机遇，不光是规划。所以说，当我们有一定事业基础，有一定成绩的时候，就需要策划，有时候也需要经营。我们在座的学生现在应该有一个很好的规划。只要你进行很好的规划，再按照规划进行，有了一定的成绩，你才可能进行策划、经营。但是如果你没有一定的成绩，那么你的策划或者经营是没有基础的，你也是不会成功的，所以说规划是基础，策划和机遇是关键。人生规划应当按照三步走。首先要认识自我，确定目标；第二是扬长补短，开发能力；第三是科学规划，选择路线。我们的能力是需要开发的，无论是规划还是机遇，都需要学习人力资源开发的相关理论与方法。为什么呢？我认为一个人的素质，是一座冰山，业绩和表现是在上面，能够被人看得见的也只是水面的一点点，而大部分的潜能和素质都在水下，是不被人看见的。这些自己也不是很清楚，因为自己从来没有或者很少有展现的机会。这时候怎么办呢？这时候就需要我们来测评。我们说决定事业成功的不是山顶上的成绩和表现。作为一个人，重要的不是山顶上那些被人看得见的成绩和表现，而是山底深处的潜能和素质。从这点来讲，素质有些可能无法被人感知与认知，这就需要我们来开发。潜能也无法直接运用，也需要人力资源来开发的，这都涉及人力资源开发的相关问题。外面的世界非常精彩，外面的世界也非常无奈。诱惑我们的东西太多，而我们感兴趣的内容也非常之多。在我们大学短短的几年之中，我们应该根据自己的生涯规划目标，集中我们的力量来打造自我，构造品质，开发能力。

我经常讲，北大、清华、人大这三所大学的学生的特点都不一样。在清华，我教过三年多的书；在人大，我教过十多年的书；在北大，我从2002年开始到现在也有两年多了。这三所学校，学生都各有特点。北大的学生我感觉主要是智慧和思想，因为他们是在一种自由、民主与科学这样一种校园文化里成长，这种校园文化比较自由、宽松，就给这里的学生智慧与思想。清华呢，是比较严谨的，以工科为主，所以他们的学生则是有技术与操作能力的，比较踏踏实实。而人大的学生我说是有知识的，比较讲求实际的。这与三个学校的校风是分不开的。清华大学的校训是自强不息，厚德载物；北大的校训是科学与民主，自由与创新；人大的校训则是实事求是。这三个高校的课程都差不多，比如说法学院，三所高校都有，师资与教学等其他的因素也都差不多，可是为什么走出来的学生不一样，这就是校园文化的差异。但是我们说，无论你是有知识也好，有思想有智慧与有技术也好，就业能力与工作能力都需要进一步培养与开发，并不是走出来就是好的。对能力开发，北京大学是在自由、创新这样一种校园文化当中进行的，学生的创新意识、创新能力就比较强。中国目前还刚刚摆脱贫困，需要一段时间的资本积累，也需要一些实业性的人才来管理。如果将来中国足够富有，能进行新兴的第三产业建设，进行二次创业与发展，那时就需要创新性的人才来治理。这些人才包括我们在座的在内，要服务社会、热爱祖国、思想敏锐、博学多才、政治光明、积极创新。

千里之行，始于足下。要想将来成为国家级的高层人才，成为事业单位的骨干、优秀人才，就必须做好眼前的事情，也就是说必须搞好专门性的学习，必须懂得做人的道理，必须迈出人生的第一步。做人的道理，实际上就是修养和仁爱。不要因为自己是大学生就感觉了不得。我们说仁者是永恒，仁者是永性，仁者是永德。司马光说，德才兼济是圣人，德才皆无是愚人，德胜才者是君子，才胜德者是小人。人生的成功30%靠的是智商，70%靠的是情商。情商是什么呢？我认为是德。德能聚才，德也能生才，你为人比较好，大家就不会与你作对，就会拥护你，称赞你，你的才能就容易得到大家认同，你就能得到有效的拥戴。因为你为人比较好，人家愿意以你为友，你就容易从别人那里得到很多的知识和帮助。清代有一位先生说过，人才无德不贵。大学是一所生产高素质创新型人才的大工厂，学科是培养高素质创新型人才的分厂。各个院系实际上就是一个个车间，各个教研室实际上就是一个个工段，各门课程实际上就是工艺，各个教师实际上就是技术工人。在座的各位实际上大部分就是被加工与开发的产品。我说招生办，就是供应部门，学生就业指导处就是营销部门。优质的原材料加上先进的工艺设备与高级的技术，就能生产出一流的产品。职业能力性向与工作成效有着密切的关系，所以招聘的时候，一般都要进行职业能力性向测评。职业能力性向与工作能力成效是怎么样的关系呢？我说职业能力性向就是个人能力产生一定工作成效的基本素质。人的职业能力应当说有两种基本形态，一种是事先具备的，一种是事后形成的。事先具备的我把它叫做职业能力性向；而事后形成的，我把它叫做职业经验能力。职业能力性向，是我们没有接受教育训练，潜在的能力以及素质，它不同于经过培养与训练而获得的实际能力。职业能力性向，一般是我们看不见的，是潜在的，隐蔽的，就是我们自己也觉察不到的。这个需要人才素质测评。那么实际的行动经验能力呢？比如说在座的各位，将来想去搞企业，将来能否成为一个出色的企业家呢？我觉得谁也说不准，因为在座的大学生没有一个曾经有过这方面职业的经验。但是却存在这样一个事实，也就是说我们都去搞企业，肯定会有一部分人比另一部分人做得更好。那么到底是哪些人会做得更好？这就需要我们进行人才素质测评。职业能力性向具有预测性，具有稳定性。职业能力性向是长时间比较稳定的，经验能力一般是比较容易改变的，可以随外面的环境改变而改变。比如说你的英语能力，如果想出国，你考了托福，考了GRE，两年之后才想留学到美国某某高校，那么你得重新考过，因为英语对你来说是一种经验能力，不是职业性向。职业能力性向，是影响广阔的，它能够影响职业领域的多方面领域与多方面效果，而经验只能影响某一方面的效果。如果说我们某一个人喜欢理性思考，那么他将在这个方面终生受益。因为这一特点将影响他职业领域的各个方面的工作质量。而书写能力、文字功底，比如说一些英语能力，将影响文字、交流等工作方面的效率。所以职业能力性向与一般能力之间没有直接相关的关系，也就是说并不是直接相关的，像那些专家也并不是超群的智者，比如齐白石、陈景润、爱迪生，这些人应该说智力并不比一般人高，但他们的职业能力性向应该说是很高的。所以说职业能力需要测评，求知需要技巧，那么职业能力性向怎么测评？这要通过一个测评模型，把我们的素质即我们的潜能挖掘出来。可以用刺激反应理论。先问你一个问题，然后看你的回答，看你的选项，跟标准答案相比较，通过比较之后的数据进行推断你这个人具不具备相应的素质特点，这些都是测评方式。下面我给大家进行一个性向测验。这里有四个图形，大家看一看哪个更接近正方形。如果你们当中有最先选择 C 的，那你们现在有学文科的、学管理的就要改行了，因为别人还没反应过来，你却反应过来了，说明你们心里面有一种内在的性向，这就是说你对机械性向这一块非常敏感。只要这些信息在你们眼前一晃，别人还没反应过来，你们就捕捉到了。你们去进行这方面的研究你们就能事半功倍。这其实也是一个速度测试，所以性向测试大部分属于速度测试，只要有时间，都会比较出结果，这是不会有难处的，就看谁反应得快。像这种题、考试测评，根本用不着准备。你要做的就是放松自己的心态。再看一个题，是品性测验，说你路过六层的电梯口，发现有四个人一起在六层等电梯。不一会儿电梯来了，有三个进去了，但是有一个人没进去，现在问你，这个人为什么没进去呢？就凭着你自己的知觉和体验从下面四个选项中选择出你认为最合适的答案。大家如果赞成 A 的，请马上举手。这四个选项是没有对错的，不像前面的那道题。每一个选项都有不同的特点，选择 A 的反应了什么呢，说明你比较精明，控制力一般；选择 B 的呢，说明你能力比较强，人缘关系好；选择 C 的，说明你直率，控制力差一点；选择 D 的则是务实、细心，控制力一般。看来在座的大部分是务实，细心，可能很有南方人的特点。下面还有一个操作性测验，这道题是测一个人的手脚灵活性的。这里有一块板，像放大木板一样，还有一盒大头针，限半小时之内把针插到板上；再把皮圈套到大头针上，一个小时之内看谁做得最多。谁套的最多，说明谁的手指最灵巧，谁做手工的工夫就比别人强。从手工操作测验选拔出来的人水平都是很高的。类似这样的，还有其他方式。可能将来你们去某某公司应聘，他们可能给你们一张图画，然后让你们看图作文，看图画上的这个人在做什么。不同的人可能有不同的分析，根据你们的想象你们把它写出来。这种测评叫投射。因为要测你这个人的品德，这些东西是你的习惯行为。你的习惯行为你是不愿意暴露给别人的。比如要招一些公务员或者文秘，就特别需要一些比较细心的人，我比较粗心，但是想得到这个职位，就需要把自己平常的行为掩饰起来，不让别人发现。而对于主考官来讲，他就想知道你平时的行为是怎么样的。所以，测评者和被测者的目的是相互矛盾的。这种测评我把他叫做习惯行为测评，而前面的那些，比如说我刚才说的能力测试（也叫最佳行为测试），在这种测评中两者的目的则是一样的。为什么？作为考核者来讲，我希望你尽快找出准确的答案，而被测者也想尽快找出正确的选项，这两者之间目的是一致的。可习惯行为测评是不一样的，你要了解我的老底，我偏不让你知道。这怎么办呢？测评者就得想办法，转移你的注意力，让你不知道测什么，让你在不知不觉中把你潜在的行为表现出来，这就叫做看图作文。看同一幅画，不同的人有不同的感觉，这是因为每个人的内在素质不同。这样很容易把人的内在的东西表现出来，通过这些我就可以了解被测评者内在的素质是什么。

下面讲到面试。任何人要去求职，都不可能逃避面试这一关。这样你们就有必要了解一下面试所要考查你们的哪些方面。了解这些东西，你们应聘的时候可能就会从容、自如一点。面试一般考查面试者的仪表风度，根据这一点，我们去面试，无论大场合还是小场合，切不可疏忽大意。我的很多学生在企业里当人力资源部经理，他们经常跟我说，他们看学生简历，就是那么一分钟或者几十秒钟，而学生给你的印象则特别重要。所以给人第一印象非常重要，因此应聘者穿着打扮一定要得体，如果你连自己的衣服都穿得不合适，那你还能做什么呢？这些东西都是要有讲究的，不要说我皮肤黑，就穿件白的衣服来反衬一下，这样反而越反衬越黑。所以这些东西都是值得你们去考虑的。

第二是知识的广度与深度。这一般是考查你们的专业水平。比如在应聘之前你有必要找到你所应聘岗位的说明书，这些说明书就会说明这些岗位需要哪些知识。根据这些东西，你需要适当地查找一些相关的知识点。这样人家随便问一个问题，你都能回答上来。尽管你的专业知识很扎实，可是我的岗位并不一定需要你所掌握的知识呢。去年我在广西南宁做项目，之后武汉的一个女大学生，是人力资源管理专业的来应聘，当然人力资源部的那些人就很高兴了，他们很缺这方面的人员。刚好我在那里，他们就请我当主考官。我就问这位女生学了些什么课程，她说学了人力资源管理，学了工作分析，学了人员测评。我就问她工作分析是什么，结果她说不出来。后来她就说是自学的。既然你是应聘人力资源的，这些关键性的知识你怎么能不了解呢？

第三是实践经验与专业特长。这是你们面试经常要了解的。对于我们学生来讲，有没有实践经验？当然是有的。比如像北大的学生，暑期或者寒假都要到企业或者公司做些实践活动。北大有很多社团，我觉得就应该多鼓励学生组织一些这样的社团。那些当班长或者学生会干部的，是比较受欢迎的。但是这些职位与机会都是有限的，我们每个人的能力都应该得到锻炼得到发展，怎么办呢？我们就应该自己组织一些社团。这样通过这些社团来锻炼我们的能力。人家一看，你还不错，当过某某社团的社长或者副社长，有组织领导能力。有一个是专业特长，这些你们在简历里就应当集中起来。当然这些都是针对岗位来讲的。

第四是工作态度与责任感。这点在企业里是非常看重的。你们应当表现出自己的责任感，不能表现出无所谓的样子。因为没有责任感的人，不管你有多大的才能，多么有知识，人家都不会要的。

第五是求知动机。这一点怎么来考查，我后面会有题目。

第六是进取心。年轻人，如果没有知识，可能还可以原谅；没有相应的经验也可以原谅；可是没有责任感，没有进取心，那就坚决不能原谅。这点也特别重要。

第七是反应与应变能力。这些可能就是脑筋急转弯的问题。比如求职者面试，他一坐到主考官的面前，他的心态就是我是应聘者，我就等候你的发话。可是考官有可能说如果我是你，你是我，你可能问我一个怎么样的问题。这样倒换一下角色，很多人就答不上来了。怎么会这样问呢？实际上就是考验你的反应应变能力。

还有一个是分析概括能力。人家可能这么问你，请你用五分钟时间介绍一下你自己。那介绍什么呢？时间只有五分钟，这就要靠你自己的分析概括能力了。兴趣、爱好与活动，这些我们就要尽可能讲一些与工作有关的内容来。人家一看，你这人还不错，专业对口，连兴趣爱好都对口，就优先考虑。

还有自我控制与情绪稳定。这一点就是说你们一旦遇到那些不会回答的问题，那千万不要慌张。有些可能就是故意问你们这个问题，没有答案的，这是考你们的情绪稳定因素。能不能冷静也说明你这个人是否成熟。

再有口头表达能力要靠平时的锻炼。口头表达能力差的人你可以更多地把你的研究成果，把你的书面表达能力展现给他。当然如果你两方面都好，那就更好了。

待人接物能力在面试这么短的时间里怎么测出来呢？实际上人家能看出来。我举个例子，比如说面试。考官坐在那儿，应聘者一个一个走进来。第一个一走进来眼睛就看路走步，看到自己的座位就直接坐下来了，等着考官发问。第二个一走进来，他先是向考官行注目礼，面带微笑，频频点头。所以，你不说话考官就看出来哪个更有优先权了。

今天就讲这些，供大家参考。谢谢各位！

第四部分
人力资源素质论与开发战略

本部分主要探讨人力资源素质论与开发战略的相关问题。

本部分首先讨论了面向 21 世纪中国人力资源可持续发展的问题，具体讨论了人力资源可持续发展问题研究的意义，分析了人力资源可持续发展问题，针对当前中国人力资源发展与管理中的问题提出了相关对策，并从人力资源系统的结构分析的视角分析了加入 WTO 后中国人力资源能力建设问题。

其次，本部分介绍了人力资源开发的理论依据。作者阐述了自己对于人力资源开发的见解，并通过对 2007 年国际人力资源开发研究会第六届亚洲年后的人力资源开发相关论文的综述，介绍了不同的人力资源开发观点，为人力资源开发战略建构提供了坚实的理论基础。

再次，本部分基于人力资源强国建设的客观背景分析，指出人力资源开发是建设人力资源强国的必由之路，认为建设人力资源强国目标的提出是对于人才强国战略的深化认识与科学部署，应该大力进行人力资源开发。

最后，本部分具体阐述了人力资源开发与人才强国的具体战略。作者通过分析人力资本理论及其与人力资源开发的关系，指出了我国政府研究和制定人力资源开发战略时应该借鉴的各种人力资本思想，提出了人力资源开发优先战略、建设人力资本大国与走向经济强国的战略目标，剖析了党的十七大报告中关于实施人才强国战略要求的内涵，思考了如何更好实施人才强国战略。

面向 21 世纪中国人力资源可持续发展问题 *

21 世纪中国必须走可持续发展之路，这是李鹏总理前不久代表中国政府向世界作出的承诺，也是中国未来发展的必然选择。中国自然资源的发展与人口发展存在着极大的反差，人均自然资源占有量正日趋减少，我们必须清醒地意识到中国未来发展面临的困难与资源危机，保持人口增长、资源利用、经济与社会发展的相协调，既满足自己这一代人的需要与发展，又为后人着想，不要自己高消耗与盲目行动，而给后人增加负担，构成威胁。然而在中国走可持续发展的道路过程中，人力资源可持续发展的问题不容忽视。在人口增长，资源利用，经济与社会发展相协调的过程中，关键在于人力资源的开发与持续性发展。

一、人力资源可持续发展问题研究的意义

人类社会能否实现可持续发展，既取决于人力资源、自然资源与经济资源的相互协调与利用，又取决于人力资源、自然资源与经济资源本身的可持续发展状况。而且人力资源的可持续发展对中国来说，具有特殊意义，对于中国21 世纪的发展具有重大的意义。

1. 人类社会的可持续发展关键在于人力资源的可持续发展。人力资源、自然资源与经济资源是人类社会发展的三大资源。人力资源在与自然资源、经济资源的相互作用中，既得到增值，又创造新价值。它对其他资源的开发与利用

---

* 原载于《中国人民大学学报》1997 年第 3 期。

具有主导性与决定性地位。

2. 研究人力资源可持续发展对中国 21 世纪的发展具有特殊意义。中国是个人口大国，总人口约占世界的 1/5，人均自然资源与经济资源短缺，大大低于世界一般水平，因此选择人力资源可持续发展策略并由此带动自然资源、经济资源的可持续发展，是中国发展的必由之路。

3. 中国经济的可持续发展，关键也在于人力资源的可持续发展。21 世纪的中国经济能否持续发展，关键在于社会能否保持稳定，生产力能否持续提高，在生产与消费过程中能否减少消耗与浪费现象，而这一切又涉及中国人力资源的可持续发展。社会的稳定程度，取决于管理者的素质与管理方式是否能够随着社会发展要求的提高而提高，在于广大劳动者是否能在政治上、思想上、法律上与党和国家的发展目标要求相一致，在于全中国的劳动者能否形成一致的共同理念与为社会主义事业而奋斗的献身精神。社会生产能力的提高关键在于生产过程中科学技术的提高。先进的工艺与生产技术，不但能够减少人类对自然资源与经济资源的消耗与浪费，而且能利用有限的资源创造出更多更好的新资源。然而先进的生产工艺与技术，说到底是人力资源开发的物化形式。

当人力资源的质量不断得以提高时，其改造自然的能力也就会相应提高，他们能够依靠自身的能力创造越来越多的物质财富与保护生态平衡，减少自然资源流失与保持经济资源增值，从而改变贫困落后的面貌。而单纯的自然资源开发与经济资源的投入，只能依靠这些资源本身的消耗来缓解贫困状况，并不能从根本上解决贫困地区的经济落后问题。因此中国经济的可持续发展，关键在于人力资源的可持续发展。

二、人力资源可持续发展问题的分析

有人也许会疑惑不解，人力资源的发展是个自然而然的过程，只要地球不毁灭，人力资源的发展就会无限地持续下去，根本不存在可持续与不可持续的问题。实际上这是一种误解，可持续发展与继续发展是有根本区别的，人力资源可持续发展问题表现为以下三个方面。

第一，要求人力资源的发展要与自然资源的发展、与经济资源的增长相互一致。自然资源的发展比较缓慢，是一个客观的与不可控的过程；而人力资源的发展是一个相对较快而可控的过程；经济资源的发展则是一个介于自然资源发展与人力资源发展速度与可控性之间的独立因素。只有这三个因素的发展相互协调一致时，才有助于社会稳步快速的发展，否则就会影响与制约社会的发展。然而在这三个因素之中，自然资源与经济资源的发展相对来说是不可控的，是客观的与不可逆转的，而人力资源的发展是可控与主动的。因此社会的可持续发展要求人力资源的可持续发展。

第二，要求人力资源的发展，不仅仅是一个数量概念、生理概念与体力的概念，而更多的是质量上、心理学与智力上的概念。人力不能与拥有这种人力的个体人口相脱离，但人力不等于人口。人口资源更多地表现为它的数量特征、生理特征与体力特征，而现代人力资源则应更多地表现为它的质量特征、心理特征与智力特征。目前世界人力资源发展中，数量与质量、生理与心理、体力与智力之间的发展，越来越不协调的现象日趋突出，而这种现象在包括中国在内的第三世界的人力资源发展中更为突出。随着高科技物化为第一生产力过程的缩短与变化加快，随着大量的新技术新产品的问世与在实际生产与生活中的应用，新文盲的人数日趋增多，许多先进的生产技术与设备不会操作，不会利用，造成了更多的资源浪费。

第三，人力资源的可持续发展，要求在人力资源群体内部，各种层次的人力分布相对合理与优化。目前人力资源的发展中，两极分化日趋明显，行业与地域劳动力分布不合理现象较多。农村劳动力的过剩与城市劳动力的相对不足，棉纺行业的下岗职工过多与管理行业的人员不足形成了极大的反差。

所谓中国人力资源可持续发展问题，主要体现在以下几个方面：

1.人口多未必人力资源多。中国是个人口大国，占世界人口的 1/5，人口多并不等于人力资源多。人口、人员、人力、人才是四个层次的概念。人口优势不能转化为人力资源优势，人口多则是个负担与包袱。

控制人口数量、提高人口质量只是保持中国可持续发展的措施之一，但是人口并非人力，即便有高质量的人口，也并非就有高质量的人力。人口转换为人力并非自然而简单的事情；有限的自然资源能否得到有效而充分的利用，关键在于人力本身，经济与社会的发展的关键因素是人力因素，经济与社会发展的最终目的也在于人力的自我发展与提高。所以中国 21 世纪的可持续发展问题的重点之一是如何解决中国人力资源可持续发展问题。

2. 目前人口、人力、人才发展不平衡。中国人口基数过大，即便是控制人口数量，其总体发展量也远远超过其他国家，控制力相对较弱。因此在可持续发展过程中要研究如何实现人口发展、人才发展与人力发展的同步协调问题。人口转化为人力的前提是人口具备必要的劳动能力与时间，能够创造出超过自己消费的剩余价值，有合适的工作可做。中国目前正处在适龄可劳动人口存量迅速增长的时期，总量已超过 7 亿，预计到 2000 年可达 9.7 亿，占总人口的 60%，其中 1962—1975 年出生的年轻型适龄可劳动人口 3.6 亿，约占 50%。如何把这批新生人口资源开发为新生人力资源，造就成为有发展后劲的高科技人才资源，将是摆在我们面前的一个重大问题。

3. 人力资源既多又缺并存。中国目前劳动力数量居世界第一，但劳动力质量不高，表现为人力资源既多又缺并存的矛盾。据统计，我国目前国家机关及国有企事业单位的专业技术人员总数为 2315 万，相当于 0.6 个韩国，一个加拿大的人口，但却只占职工总人数的 22.9%，仅占全国人口的 2.08%。如何提高劳动力的质量是中国 21 世纪人力资源可持续发展的重点，我们要从目前经济发展依靠劳动力数量的高消耗中转移到质量取胜的低消耗中，把节约下来的劳动力转移到开发新的产业与新的经济发展方式上。

4. 人力作用结构失调与断层并存。我国人力资源目前在结构上严重失调。据统计表明，我国 2315 万专业技术人员中，具有高级技术职称的 93 万人，中级职称的 536 万人，初级职称的 1165 万人，高、中、初三级的比例为 1∶5.8∶12.5。预测表明，到 2000 年，我国需要的高、中、初三级比例为 1∶2∶4。在年龄结构上也严重失调。专业技术人员平均年龄为 37.9 岁，而高级职称的人员平均为 52.6 岁。中级职称过于年轻，而高级职称过于老化，青黄不接，出现了断层现象。年龄断层是一种显性断层，更为可怕的是隐形的知识与能力断层。据统计表明，2315 万专业技术人员中，从未脱产学习的有 39.5%，其中高级专业技术人员中，未脱产学习的高达 69.1%，知识老化，跟不上现代科技飞速发展要求的人才大量存在与增加。如果不加紧对现有人才的开发与对未来人才的培养，这种人才断层的现象将日趋严重。预测表明，按照目前人力开发的规模与速度，我国 2000 年的经济管理人才缺口 1500 万。

5. 人力资源缺乏与浪费并存。由于人们认为中国劳动力数量相对过剩，所以有些企事业单位对人才并不怎么重视。中国科协对全国 21 个省市的有关调查表明，国有大中型企业的专业技术人员中有 64.1% 的作用发挥不到 50%，整体人才浪费 52.3%。国家科委的一项调查也表明，全国大约有 494.4 万专业技术人员目前处于闲置或"在职待业"状态。有效利用与开发更谈不上。大材小用、人才不用、庸才重用、偏才正用的现象到处可见，造成人才浪费与流失。因此如何保护并有效利用与开发单位内部的人才资源，是中国人力资源可持续发展的又一问题。

6. 人才流失与人才缺乏并存。目前我国企事业内部，科技与管理人才流失现象较为严重，比例失调。据统计，我国在外留学人员中，学成回国者仅占 20%。目前科技与管理人才从小城市流向大城市，从不发达地区流向发达地区，从内地流向沿海的趋势有增无减，造成优势人力资源分布的不合理与两极分化现象。这种两极分化现象带来的后果是人力浪费与缺乏并存，落后地区人才资源严重缺乏，经济发展受阻，恶性循环，贫富地区的经济差距进一步拉大。

7. 人力资源质量下滑与专业要求提高并存。人力资源质量下滑首先表现在职业道德素质上。目前我国正处于计划经济向市场经济的转型时期，大部分职工从过去的"主人翁"而成为不具产权与经营权的"雇工"，有一种被剥夺感与失落感，导致心理失衡，加上社会风气尚未完全扭转，精神文明建设力度不够，职工的品德素质相对下降。其次，表现为我国的文盲半文盲数量随着现代高科技的发展有增无减。据统计表明，我国的文盲半文盲率约为 16%。最后，表现为知识老化，技术陈旧率加快，接受再教育机会减少，大量国有企业目前效益不好，有的连工资都发不出，根本没有钱用于人员培训与知识技术更新。然而另一方面，我国对外开放的力度进一步加大，科学技术发展速度也日趋加快，新兴高科技产业与现有企业的技术改造对职工的要求越来越高，这种质量相对下滑与要求日益提高的反差将是中国人力资源可持续发展中要解决的第七个问题。

8.选才、育才、用才三张皮。中国的选才、育才与用才缺乏有机联系与良性循环。目前选才主要依据教育考试形式，偏重于知识，简单的思考能力与记忆能力的考查，高考内容成为基础教育的指挥棒，束缚了广大青少年的智慧与创造力。人事制度上，目前也是偏重于专业知识与简单思考分析能力的"职业资格考试"，影响了劳动者对实际工作能力与创造能力发展的积极性。实际情形是考什么，学什么，会什么。选才标准的狭隘性与选才方法的简单化，泯灭与挫伤了无数的人才资源。另一方面，育才是学校的事，用人是企事业的事。学校里的尖子未必是企事业的人才，学校里的高材生在实际工作中不一定受到优待优用，得不到重视与保护。在专业上学非所用，学非所欲。在用人制度上用非所学，用非所长，育才与用人缺乏协调机制，成为两张皮。因此如何改进选才制度，协调与优化学校教育，企事业用人与在职培训之间的关系，是中国人力资源可持续发展要研究的第八个问题。

9.各级教育与培训相互错位与重复。就学校教育内部来看，目前幼儿强调智力开发，中小学强调体力与知识开发，大学强调品德开发的现象比较严重，违背了个人素质发展的客观规律，造成了素质教育的高投入低产出。就企业人力资源的利用情况来说，目前国有企业效益不够好，有许多待岗的职工，这些人力资源中，有些人迫于生计，改行做些自己不愿做的事情，去做自己不会做的事情或做不好的事情，造成人力资源的浪费与自然资源的浪费。有些人找不到工作，造成人力资源的闲置与荒废。就退休职工来说，一方面退休提前，另一方面身体健康水平提高，这部分人力资源的利用与开发——"夕阳工程"，也是中国人力资源可持续发展研究中不可忽视的问题。

10.农村人力资源的转移与利用问题。有关统计资料表明，我国目前农村劳动力人口有4.4亿，75%从事第一产业，12.4%从事第二产业，12.6%从事第三产业。但劳动量不饱满，耕者无其田，不耕时无事可做，农村的剩余劳动力有1.2亿之多，甚至更多。因此，在中国人力资源可持续发展问题研究中还包括农村劳动力的转移与开发问题、产业结构中劳动数量的比例协调与优化等问题。

三、中国人力资源可持续发展问题的对策

面对当前中国人力资源发展与管理中的问题，要想保证 21 世纪甚至更长时期内中国人力资源的可持续发展，我们应该采取以下有关对策。

1.继续贯彻控制人口数量、提高人口质量的基本国策。人口虽然并不是人力，但人力与人口之间存在必然的关系。著名经济学家舒尔茨认为，人口众多的国家的好处是它拥有庞大的人力基因库。如果按照人口中有 10% 的人具备了所有基因中的最好基因，那么中国的优势人力基因最多，中国将是美国的 4 倍。控制人口数量，提高人口质量不但有利于提高 10% 优势基因的质量，而且还有利于减少 90% 人口中的不合格者。由于中国人口基数过大，控制人口数量，对于减少自然资源与经济资源的消耗，提高人口质量，并保持人口增长，资源利用与社会经济的协调和发展，有着不可估量的重要作用。

2.面向 21 世纪发展要求，从基础教育抓起，培养高素质的人。中国人力资源能否持续发展，关键在于抓好人才培养，有效利用与避免浪费和流失，而人才培养是基础。人力资源与自然资源不同，它具有可培养性，一个人的劳动能力是先天与后天因素合成的。人力资源丰富与否，价值大小完全取决于人员素质的高低。人员素质是人力资源的内核与基底。而人员素质的培养则必须从幼儿抓起，从基础教育开始。目前我国的基础教育普遍成了一种应试教育，侧重于所考科目的教学与试题训练，如果考试的内容和方法与未来高质量的人力资源形成存在某种联系，那么这种应试教育还有它的意义与价值。然而事实并非如此，因此我们的基础教育必须由应试性教育转到素质教育上来。在人力资源的开发过程中，人们往往只重视后期的职业教育与在职训练，而忽视前期的基础教育。事实表明，幼儿至中学阶段是个体基础职业素质形成的关键期，错过关键期的职业教育与训练只能事倍功半。因此要面向 21 世纪的发展要求，从幼儿教育开始，培养高素质的人。

3.加强中国人力资源开发一体化工程的建设。人力资源是个复杂的结构系统，它的形成与发展，是一个不断衰退、不断更新与不断生长的动态过程。这种特点决定了对它的开发，需要一种全面系统与连续的开发工程，才能取得最佳效果。

4.加大农村劳动力、下岗职工与富余职工的开发与培训，进行职业开发与转移。21世纪的中国人力资源是否能够保持持续发展，在一定的程度上取决于我们能否解决农村劳动力、下岗职工与富余职工再就业的问题。目前我国体力型的人力资源集中在农村，而智力型的人力资源集中在大中城市，分布不均；市场经济的发展在我国不可逆转，人力资源在行业之间、地域之间发展的不平衡的现象在所难免。如何解决下岗职工与剩余职工的再就业，充分利用现有的人力资源，将是人力资源开发与管理中所面临的一个长期任务，因此要加大对农村劳动力、企业下岗职工与富余人员的开发与培训。

5.加强人力资源管理与开发科学化体制建设，提高现有人力资源的利用，减少浪费。目前我国人力资源开发与管理正处于经验型向科学化的轨道转移，人才素质测评的兴起，人才市场的建立，以及现代企业制度的建立，使我国的人力资源开发有了科学化的基础。我们必须加速人力市场体系的建设，并通过人力市场加大人力资源开发的力度。有了人力市场，人力资源所拥有的价值可通过市场交流得到充分体现。目前我国人力资源中低层人力资源占绝对数量，且呈板块状态，通过开发与市场调节，使现有的人力资源按市场需求优化发展，提高质量，有助于解决当前人力资源数量有余而质量不足的矛盾。为了有效地利用企事业单位现有的人力资源，必须将开发经营者的才能与提高企业劳动者素质并举，知识开发、技能开发与态度开发并举，奖惩控制与思想教育并举，用养并举，竞争激励与约束并举，提高对企事业组织内部现有人力资源的利用率，减少浪费。

6.制定人力资源开发与保护法规与政策。任何一个国有企事业中的机器设备、厂房与资金，都受到法律的保护，一旦流失则要追究经营者与管理者的责任，然而对于人力资源却没有相应的法律保护。人力资源可以随意地积压、埋没、浪费与流失，大材小用、偏才正用、人才不用的现象时有发生。这是很不公平的。我们应该树立人力资源也是国有资产的观念，建立起相应的法规与政策，使每个经营管理者都自觉地保护开发与利用好现有的人力资源，把人力资源的浪费与流失控制在最低点。

7.加强精神文明与文化建设。人力资源具有社会性，是社会制度与文化历史的沉积。人力资源的发展与整个社会的精神文明建设和文化建设休戚相关。

良好的社会制度与文化，可以造就一大批优秀的人才与人力；而落后与陈腐的社会制度与文化，则束缚人力资源的发展与人才的成长。因此加强社会主义精神文明建设与文化建设，形成积极向上的良好社会风气，有利于人力资源的持续发展。

8. 做好人力规划，实现宏观调控。人力资源能否实现可持续发展，与人力规划得好坏有直接关系。近期、中期与长期人力规划工作做好了，则人力资源就能实现长久的可持续发展，否则人力资源的积压、转移、流动及其产生的浪费现象就在所难免。人力规划实际上是有计划、按比例地把人力资源开发与利用，同一定的自然资源、经济资源的发展相匹配的过程，使人力资源的分配合理化。

总之，21 世纪中国的可持续发展，依赖人力资源的可持续发展。中国人力资源的可持续发展问题表现为人力资源发展与自然资源、经济资源发展的相协调，表现为人力资源数量发展与人力资源质量提高相协调，表现为人力资源在地域上、行业间的相协调。解决中国人力资源的可持续发展问题的根本措施，在于控制人口数量，提高人口质量，在于基础教育改革，培养高素质的人，在于建立人力资源开发的系统工程，在于对现有人力资源的充分利用与发挥，在于建立科学化的人力资源管理体制与人力资源保护法规，在于加强社会主义精神文明建设与做好人力规划。

参考文献

[1] 王通讯：《中国人才资源开发论纲》，载《全国企事业单位人事管理培训材料之二》，1990 年。

[2] [美] W. 舒尔兹：《人力资源的特殊属性和作用》，载《人力资源发展跨文化学通论》，百家出版社 1991 年版。

[3] 肖永年：《论人力资本开发》，载人大报刊复印资料《劳动经济与人力资源管理》1996 年第 2 期。

人力资源系统的结构分析 *

—— 兼论加入 WTO 后中国人力资源能力建设问题

　　江泽民同志在亚太经合组织的三次领导人会议上，一再强调人力资源开发与能力建设的重要性与紧迫性。然而，人们对于什么是人力资源系统，为什么在人力资源开发中要进行人力资源能力建设等问题，还不是十分清楚。因此本文就人力资源系统及其结构问题，进行相关分析，以期使大家对人力资源能力建设问题有一个比较正确而全面的认识，自觉地投身于中国人力资源的开发实践，为提高我国的综合竞争力而奋斗！

　　关于什么是人力资源，目前有许多解释，众说纷纭。归纳起来大概有四种：第一种是人口观，认为人力即人，人力资源是人的资源，是人口资源；第二种是成年人口观，认为人力是具有劳动能力的人，人力资源即是具有劳动能力的全部人口，确切地说，是 16 岁以上的具有劳动能力的全部人口；第三种是在职人员观，认为人力是在职的工作人员，人力资源是目前正在从事社会劳动的全部人员；第四种是人员素质观，这是最近几年提出的，把人力看作是人员素质综合发挥的作用力，因此认为人力资源是劳动生产过程中，可以直接投入的体力、脑力和心力的总和及其素质。① 然而无论哪一种解释，都说明人力资源是一个系统结构，能力是其中的核心。

---

　　*　原载于《中国培训》2002 年第 4 期。

　　①　肖鸣政：《对人力资源开发问题的系统思考》，《中国人力资源开发》1994 年第 6 期；萧鸣政：《人力资源管理》，中央广播电视大学出版社 2001 年版，第 2 页。

一、人口观人力资源系统结构的分析

人口观的人力资源系统结构，是一种社会结构形式的人力资源系统。所谓社会结构形式系统，是把一个社会或一个国家拥有的全部人口看作一个整体，其结构如图1所示。

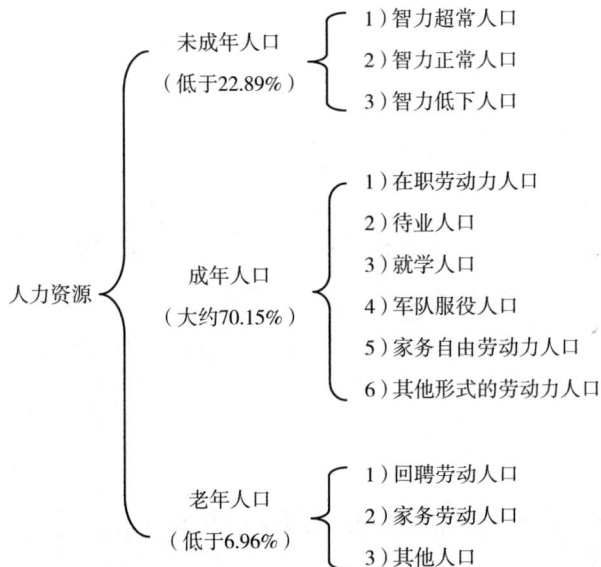

```
                              ┌ 1）智力超常人口
              未成年人口       │ 2）智力正常人口
             （低于22.89%）    └ 3）智力低下人口

                              ┌ 1）在职劳动力人口
                              │ 2）待业人口
              成年人口         │ 3）就学人口
人力资源                       │ 4）军队服役人口
             （大约70.15%）    │ 5）家务自由劳动力人口
                              └ 6）其他形式的劳动力人口

                              ┌ 1）回聘劳动人口
              老年人口         │ 2）家务劳动人口
             （低于6.96%）     └ 3）其他人口
```

图1 人力资源系统结构人口观示意图

资料来源：2001 年《中国统计年鉴》。

在上述人口观的人力资源系统中，能力含量高的部分是成年人口。但是，未成年人口中的关键部分是超常人口与正常人口；在老年人口中的关键部分是回聘人口；在成年人口中的关键部分是在职劳动力人口，这些人口是该人力资源系统中的能力核心。

二、成年人口观人力资源系统结构分析

成年人口，在这里是指年龄在16岁以上具备正常劳动能力的人口。其结构分析如图2所示。

```
                        ┌ 1）在职劳动力人口
                        │              ┌ 1）有再就业竞争力的人口
                        │ 2）待业人口 ┤ 2）无再就业竞争力但有转业愿望的人口
                        │              └ 3）无再就业竞争力需要开发的人口
                ┌ 成年人口┤              ┌ 1）接受基础教育的人口
                │        │ 3）就学人口 ┤ 2）接受高等教育的人口
                │        │              └ 3）接受其他形式教育的人口
                │        │ 4）军队服役人口
 成年后人力资源 ┤        └ 5）其他形式的劳动力人口
                │        ┌ 1）回聘劳动人口
                └ 老年人口┤ 2）家务劳动人口
                         └ 3）其他形式人口
```

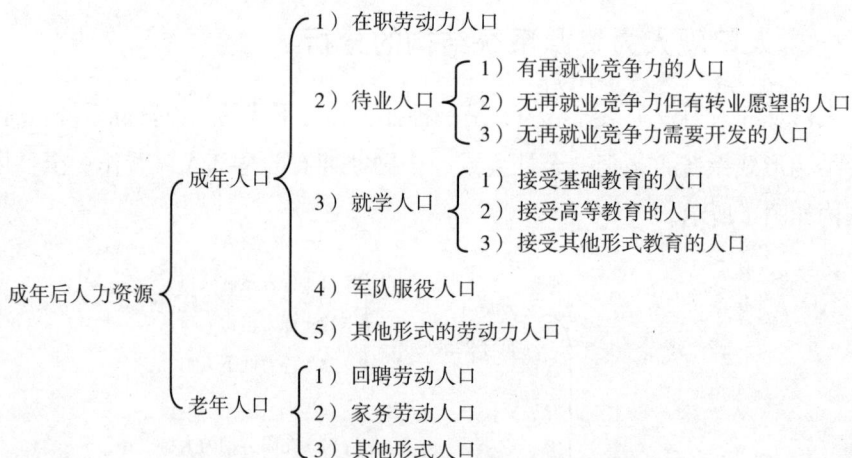

图 2　人力资源系统结构成年人口观示意图

在上述的人力资源系统结构中，在职劳动力人口是能力核心。在待业人口中，有再就业竞争力和转业竞争力的人口是能力的核心；在就学人口中，接受高等教育的人口是能力的核心；在老年人口中，回聘劳动人口是能力的核心。

三、在职人员观人力资源系统结构分析

在职人员这里是指实际就业的人员，其中包括未成年但实际已经就业的人口。其分析如图 3 所示。

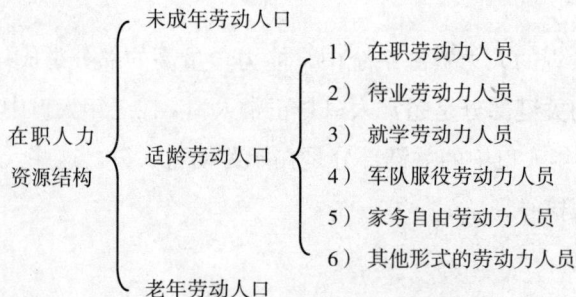

```
                ┌ 未成年劳动人口
                │                ┌ 1）在职劳动力人员
                │                │ 2）待业劳动力人员
 在职人力      │                │ 3）就学劳动力人员
 资源结构    ┤ 适龄劳动人口 ┤ 4）军队服役劳动力人员
                │                │ 5）家务自由劳动力人员
                │                └ 6）其他形式的劳动力人员
                └ 老年劳动人口
```

图 3　人力资源系统结构在职人员观示意图

未成年劳动力人口，指那些 15 岁以下因某种原因正在从事社会劳动的人口；老年劳动力人口，指那些 64 岁以上，本应退休而因为某种原因继续从事

社会劳动的人员；适龄劳动力人口，指在 15） 64 岁之间的劳动力人员，其中家务自由劳动力人员，指那些以非固定的形式，自由从事家务劳动的人员；其他形式劳动力人员，指不能包括在 1）—5） 内的其他劳动力人员，例如监狱劳改犯等。

在上述人力资源系统年龄结构中，在职人员是能力的核心。在职人员的人力资源系统结构，还可以从产业结构方面进行分析，如图 4 所示。

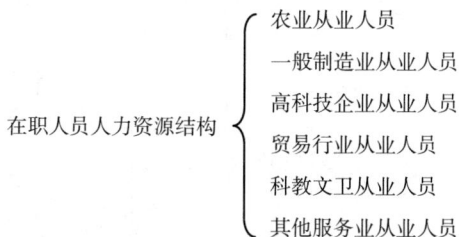

$$
\text{在职人员人力资源结构}\begin{cases}
\text{农业从业人员}\\
\text{一般制造业从业人员}\\
\text{高科技企业从业人员}\\
\text{贸易行业从业人员}\\
\text{科教文卫从业人员}\\
\text{其他服务业从业人员}
\end{cases}
$$

图 4　在职人员人力资源产业结构示意图

在上述人力资源系统结构中，高科技企业、教科文卫的从业人员或各产业从业人员中的高层人员是能力的核心。

四、素质观人力资源系统结构分析

人力资源素质观认为，人力资源是在一定区域范围内，可以被管理者运用生产经济效益和实现管理目标的体力、智能与心力等人力因素的总和及其形成基础，包括知识、技能、能力与品性素质等。在这里，"一定的区域范围"是一个时间与空间的概念，大可以指一个国家、一个地区或全球，小可以指一个区域、学校、机关、医院或更小的班组与团体组织。

"可以被管理者运用"是强调人力资源相对管理者的有效性。一个有能力的员工，相对经理所管辖的范围来说，是他所在区域的一种资源，但一旦离开这个区域，就不再是资源了，因为该区域无法运用这个员工。

"产生经济效益"与"实现管理目标"，强调的是人力资源的价值性。作为人力资源，他们必须能产生管理者所需要的东西，或者是经济效益，或者是完成某种任务与实现某个目标的中介效用。

"体力、智能与心力等人力因素总和"，在这里既指个体的，又指群体的或区域的，包括知识、技能、经验、智能、体力、品德、性格、精神等形成人力的因素。

素质观人力资源系统结构如图 5 所示。

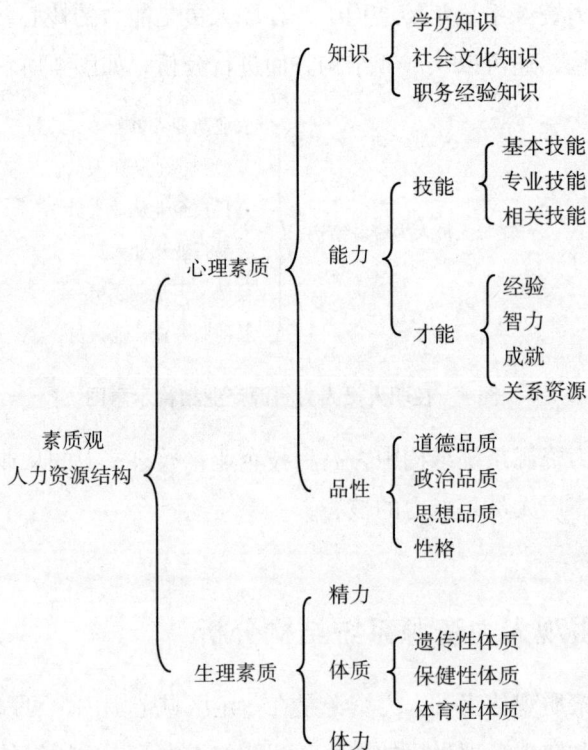

图 5　人力资源系统素质结构示意图

在素质观人力资源系统中能力是核心，品性是关键，生理素质是基础。

总之，通过上述关于不同人力资源观点下系统结构的分析，我们认为，任何形态的人力资源，都是一个系统结构，能力是其中的核心。缺乏能力的人力资源，是有数无质的资源，是一种无效的资源，因此人力资源能力建设，对于中国这样一个人口大国来说，具有重要而关键的作用。人力资源能力建设是中国人力资源开发的中心任务。

人力资源开发之我见 *

一、人力资源的开发对象应从"个体"转变为"素质"

什么是人力资源？目前已有多种解释。但较为通用的解释都是把人力资源定义为能够作为生产性要素投入社会经济活动的劳动人口。

人力资源率 = 人力资源总数 / 人口总数

显然，人力资源的开发对象是"劳动力个体"，是既成的可用的劳动力个体。这种"个体"观有助于我们对人力资源的计量、规划与安排，但却不利于我们对人力资源的充分开发与有效使用。因此本文倾向于把人力资源开发对象由大化小，变粗为细，主张以人的"素质"作为开发对象，把"人力资源"解释为劳动生产过程中，可以直接投入的体力、脑力与心力总和。体力指体质、精力与身体运动能力，脑力指知识、潜力与技能，而心力指态度、品德及其他个性品质。把"人力资源开发"解释为是一种对每个人员每种素质最大限度地促进、改进与提高，创造一定的机会使他们得到充分的使用、发挥与发展的过程。

人力资源及其开发概念上的改变有助于人力资源开发操作上的高效，有利于我们对人力资源的深层开发与充分利用。

---

* 原载于《中国人力资源开发》1997 年第 11 期。

二、人力资源开发必须从娃娃抓起

现有的人力资源开发观，一般认为是从成人开始，从 16 岁开始，把 16 岁以下的人口排除在人力资源概念之外。这种观念认为，一个人只有成年之后，他的劳动能力才开始形成，此时进行开发才有意义。显然这种观点有它的合理之处，然而这种人力资源开发观多少带有被动性，它把人力资源的形成看作一种自然现象，看作自然过程。树木只有成材之后才能开发，人也只有成年后才能开发。这种成年后的人力开发观使我们的人力资源开发长期徘徊在低谷中，出现了人力资源数量过多质量不足的反差现象。要改变这种现象，我们对人力资源的开发必须及早开始，从娃娃抓起。人力资源形成与自然资源形成的最大区别是在于它的主动性与可控性。矿产资源、天然气、水资源等自然资源的形成过程，我们开发者对它们来说是相对被动与不可控的，我们只能等待时机成熟才开发。在人力资源的整个形成过程中，我们开发者都是大有作为的。人力资源开发要从每个娃娃形成前开始，从遗传基因的控制与优化配置开始，充分发挥家庭教育、学校教育的前期开发作用，联接生理系统开发、心理系统开发与能力系统开发为一体。人力资源的开发不同于自然资源开发，它不仅仅是使用与消耗，人力资源开发也是一种促进、发展与提高的过程。人力资源的形成不同于自然资源，它具有关键期与最佳期，该开发时不开发，则过期作废。许多素质形成的关键期与开发的最佳期都在成年前。因此开发者不能持拿来主义与坐等态度，应及早促成，主动开发。

三、变"中间"开发为全程开发

就劳动力生活的全过程来看，现有的人力资源开发观是取"中间"去"两头"。16 岁成年以前不管，55—60 岁退休以后不管，这种开发方式是抓住人生的"黄金段"开发，投入少见效快，但缺乏系统性。人力是人员素质功能的综合发挥，人力来自于人的素质，但人的素质形成依赖于成年前期的基础，前期养成的好坏将直接影响成年后人力的质量，因此人力资源开发要"瞻前顾后"。

现在人们的生活水平普遍得到提高，身体健康水平与保健意识得到很大提高，许多人 70 岁照样能工作，但我们现在对老年人的开发利用却没有得到重视，这也是人力资源的一种浪费。实际上人力资源的开发应该是终身的过程，是从胚胎到坟墓的过程。人生的任何阶段，都可以发挥其某方面人力的作用。因此要对每个人的人力资源进行充分开发，应变"中间"开发为全程开发。

四、变"单一"开发为综合开发

就人力资源开发的内容来说，现有的人力资源开发观只注意对工作能力的开发，对工作中所需技能的开发，这种开发观针对性强，见效快，但缺乏长远性与可持续性。依据个体人力资源的整体结构分析，人力资源主要是实用系统、辅助系统与再生系统共同构成。人力资源的可持续性发展，依赖于三个子系统的综合协调发展。因此要保证人力资源开发的可持续性应该变"单一"的工作能力开发为三个子系统的综合协调开发。

举例来说，工作能力是岗位工作的实用系统，工作态度是岗位工作的辅助系统，而虚心好学的态度与学习能力则是岗位工作的再生系统。我们需要开发的是工作能力，但工作能力的开发不能就工作能力而工作能力进行单一性开发，必须同时对工作态度与学习能力进行协同开发，这样共同的工作能力才有可持续性开发的后劲。

五、变"直线"开发为"螺旋式"开发

为了提高人力资源的效益，降低成本，现有的人力资源开发基本上是直线式的，围绕岗位所需要的技能，进行定向性的直线开发，这种开发方式的缺点是基础不牢。依据个体素质发展规律，人力资源的形成是一个螺旋式的发展过程，因此相应的人力资源开发方式也应该是螺旋扩展式的，要建立一种人力资源持续性开发的协同工作，把生理素质、人格思想与工作能力的开发纳入到一体化开发的轨道上，把工作能力的开发建立在生理、心理与人格思想三种基础

素质的开发上。随着个体的成长，开发的重心逐渐由生理素质转移到心理素质，最后到工作能力，但这种重心转移绝不是直线式，而是一种逐渐包含不断扩展的螺旋式转移与覆盖。

六、变"第三产业"为"第一产业"

人力资源开发需要投入一定的人力、物力与财力，这些投入是显而易见的。但其产出的效益却是无形的，往往被人们所忽视。因此目前企事业大都把人力资源开发的部门与人员列为"服务型"的"三产"，具有消费性，缺乏价值产出性。实际上人力与资金、技术、物质一样，是经济生长的要素，而且是关键的要素。因为任何经济生产活动都离不开人力，没有人力作用，资金、技术与物质无能为力，毫无价值。同样的项目，同样的资金投入与技术设备，由接受过不同水平开发的人力去经营，效益却大大不同。从这个角度看，人力资源开发产生了直接经济效益，因此人力资源开发者有权力向被开发者或人力雇佣受益者收取一定的费用。享有一定的人力股份，而且人力资源开发的股份应该略高于资金、技术与物质的比例。在企事业单位中，人力资源开发不能由现在的消费性部门变为生产性部门，有了资金再扩大开发规模，形成一种良性循环的机制，把人力资源开发作为一种产业来进行与发展。总之，21世纪的中国经济发展在于人力资源的开发，在人力资源开发过程中亟待我们转变现有观念，要变"个体开发"为"素质开发"，变成人后开发为成人前开发，变"中间"开发为全程开发，变"单一"开发为整体开发，变"直线式"开发为"螺旋式"开发，变"第三产业"为"第一产业"。只有实现这些观念转变，全方位开发人力资源，我们的人力资源开发才会焕发出生机与希望，在中国21世纪的经济发展中发挥更大的作用。

国际人力资源开发研究观点综述 *

2007 年 11 月 2—6 日，由国际人力资源开发研究会、北京大学人力资源开发与管理研究中心、中国人力资源开发研究会、首都经济贸易大学劳动经济学院共同主办的"2007 年国际人力资源开发研究会第六届亚洲年会"在北京大学隆重召开。这是首次在中国大陆举办的国际人力资源盛会，吸引了欧美和亚洲 22 个国家 130 多位外国学者与 260 多名中国学者的热情参与，共有 345 名中外学者向大会提交了 316 篇论文，其中英文论文 159 篇，中文论文 157 篇。本刊现发表萧鸣政、曹雁撰写的会议观点综述文章，以飨读者。

2007 年国际人力资源开发研究会第六届亚洲年会的主题为"亚洲的人力资源开发与管理：个人、组织与国家层面的人力资源问题研究"。这一主题使会议实现了人力资源开发学科与人力资源管理学科交汇贯通，政府、企业、高校的人力资源实践工作者和科研机构理论的研究者相结合，中国的 HR 学者与国际一流的 HR 专家相交流。

一、国家人力资源开发战略研究方面

北京大学萧鸣政教授在题为"建设人力资源强国的中国之路"的演讲中，围绕"中国为什么要建设人力资源强国""什么是人力资源强国""中国如何建设人力资源强国"三个核心问题阐释了自己独到的见解。他指出，衡量"人力资源强国"的标准应该做到数量上充分，质量上合格，结构上优化。目前中国

---

* 原载于《中国人力资源开发》2008 年第 2 期，作者为萧鸣政瑟曹雁。

只是一个人力资源大国，而不是一个人力资源强国。中国建设人力资源强国必须走有中国特色的人力资源开发之路，发挥国家人力资源开发的中央集中机制，从上至下构建科学的人力资源开发战略体系。中国人事科学研究院副院长吴德贵在发言中指出，中共十六大提出人才强国战略，十七大又提出建设人力资源强国，这是一个全新的命题。人才强国主要是指依靠人才强盛国家的谋略，这是一个精英强国方略；人力资源强国，体现的是依靠民众强国的方略，我们要清醒地认识到两者之间的区别。

中国人力资源开发研究会会长刘福垣以"从人力资源观向人力资本观转变"为题，从全新的视角剖析了社会保障是人力资源转化为人力资本的制度前提。他指出，只有实现人力资源观向人力资本观转化，把劳动经济学、人力资源学转变为人力资本学、人力资本运营学，才实现了真正的以人为本的发展观的转变。人力资源开发就是把人力资源转化为人力资本，增加人力资本的存量。我国目前最大的流动性群体是农民，而我国的社会保障制度却没有让农民工和城市人一样享有同等的权利。只有建立社会保障，劳动力才有条件把自己的劳动付出当作资本运营，中国才能加快和谐社会的建设进程。复旦大学张文贤教授认为，把人力资源当作第一资源实际上经历了很长的时间，很难说现在大家都转变过来了，它有特定的含义在里面。在所有资源中把人力资源作为真正的第一资源，这个观点是从国外引进过来的。现在人力资源作为第一资源已经不够了，要把人力资本作为第一资本。

中国人事科学研究院院长吴江在"从实施人才强国战略角度谈中国人事制度改革"的演说中，分析了我国人才强国战略的地位和作用发生的新变化，并对"知识人才强国目标"进行了全新的诠释，即要立足于树立质量优先和统筹开发的理念，要以提高人才总体的质量，为科学发展提供人才保障为着眼点，要创新人才机制，从制度层面解决人才的选用、评价、保障机制，深化政府人事制度改革。他强调政府改革的重点集中在改革机制、创造环境方面，即深化人事制度改革，创新人事管理机制。北京大学李成言教授就"我国目前人才的制度化建设仍然存在误区"与专家们进行了广泛的交流，认为目前我国制度建设缺乏良好的制度环境，比如"腐败的滋生"，该观点引起了与会代表们深层次的思考。

上海公共行政与人力资源研究所沈荣华从宏观和微观两个层面精辟地分析了中央领导集体对人才范围的科学界定，提出"大人才观"，倡导不唯学历，不唯职称，不唯资历，不唯身份；提出了新的人才标准，集中体现在品德、知识、能力和业绩上；在人才统计方法方面提出了"分类统计"的新思路，淡化人才总量的概念；在人才评价方面，中央领导集体指出，在德才兼备和有业绩的前提下，人才评价必须注重群众公认、市场公认和社会公认。这"三个注重"，是我国人才评价机制的重要创新。香港大学方国荣教授发言认为，我们现在是人口大国，不是人力资源大国，一定要善于学习。从高层到低层都要学习，西方很多东西我们可以参考，可以借用。

西安交通大学段兴民教授与专家们一同分享了近期的研究成果，提出了"人力资本定价是价值的确定"这样一个非常有新意的观点。他认为人力资本是带来现在或者未来的收益，存在于人体之中的知识、技能、健康等综合价值存量，人力资本价格的确定是向人力资本价值进逼的过程。中国人力资源开发研究会常务副会长潘金云在充分肯定段教授发言的同时，对人力资本定价问题提出了自己的见解。他认为，人力资本的价值是逼近真实价值的价值，而不是真实价值的本身，那么真实价值究竟在哪里，即有没有真实价值；二是这个真实价值是固定的，还是动态的；三是该用什么方式表达。

Gary Mclean 作为国际资深人力资源专家，常年致力于人力资本理论前沿课题的研究。他饶有兴趣地听取了中国学者的观点，并站在国际视角就国家人力资源开发问题同与会代表进行了广泛的交流。他指出国家人力资源开发非常重要，经济发展最重要的是人的力量，而不是物质资本的推动，受到良好教育的人会成为社会进步无穷无尽的资源。他认为，美国在国家人力资源开发方面有很多成功经验值得各国借鉴。

清华大学杨百寅教授以"论西方人力资源开发概念与理论的本土化"为题，呼吁与会代表在借鉴由西方发展起来的人力资源理论时，应该重视中国特色人力资源开发和管理理论的本土化研究。我们在引用西方的概念时不能脱离中国政治、经济、特别是文化的背景，不能简单复制、照抄国外的理念和模式，而要把中西方文化、概念上的区别加以归纳总结，找到共性，并把它们跟中国的环境相比较判断是否贴近。他认为，经济全球化对我们是一个巨大的挑战，西方的文化是否适用于亚洲的文化环境，有待于与会学者进一步研究和验证。时勘教授认为，OCB是员工绩效考核以外不获得绩效的公民性的主动的非回报的行为，这个概念非常重要。人们对组织的承诺是和领导力有关的，中国人跟外国人本身在文化中存在着差异，不同的角度360度的评价是有差别的。我们进行研究要考虑到文化之间的差异。

北京大学梁钧平教授对"将西方的管理方法引进到中国是否完全适用"的问题也发表了自己的看法。他认为很多企业特别是大型国有企业普遍存在管理思维的懒惰，缺乏独立创新的精神，对西方的方法和概念大多采用生吞活剥的方式全盘接受，只学到了皮毛，没有抓住根本，根源就在于忽略了不同文化环境对组织和员工产生的影响是不同的。中国人民大学彭剑锋教授指出，我们学习和引进西方先进的技术方法是必要的，关键是要解决好"学"的问题，即如何学到精髓，在此基础上再进行优化，形成自己的东西，这才是根本。教育部王登峰司长从心理学角度，围绕"中国文化与美国文化的差异""个人素质是否存在跨文化的差别""个人因素和环境因素是如何产生互动的"等热点问题发表了精彩的演说。

北京理工大学李存金教授在题为"当代中日美人力资源管理模式的比较研究"的演讲中，通过对美国基于制度化的能力主义管理模式、日本基于组织文化的资历主义管理模式和中国基于行政化的关系主义管理模式比较研究，分析了中日美人力资源管理存在差异的基本原因，提出了中国构建基于制度化的和谐型人力资源管理模式的对策。安徽财经大学程崇仁在会上提出，人力资源管理从概念到理论及整个学科体系都是在西方文化背景下产生的，我们必须重视和加强人力资源管理教育的文化内涵，从中国传统文化中领悟和汲取管人之道。

二、创新型社会建设和创新人才开发战略研究方面

中国人事科学研究院原院长王通讯长期致力于"创新型人才的培养与管理"研究，他在会上对创新的类型与发生、创新型人才的培养与使用进行了宏观与微观相结合的论述，特别对创新型人才的培养、使用方式及其思维特征进

行了较为深入的探讨。他认为，我国创新能力偏低、企业创新意识淡薄、对提升创造力培养重视不够，因此需要特别强调创新型人才的培养。创新型人才的成才模型，包括纵向成才、横向成才和综合成才三种。对人才的激励理论，他诙谐地提出要从"屋顶学说"向"田野学说"的转变。过去，企业家把自己的企业当作一个大屋顶，把人才当作管理的对象，现在，人才就像树木、庄稼，"只要人才不走，就是我的胜利"。国家人事部余兴安副司长认为，创新实质上是人的创造力的迸发。创新型国家要求我们有更多创新型的人才。创新型人才或者说人的创新能力不是天上掉下来的，是培养出来的。创新能力的培养或者说创新人才的培养是有方法的，有奥妙的。

清华大学张德教授通过对 512 名员工进行问卷调查收集数据，提出创新不仅与技术有关，而且与文化有密切的关系。他从企业层面出发，采用定量分析方法验证创新文化、文化强度对企业绩效的影响，认为一个国家的文化同科技创新有着相互促进、相互激荡的密切关系。创新文化孕育创新事业，创新事业激励创新文化。国务院发展研究中心培训中心林泽炎博士指出，当前在创新人力资源开发的管理和研究方面，应该注意如何充分完善当前的人力资源管理制度，真正为企业的战略目标的实现服务，强调员工的认同和员工潜能的发挥。

大连理工大学李明斐从创建学习型组织入手，剖析了组织文化的作用对组织创新机制产生深远影响。他认为，组织的创新绩效以个体创新行为为基础，通过营造一种持续学习和不断进步的学习型文化来提升个体创新行为，进而提升组织的创新绩效，是对学习型组织与组织创新两者关系深入研究的一个全新探索。南京政治学院吴东莞以文化氛围与环境建设为切入点谈创新人才的开发与培养，倡导形成一种尊重创新人才独特个性、鼓励创新人才大胆冒尖、允许创新人才自由选择和探索、容许创新人才探索失败的环境氛围。

广东省人事管理与人才研究所林活力回顾了广东近 20 年创新人才引进、培养、使用及其对社会经济和科技文化贡献的历史和现状，指出广东引进和使用国内外人才的政策是成功的，它不仅为广东社会经济腾飞奠定了基础，而且满足各项事业发展对人才的应急之需，还创造了科技事业的繁荣和辉煌。

三、公共部门人力资源开发战略与管理实践研究方面

中国人民大学劳动人事学院曾湘泉院长就"中国劳动力市场中介组织研究"，围绕中介组织在就业匹配中发挥的作用、中介组织对就业的影响以及影响中介组织进一步发展的主要因素三个问题，精辟阐释了劳动力市场的工作匹配方式在中国发生的根本变化，认为中介组织通过信息发挥着就业促进作用，失业群体依赖于公共就业服务组织。但是，有相当多的就业者没有使用过就业中介机构，而且中介组织招聘信息少，更新迟、反馈慢，宣传力度不够。中介组织的专业化和职业化、法律法规的健全以及中介组织的信用等问题，都是制约其进一步发展的影响因素。中国人民大学袁伦蕖教授认为，曾教授在中介组织理论研究的基础上，沿着劳动力市场建立发展的脉络，从历史的角度把我国改革开放以来中介组织的发展分为萌芽、初步发展、加快发展和开放竞争四个阶段，第一次比较清楚地划分了中介组织的发展历程，符合我国中介组织发展的实际情况，是一个创新。

原北京市市委组织部副部长韩铁城探讨了我国公开选拔领导干部的机制，指出公开选拔中高级领导干部在实际操作中，面临着外界对公开选拔的对象范围、报考人数不均衡、笔试淘汰赛是否公平的质疑，也存在考官团专家和领导考官比例如何界定、群众是否可以成为考官等问题。

安徽大学段华洽教授等采用理论研究和实证分析相结合的方法，创造性地构建了安徽省初级公务员素质模型，为以素质为基础的公共部门人力资源管理系统提供了技术支持，使公务员任职资格条件进一步具体化和规范化，为公务员考试的测评要素确定、命题设计等提供重要来源。

中共济南市委组织部王拥华将精细化管理理念和方法引入公共部门管理，通过揭示人力资源精细化管理的内涵与特征，提出以提高管理质量和效率为目的，运用现代管理手段和方法，对公共部门人力资源的行为从三个方面实施精细、准确、快捷的规范和控制，对我国政府体制改革提出了新的研究思路。

北京师范大学车宏生教授在题为"效度研究是人事甄选质量提高的关键环节"的报告中，指出目前人才选拔如公务员考试、党政领导干部遴选中大多采用评价中心技术，但在确保甄选的有效性方面即效度，理论与实践研究都显得

比较滞后。他呼吁专家学者加强效度研究，以使人事甄选制度逐渐走向成熟。东北大学刘武教授则认为效度研究实际操作起来有难度，效标不好确定，即使确定了，也无法保证效标的有效性。

上海对外服务有限公司总经理顾家栋从实践层面，阐述了当前我国人力资源服务业的形势、国内人力资源服务企业与跨国同行的差距、人力资源服务业发展的趋势及对人力资源服务业发展的建议。中国行政管理学会鲍静认为，人力资源服务外包在用人单位和劳动者之间引入第三方，政府实施人力资源服务外包可以减少成本，值得我们深入研究和实践。

四、组织和企业人力资源管理与开发技术研究方面

国际人力资源开发研究会前主席 Larry Dooley 精辟阐释了科技和网络对组织人力资源管理的影响。他认为，我们从各大学、各个企业当中，可能会得到各种知识信息，那么企业如何传承这些经典的知识，并得到进一步的发展和创新呢？这就涉及在网络时代如何有效管理人才的问题。他提出，人才管理必须着眼于以下几个方面：一是要构建多元化学习方式，创建持续不断的学习机会。随着学习方式的演变，我们不仅仅在教室里学习，而且可以在网络、虚拟空间学习。二是构建组织学习与员工交流的平台，如网络社区的构建，实现知识的共享。三是突出组织的集体观念，鼓励合作，倡导团队学习，使组织中的每一个员工都能够更广泛地在团队学习中汲取营养。四是建立和完善组织学习体系，力求学习途径的灵活多样，使员工从一进入组织就能置身于该体系当中，从而减少人才培训的成本，缩短培训时间。五是将计算机技术的学习和知识的管理、人才的培训有机结合起来，大大提升学习的效果。

武汉大学关培兰教授以知识员工为研究对象，从实证的角度探索了组织职业生涯管理对知识员工共享知识的影响。她认为，组织承诺将显著影响员工共享知识的意愿和行为。想要分享知识员工的知识，必须实施职业生涯管理，给知识员工提供发展的机会，否则他不会与企业分享有价值的知识，甚至会选择到外面去。中国人民大学公共管理学院方振邦教授认为，在构建组织核心竞争力过程中会遇到种种问题。如何管理学历高、能力强的年轻员工，如何消除员

工之间表面和气、暗地设防的现象，如何避免员工出于个人利益考虑保留已有的知识，这些问题需要管理者在实践中研究和探索，实现对知识员工的有效管理。

上海师范大学张培德教授就知识经济条件下中国非营利组织绩效考核体系的问题，提出把绩效考核视为一个系统工程，并将其分为考评主体、考评工具、考评指标和考评对象等四大体系。华东理工大学商学院黄维德教授借鉴经济学中的无差异曲线模型分析方法，探讨了和谐劳动关系的界定和影响因素等问题。上海对外贸易学院杨浩教授从企业战略的视角，以全面提升我国企业竞争力为研究背景，在理论模型与实证分析相结合的基础上，提出了适用于我国企业的企业文化力评价指标体系。

五、高校人力资源开发战略与管理实践研究方面

首都经贸大学劳动经济学院院长杨河清提出，人力资源学科在中国大学的发展，历经从劳动管理到人事管理，再到人力资源管理的发展阶段，是横跨教育学、心理学、社会学、人口学、社会保障学、劳动经济学、企业管理学等多层次、多学科的交叉学科体系。他认为，中国大学人力资源学科目前存在的问题主要集中在学科层面和专业层面，教学质量与国外发达国家相比还存在着较大差距。人力资源学科定位要多角度，专业设置要多层次，人才培养要多元化；课程设置要以管理学、经济学、行为科学和法学为主线，在要注重专业技能的训练同时，加强人文课程的学习。中国大学人力资源学科发展的未来要更多结合中国的实际，与其他学科交融。国家行政学院竹立家教授诙谐地将人力资源学科比喻为"百科全书式的学科"。人力资源学科的发展和重新定位，必须以学生素质研究为切入点，同时关注环境和制度等保护性因素以及制度性因素对人力资源学科的影响，社会制度对经济和社会发展的影响。

北京理工大学侯光明教授通过分析高校人才队伍建设的必要性和紧迫性，以组织系统的科学发展为研究视角，阐明了用科学发展观统领人才队伍建设的内涵，剖析了人才队伍建设系统的特征，提出了有针对性的人才队伍建设措施，如持续加大投入，不拘一格引进人才；凝聚教师队伍，实施科技创新团队

建设计划；完善学校教师公开招聘和遴选制度，扩大教师面向社会公开招聘力度；建立灵活多样的弹性用人机制；等等。赣南师范学院袁庆林总结了近年来中国高校人力资源开发与管理的主要成就，并针对存在的主要问题提出了应对措施，如："以人为本"建设"和谐高校"；基于互联网络抓好高校人力资源开发与管理工作；实施全面质量管理，逐步完善绩效薪酬体系，充分挖掘高校内部人力资源潜能等。

北京大学招办刘明利等运用平衡计分卡的基本原理，分析高校招生部门绩效的决定因素，构建了以满足社会各界对优质高等教育资源的需求为导向的高校招生部门绩效的框架。北京物资学院曾捷英和河南工业大学崔颖分别以本校为实例，对人力资源管理专业课程体系建设进行了实证研究，有针对性地提出了专业课程设置优化方案和如何构建实践教学的新模式，为科学构建我国人力资源专业体系提供了很好的实践示例。

人力资源开发是建设人力资源强国的
必由之路 *

党的十七大从民族复兴的战略高度，明确提出建设人力资源强国的重大任务，从实施人才强国战略到建设人力资源强国，是我们党根据新世纪新阶段国际国内形势的深刻变化，适应党的历史任务要求而作出的重大决策。

建设人力资源强国，就是在我国人力资源数量较多的基础上，提高人力资源的素质，优化人力资源的结构，形成一大批高层次、高素质的拔尖人才和创新人才。

一、建设人力资源强国的客观背景

2001 年，《中华人民共和国国民经济和社会发展第十个五年计划纲要》专门列出"实施人才战略，壮大人才队伍"一章，首次将人才规划作为国民经济和社会发展规划的一个重要组成部分，将人才战略确立为国家战略。2002 年7 月党中央制定下发了《2002—2005 年全国人才队伍建设规划纲要》，明确提出实施人才强国战略。2003 年 12 月召开的全国人才工作会议，深入阐述了人才强国战略，揭示了人才工作与国家富强、与我们党执政兴国的内在联系。党的十六大报告提出大力实施科教兴国战略和可持续发展战略。《中华人民共和国国民经济和社会发展第十一个五年规划纲要》提出，实施科教兴国战略和人才强国战略，把发展教育和培养德才兼备的高素质人才摆在更加突出的战略位置，促进人口大国向人力资本强国转变。从科教兴国战略到人才强国战略，再

---

* 原载于《中国教育报》2007 年 12 月 3 日，作者为萧鸣政与刘追。

276

到人力资源强国的提出，充分反映和说明我们党对人才问题认识的逐步深化与科学化。

纵观世界经济社会的发展史，英国工业革命、美国经济称雄、日本经济战后崛起，无不是这些国家优先发展科技、重视人力资源开发的结果。美国经济学家、诺贝尔经济学奖获得者贝克尔指出，在美国经济发展中，人力资源的贡献是物力资源贡献的 3 至 4 倍。21 世纪是知识经济的时代，人力资源具有特殊的经济价值和广阔的开发前景，国家和组织竞争的关键就是人力资源及其开发水平。谁拥有更多更好的人才，谁就能在竞争中取得主动，赢得未来。从一定意义上讲，谁在人力资源开发方面领先，谁就会在经济发展方面领先。我们要取得人才竞争的主动权，就必须大力实施人才强国战略，加大人力资源开发力度，使人力资源转化为人力资本，提高组织竞争力，把我国建设成人力资源强国。党的十七大提出建设人力资源强国正是对这一共识的进一步体现。

二、人力资源开发的现实价值

人力资源开发的作用与价值，是使潜在的人力资源转化为现实的人力资源，使人的素质活力转化为先进的生产能力，让人们从低的工作效率状态走向高的效率状态，由非人才转化为人才，由低层次的人力资源变成高层次的人才，让我们从人口大国走向人力资源强国。

人力资源开发是由现实国情决定的。中国拥有世界上最庞大、最丰富的人力资源。然而，恰恰是这一点，又决定了中国其他资源的相对严重不足。我国各项主要自然资源、主要产出品以及国民收入的总量都相当可观，但是按人均占有量，大都排在了世界的后列。从一定意义上说，人力资源已经别无选择地成为今天实现中国发展的可靠性支柱资源。然而，人力资源本身具有鲜明的两重性。未经开发的低质量人力资源，不但不可能成为发展的动力，反而只能是发展中国家和地区最沉重的负担。只有结合社会经济发展需要，对我国人力资源进行全面科学的开发，使其具有健康的身体和先进的文化素质，成为具有熟练劳动技能的高质量人力资源，才是一个国家或地区发展的最大资本，才能建成人力资源强国。

　　人力资源开发是实现"科教兴国"与建设创新型国家战略的关键。科教兴国与创新型国家建设是党和国家提出的两大战略。在这两大战略的实现中，科技和教育犹如驱动我国迈向战略目标的两个轮子，连接两个轮子的"轴"就是人力资源，尤其是高素质的人力资源。人力资源开发是决定这两个轮子速率的枢纽。因此，科教兴国与建设创新型国家战略的确立，为人力资源开发开辟了空前广阔的发展空间，特别是对创新性人才的开发提出了更高要求。

　　人力资源开发是实现可持续发展战略的关键。可持续发展的核心是生态持续、经济持续和社会持续三者的统一。三者能否统一，取决于社会活动的主体——人，即人类对可持续发展的认识和态度。我国人均资源短缺，资源紧张状况势必长期存在，因此资源开发利用应采用节约型模式。然而现实生活中，我国资源破坏和浪费现象相当普遍和严重，其中一个重要原因，就是劳动力素质与自然资源开发利用不相适应。因此，大力加强人力资源的开发，提高劳动者素质，合理开发和使用自然资源，对实现我国可持续发展战略具有重要推动作用。

　　人力资源开发是解决"三农"问题和新农村建设的根本。我国农村耕地等自然资源相对不足，人口众多、素质低，潜在人力资源极其丰富，蕴含着巨大的潜在生产力。"三农"问题的核心是农民问题，今天的农民问题是就业问题。然而，我国大部分农村剩余劳动力的知识过于贫乏，就业能力太差。如何转移和安置这些人口，直接关系到和谐社会的构建。建设社会主义新农村，实现农村的良好发展，有赖于农民素质提升，而农村人口素质提升则有赖于农村人力资源的开发。因此，农村人力资源开发决定了"三农"问题能否在中国大地得到最终解决，关系着城乡协调发展和新农村建设能否成功实施。

　　人力资源开发是建设和谐社会的基础。"和谐"作为一种社会状态，包含着人与自然的和谐以及人与人的和谐。和谐社会需要人与自然和谐相处，为社会可持续发展提供物质资源的保证。人与自然的和谐是为了实现人与人的和谐这一更高目的，同时，也需要人与人的和谐来促进。中国人口数量巨大且总体质量相对不高，给资源和环境造成了巨大压力，是我国面临的一系列社会和经济难题的主要原因之一，同时也是影响我国综合国力迅速提升的关键因素。要将其转化成促进社会和谐的人力资源，实现人与自然的和谐、人与人的和谐，就需要人力资源开发。人的全面发展是和谐社会的重要目标，而要实现人的全面发展就需要通过全社会的共同努力，进行各种层次的人力资源开发。

三、构建中国特色的人力资源开发体系

实现我国人力资源强国的宏伟目标是一个长期的系统工程，需要我们逐步构建具有中国特色的人力资源开发体系。

加快从人口大国到人力资源强国的转变。中国有 13 亿人口，素质低就是沉重的人口负担，素质高就是巨大的人力资源。加快人力资源开发，是把我国巨大的人口压力转换为人力资源优势的根本途径。完成这一转变，实现建设人力资源强国的目标，要通过三个阶段：第一阶段，通过教育、卫生保健等措施把我国的人口资源转变为丰富的人员资源，这一阶段我们要更新教育观念，提高学生综合素质，做好人口的卫生保健工作，提高人口的整体素质。第二阶段，通过配置、培训等措施把人员转变为具有一定优势的人力资源，这一阶段的主要任务就是合理配置人员、开发现有人员的潜能。如做好大学生就业和农村剩余劳动力转移，同时还要加强职业教育，使人员都拥有一定的技能。第三阶段，通过开发、培训和成人教育等途径，把大量的人力资源开发成人才，这一阶段我们要加强人力资源的开发和培训，形成一批具有一定专业技能和创新性的高层次人才，甚至是拔尖人才和某一领域的领军人物。

围绕国家的发展战略目标进行人力资源开发。一个国家的人力资源是否强大，关键看它能否对国家的发展战略起到充分的人才支撑作用。建设人力资源强国，必须围绕我国当前的发展战略目标展开。与国家的经济和社会发展紧密结合，是充分发挥人力资源开发作用的保证。只有人力资源开发为国家发展战略作出贡献，建设人力资源强国才算真正落实。创新型国家建设这一宏伟战略的实施，使教育和科技在全社会优先发展的地位日益突出，也对培养创新人才提出了更高要求。培养创新人才需要加大人力资源开发，全面推进素质教育，提高全民受教育程度和创新人才培养水平，培养出数以亿计的高素质劳动者、数以千万计的专门人才和一大批拔尖创新人才。实现可持续发展的战略目标也需要提高人力资源的整体素质，合理使用和开发资源。构建和谐社会需要实现

人与自然和人与人的和谐发展，不仅需要实现人力资源的平等开发，也需要平等开发人力资源。

分层次实施国家人力资源开发的战略和政策。国家人力资源开发应该分层次展开，在转变机制上可以采取政府—组织—私营部门的途径展开。一般来讲，国家开发的战略可以分解为区域发展战略或地区发展战略等，各地区又可以进一步细分，国家人力资源开发战略目标也可以分为区域人力资源开发战略目标或地区人力资源开发战略目标，再分为更小单元的人力资源开发战略目标，这些战略的实施是一层一层自上而下进行的，这是提高国家人力资源开发效益的关键。因此，只有将国家人力资源开发政策和战略由国家层面落实到区域层面，再到组织层次，最后落实到私营部门，才能保证国家人力资源开发的有效实施。

建立我国人力资源开发的协调机制。一个国家的人力资源开发一般分为国家、组织和个人三个层面，然而在开发过程中往往出现重复开发或开发盲点等弊端，提高我国人力资源开发效益就必须建立协调机制。一是要建立目标协调机制，在人力资源开发目标上要统一，那就是提高国民的整体素质。二是在人力资源开发过程，要协调三者之间的利益，做到国家利益、组织利益和个人利益相结合。三是要优化人力资源开发的资源配置，每个公民都有接受教育、享受培训和开发的平等机会，国家要兼顾落后地区的人力资源开发，实现人力资源开发过程中的统筹协调。四是要进行有效的监督评估，国家要对组织和个人实现一定程度的开发评估，组织和个人要对国家进行积极的反馈，从而提高三个层次上的开发效益。

总之，建设人力资源强国目标的提出是对于人才强国战略的深化认识与科学部署，我们应该大力进行人力资源开发，让我们从人口大国走向人力资源强国，通过人力资源强国实现人才强国的战略。

建设人力资源强国的中国之路 *

　　自从胡锦涛同志在党的第十七次代表大会上提出建设人力资源强国的战略
目标之后，如何把中国建设成为人力资源强国，成为政府官员与人力资源学者
重点研究与解决的课题，因此，本文就这个问题谈谈自己的一些看法与想法。
在这里我们主要谈三个问题：第一，中国为什么要建设人力资源强国；第二，
什么是人力资源强国；第三，中国如何建设人力资源强国。

一、建设人力资源强国的价值与意义

　　中国为什么要建设人力资源强国，我们通过调查与分析，认为具有多方面
的原因。

　　1.人力资源是知识经济社会建设中的第一资源。人力资源是目前我们社会
经济发展中的第一资源。人类社会分为四个阶段：在自然经济当中自然条件是
第一资源，在农业经济中土地是第一资源，在工业经济中技术资本是第一资
源，在知识经济的今天人力资源成为第一资源。不同国家和地区发展的实践经
验告诉我们，众多的社会经济资源发展当中，人力资源具有优先战略地位。美
国追赶英国采取的是人力资源优先发展战略，日本追赶美国采取的是人力资源
优先发展战略，韩国追赶日本采取的也是人力资源发展战略。相关研究表明，
当今西方发达国家企业财富构成中，物质资本占20%，货币资本占16%，人
力资本则占64%，高新技术产业中人力资本的比重更高。可见，发达国家实

---

　　*　原载于《中国人才》2008年第5期，作者为肖鸣政与郝路。

际上已经把经济发展战略、科教发展战略和人才发展战略三个方面有机结合起来，从而形成人才所有社会化、人才竞争全球化、人才管理法治化、人才资源资本化、人才开发持续化、人才安全稳定化。因此，中国今天要追赶其他国家，同样应该选择人力资源优先发展战略。

2. 中国国情决定着人力资源对中国发展的关键性。中国有 13 亿多人口，这么大的一个数字，决定了中国的国情。温家宝总理经常提到这个问题。最多资源用 13 亿一除就成了最小的排位了。这种现状决定着人力资源建设已经别无选择地成为实现中国发展的关键因素。具体说来，一个是人均资源少，需要用人才资源来促进发展。我国人均耕地面积只有世界人均占有量的 1/4，石油上对应数字为 1/8，森林为 1/6，淡水为 1/4。自然资源的相对匮乏决定了我国必须走集约型、资源节约型的经济发展道路，走可持续稳定的增长发展道路。而我国的人口是世界上最多的，我国拥有众多成本低廉的劳动力，这为增长方式转型提供了条件。在从人口大国向人才强国转变的过程中，人力资源及其科学开发十分关键。吴敬琏就认为：我国资源禀赋的基本情况是"人力资源丰富、自然资源紧缺、资本资源紧俏、生态环境脆弱"。在这种情况下，充分开发与利用人力资源也就成为我国未来屹立于世界的必然选择。

3. 中国共产党的执政目标决定着人力资源的重要性。科学发展观在十七大被写进了党章，这就意味着中国共产党必须坚持科学发展观，坚持科学发展观关键有三个：一切为了人民，一切发展依靠人民，一切发展的成果人民得到分享。这三个人民，后两个指的就是人力资源。我们所有的发展成果必须按劳分配，就是按人力资源的要素分配。坚持科学发展观核心就是在社会经济发展过程中走可持续发展之路，可持续发展实际上就是社会资源、生态资源、经济资源的可持续发展。这三大资源发展能不能持续，最关键的是人力资源，人力资源对物力资源、财力资源具有先导性、主导性。党中央适应全面建设小康社会的新任务，按照完善社会主义市场经济体制的新要求，根据党所处历史方位的新变化，提出了"党管人才原则"，这是党对于人力资源重要性的认识与充分体现。党管人才就是党"管宏观，管政策，管协调，管服务"，就是彻底改变在传统的人事管理时期采用的依靠行政命令进行自上而下单向管理而产生的对于人的过多约束。"管"的出发点不是去禁锢人、束缚人，而是以人为本，创造条件让人发展，因此，"党管人才"的目的就是"解放人才"，让人尽其才、才尽其用，尽最大可能地开发人力资源的潜在价值。

4.人力资源成为中国国家战略实施的关键因素。科教兴国与创新型国家建设，是我们国家比较早提出的战略。科学教育需要转化为人力资源、成为现实性的生产力才能够兴国。创新型国家的建立需要创新型人才的支持，创新型人才必须通过人力资源开发实现。这几年我们又提出走人才强国道路，强调人才强国战略就是把人才作为推进事业发展的关键因素，通过造就高素质的劳动者、专门人才、创新人才，建设规模宏大、结构合理、素质较高的人才队伍，加快我国从人口大国转化为人才资源强国的步伐，进而迅速提升国家核心竞争力和综合国力，最终依靠各类人才完成全面建设小康社会的历史任务，实现中华民族的伟大复兴。这些情况说明，人力资源已经成为国家战略实施中的关键因素，党和国家已经从战略视角把"人力资源"作为我国各项事业发展的核心，并以人力资源战略作为其他国家层面战略的出发点。

中国的西部开发和小康社会建设是我们国家前几年提出的战略目标。西部开发的瓶颈因素是人力资源开发，中国的西部人的素质相对中部和东部来说，整体上比较低一些。西部开发实际上是人力资源开发，小康社会的建设也是需要人力资源发挥创造性，所以说人力资源是中国西部开发和小康社会建设中的关键因素。

现在我国又提出建设新农村问题，新农村的建设就是解决三农问题。2005年第一、二、三产业增加值占国内生产总值的比重分别为13%、51%和36%，从业人数占全社会从业人数的比重分别为44%、23%和33%。这反映出我国农业基础的薄弱，或者说，三农问题仍然没有解决，其中，核心是农民问题。农民问题就是文化水平和劳动技能提升的问题，农民问题的解决就是农村人力资源开发的问题。

和谐社会建构是我们目前的一个国家战略，和谐社会建构实际上归结为五个矛盾五大关系：第一，人与自然的和谐；第二，人与社会的和谐；第三，人与工作的和谐；第四，人与人之间的和谐；第五，个人素质与自我需求之间的和谐。这五大关系或五大矛盾怎么解决？怎么和谐？这需要我们人力资源开发。具体来讲就是要转变人的思想，提高人的素质，调节人的心理，这三个方面实际就是我们的人力资源开发。

二、人力资源强国的标准

什么是人力资源强国？这是个新问题，也是刚刚提出，来不及做太多的成熟思考。我们认为人力资源强国至少存在数量、质量、结构三方面的指标。一个人力资源强国，数量上要充分，质量上要合格，结构上要优化。人力资源结构上的优化体现在数量和质量，体现在各个行业之内人力资源的均衡分布，体现在各个系统内分布的均衡，体现在各个组织之间分布的均衡，体现在五支队伍之间的分布的均衡。党政人才、企业经营人才、高技能人才、农村实用型人才，以及社会工作人才，这些人才队伍的均衡，主要体现在比例上，体现在不同队伍之间数量上的比例以及结构上的合理。我们把人力资源分成国际层面、国家层面、组织层面、个人内部层面。个人内部层面的人力资源主要体现为人的知识、技能、才能、经验、品性等素质。个体人力资源的强弱，我们要看个体内部这些素质之间是不是均衡的，体系结构是不是完整。如果他的知识、技能、才能、品性、经验是均衡的，结构合理的，那么这个人将会适应不同的工作，将会作出卓越的成绩。

目前中国的现状是表面数量多，实际数量少。中国有13亿多人，真正合格的人才是不够的。第二，质量不高，结构失衡。现在两头人才缺少，具有熟练操作技能的人才与高层次人才缺少，但是中间层次的人才过剩；知识多，技能少；理解能力强，创新能力差。这就是我国目前的人力资源不均衡性表现。目前，中国只是一个人口大国，还不是一个人力资源大国。开发资源是国家的重要职责。各种资源均有其自身的用途和价值，扩大使用资源的范围和发现其价值，这个过程就是资源开发。社会上的资源开发大都是商业性的，是以营利为目的和以应用性开发为主。而公益性和基础性的资源开发，耗资大，风险高，要求以社会效益为主，这就需要由国家来组织投入和实施。特别是需要以全社会知识水平的提高为基础，这就需要国家特别注重教育，注重科技，注重人力资源开发。在人类社会中，人力资源是最活跃的资源，开发好人力资源是头等重要的长期任务。

三、建设人力资源强国的思想与方法

《中共中央、国务院关于进一步加强人才工作的决定》中提出实施人才强国战略的基本要求为：一、用"三个代表"重要思想统领人才工作。二、把促进发展作为人才工作的根本出发点。三、树立科学的人才观。四、加强人才资源能力建设。五、坚持三支人才队伍建设一起抓。党政人才、企业经营管理人才和专业技术人才是我国人才队伍的主体，必须坚持分类指导，整体推进。着重培养造就大批适应改革开放和社会主义现代化建设的高层次和高技能人才，带动整个人才队伍建设。六、推进人才结构调整。七、创新人才工作机制和优化环境。

在我们看来，用"三个代表"重要思想统领人才工作就是让"三个代表"重要思想贯穿于人力资源开发工作的全过程。我们党要始终代表中国先进生产力的发展要求，就是党的工作必须要符合生产力发展规律，因此在人力资源开发实际工作中要尽可能地为人才的成长、培养、使用创造条件，最大限度地发挥人才促进经济发展的潜能。

把促进发展作为人才工作的根本出发点是指通过树立全面、协调、可持续的发展观，促进经济社会和人的全面发展。全面、协调、可持续的发展观要求人力资源开发实际工作中欠发达地区也能获得足够的人力资源发展，要求通过不断输入人才、劳力加快发展高新技术产业、服务业，使产业间协调发展、经济社会与自然环境协调发展，要求通过加大人才培养、使用力度，减轻传统工业对环境的破坏，走可持续发展道路。

树立科学的人才观，把品德、知识、能力和业绩作为衡量人才的主要标准，不唯学历、不唯职称、不唯资历、不唯身份，这就要求在人力资源开发的实际工作中，除了重点培养高层级研究型人才外，还要一视同仁地培养、使用技能型人才。

我国建设人力资源强国必由之路的根本，是进行人力资源开发。在人力资源强国建设过程中，我们要突出中国特色，要发挥我国人力资源开发的中央集中机制，从上到下形成科学的战略规划体系，通过科学分析，建立起一个国家的人力资源开发战略体系。在这个战略体系中我们要使得所有出生的人口能够变成优质的人员，优质的人员就是身体健康、文化素质合格，这就要求我们建立良好的卫生保健机制，建立良好的义务教育系统。

在这个战略体系中我们要把人员开发转化成人力，人员没有工作可做，只是人员不是人力，人员不能够为我们国家产生实质性的生产力。人员要和生产资料或者工作相结合，我们要大力开展就业。在这个战略体系中我们要把人力转化为人才，我们要建立有效的开发机制；我们要建设优化人才成长的良好机制，把人才变成人物。

要从战略定位、政策制定、结构设计与活动的组织进行一体化的考虑。中国人力资源开发的组织是多元的，有中组部、人力资源和社会保障部、教育部，还有国资委、科技部，这么多的开发机构应该围绕同一个人力资源开发战略进行，这样才能取得成功。这里我还想强调一下"党管人才"的重要性。就中国的政治体制而言，我们需要一种机制来保证战略从制定到实施是一体化的过程。为此，我们应该坚持党总揽全局、协调各方的原则，充分发挥党的思想政治优势、组织优势和密切联系群众的优势，发挥党委领导核心作用，形成党委统一领导，组织部门牵头抓总，有关部门各司其职、密切配合，社会力量广泛参与的人才工作新格局。

人力资源开发对于中国的价值是什么？是使潜在人才转化为现实的人才，使人才素质的活力转化为生产力，让人们从低的工作状态走向高的工作状态，从低层次人才转化为高层次人才，使中国从人口大国走向人力资源强国，从人力资源强国走向经济强国。人才是具有丰富知识、显著业绩与强烈创造意识的高素质的人，即"人才 = 丰富的知识技能 + 强烈的创造意识 + 显著的工作业绩 + 优良的思想品德"。开发，实际上是以系统观为指导，从各个维度进行人力资源开发。中国的国家人力资源开发战略是什么？我们认为是通过计划生育、卫生保健、文化教育、环境优化、制度创新等途径进行人力资源的建设和开发，使中国从人口大国走向人力资源强国，为中国的经济社会发展战略目标实现提供坚强的人才保证和一流的智力支持。

基于人力资本的人力资源开发战略思考 *

人力资源开发的目的主要是有计划地促进区域内人力资本的增长。无论将人力资源开发视为一种管理手段，还是视为一种投资方式，它的成长都基于人力资本理论的发展。全面分析人力资本的核心理论，对于我国研究和制定人力资源开发战略有着极为现实的指导意义。

一、人力资本理论分析

人力资本理论是人力资源开发的基础，也是研究人力资源开发的重要理论工具。从古典经济学时期散见于众多大师言语中的人力资本思想，到二战后现代人力资本理论的建立与丰富，直至后来在应用经济学、管理学众多领域内的演绎和发展，西方人力资本理论的兴起和发展有一个漫长的历史过程。从人力资本理论的发展过程中我们能够学习到一些思想，而这些思想对于人力资源开发的战略性与科学性把握具有直接的指导作用。

（一）人力资本在表现形态上是人力资源

亚当·斯密在《国民财富的性质和原因的研究》中指出："在社会的固定资本中，可提供收入或利润的项目，除了物质资本外，还包括社会上一切人学得的有用才能"，"学习一种才能，须受教育，须进学校，须作学徒，所费不少。这样费去的资本，好像已经实现并且固定在学习者的身上。这些才能，对

---

* 原载于《中国人力资源开发》2006 年第 8 期，作者为肖鸣政与饶伟国。

287

于他个人自然是财产的一部分，对于他所属的社会，也是财产的一部分"①。而早在 20 世纪早期，马歇尔就在《经济学原理》中认为"老一代经济学家对于人的能力作为一种资本类型参与生产活动的认识是十分不足的"。② 他对人的能力作为一类资本的经济意义提出了新的认识。他将人的能力分为"通用能力"（General Ability）和"特殊能力"（Specialized Ability）两种。前者指通用的知识与智力，后者指劳动者的体力与熟练程度。

舒尔茨被认为是现代人力资本理论的最重要的开创者。1960 年，舒尔茨在美国经济学会年会上发表了题为《人力资本的投资》的著名演讲，现代意义上的这篇文章在现代人力资本理论正式形成中具有里程碑式的意义。在舒尔茨看来，人力资本是相对于物质资本而言的，是指体现在人身体上的知识、能力和健康，可以被用来提供未来收入的一种资本。他认为，凝集在劳动者本身的知识、技能及其所表现出来的劳动能力，这是现代经济增长的主要因素。并且人力资本不同于一般的资本，并不会在使用中逐渐地被消耗和消失，反而会在使用中通过积累增加人力资本的存量，但人力资本的获得是需要耗费资源的。舒尔茨还提出了人力资本投资的范围和内容，包括五个方面，包括医疗保健、在职培训、正式教育、成人学习项目及就业迁移等。③ 这些人力资本投资形式之间有许多差异。

（二）人力资本是国家经济发展的一个重要源泉

对人力资本的讨论和研究，是随着对国家经济发展的讨论而逐步深入的。英国古典政治经济学家威廉·配第曾提出著名论断——"土地是财富之母，劳动是财富之父"，国家的财富来自于劳动的创造，国家的财富与其国民的技能和素质密切相关。亚当·斯密肯定了人力在财富增长中的巨大作用，并将人力视为了资本的一种形式。

---

① [英] 亚当·斯密：《国民财富的性质和原因的研究（上卷）》，商务印书馆 1972 年版，第 257—260 页。
② [英]阿弗里德·马歇尔：《经济学原理》，廉运杰译，华夏出版社 2005 年版，第 403 页。
③ [美] 西奥多·舒尔茨：《人力资本投资——教育和研究的作用》，蒋斌、张蘅译，商务印书馆 1990 年版，第 31 页。

到了 20 世纪 50—60 年代，经济学家特别关注研究人力资本在经济中的作用，并由此兴起了人力资本的研究热潮。舒尔茨对人力资本的研究始于对传统经济理论无法说明的"余值因素"的分析，试图以一种全新的视角来看待经济增长，提出以往的经济理论中忽略了某种重要的生产要素，这就是蕴涵在劳动力之中的"人力资本"。舒尔茨在提出人力资本理论后，采用收益率测算了人力资本投资中最重要的教育投资对美国 1929—1957 年间的经济增长的贡献，其比例高达 33%。[①] 这个结果后来被广泛引用。

丹尼森通过分解计算论证出美国 1929—1957 年经济增长中有 23% 的比例归功于教育的发展，即对人力资本投资的积累。丹尼森的结论是对舒尔茨的结论的重要修正。丹尼森提出了一套自己的分析"余值"的方法，他将"余值"中包含的因素分为规模经济效用、资本和劳动力质量本身的提高等。阿罗于 1962 年在《边干边学的经济含义》一文中提出了著名的"干中学"模型，认为经验的积累可以形成人力资本，由此可以带来递增收益。

经济学家们一直都清楚人力资本对于国际经济增长具有重要作用。而人力资本理论的出现，用结构化的理论将这样的作用表达了出来，并对人力资本的贡献进行了估算和论证。人力资本在经济和管理中的地位得到了确认和明晰。

（三）人力资本对于当代国家经济发展具有重要贡献

20 世纪 80 年代中期以来，在知识经济发展背景下，"新经济增长理论"在美、英等国兴起。这种以技术内生化为特征的新经济增长理论，把人力资本纳入模型之中，从经济增长模型中阐发人力资本理论，或者我们可以认为经济学家是在运用人力资本理论来更好地解释经济的增长。新经济增长理论的代表人物为罗默尔和卢卡斯。

1986 年，罗默尔发表了《收益递增与经济增长》一文。在该文中，他建立了两个增长模型：简单的两时期模型和简单的两部门模型。在模型中罗默把

---

① ［美］西奥多·舒尔茨：《人力资本投资——教育和研究的作用》，蒋斌、张蕾译，商务印书馆 1990 年版，第 55 页。

知识作为一个变量直接引入模型。同时也强调了知识积累的两个特征：一个是积累，一个是外溢。这两个特征都是随着生产规模的扩大而进行的。罗默尔认为知识是非竞争性产品，具有外溢效应。特殊的知识和专业化的人力资本是经济增长的主要因素。知识和人力资本的外溢效应与积累，不仅使知识和人力资本自身形成递增收益，而且能够使资本和劳动等要素投入也产生递增收益，将使整个经济的规模收益递增，并导致长期增长。

1988年，卢卡斯（R.Lucas）发表了著名论文《论经济发展的机制》，提出了两个经济增长模型：两资本模型与两商品模型。前者是他把舒尔茨的人力资本理论和索洛的技术决定论的增长模型结合起来并加以发展所形成的人力资本积累增长模型。卢卡斯在模型中强调劳动者脱离生产、从正规或非正规的学校教育中所积累的人力资本对经济增长的作用。

（四）人力资本形成于人力资源开发

人力资源开发，从经济学的角度看，就是人力资本投资活动。1935年，美国经济学家

J.R.沃尔什发表《人力资本观》一文，首先提出人力资本的概念，并从个人教育成本现值和收益现值的比较入手，试图论证教育支出符合一般投资的原则。

贝克尔是人力资本理论的另一位重要奠基人。他奠定了人力资本理论的微观经济学基础。贝克尔认为，所有用于增加人的资源并影响其未来货币收入和消费的投资都为人力资本投资，主要包括教育支出保健支出、国内劳动力流动的支出或用于移民入境的支出等。人力资本投资具有较长的时效性，因此投资时既要考虑短期收益，又要考虑长期收益。

明塞尔是较早提出"人力资本"概念，并进行研究的另一位经济学家。他早在1958年就发表了《人力资本投资与个人收入分配》，文中建立了个人收入分析与其接受培训量之间关系的经济数学模型。之后，在他的另一篇论文《在职培训：成本、收益与某些含义》中，根据对劳动者个人收益率差别的研究，估算出美国对在职培训的投资总量和投资收益率。

因此，从以上有关人力资本与投资关系的分析可以看出，人力资本形成于

教育、保健、流动与迁移等人力资源开发的活动。

二、人力资本理论与人力资源开发

人力资本理论在宏观和微观上的理论分析，以及相关的研究显示了人力资本对于整个经济发展的重要作用。人力资源开发是人力资本理论在现实管理过程中的运用。人力资源开发可以看作是人力资本增长的过程与方法，它为各类主体的收益增长提供人力资源的支持。而人力资本理论是人力资源开发的理论基础。

（一）资本扩展与人力资源开发

在整个经济和管理的领域内，人力资本理论扩展了"资本"的概念。"人力资本"这个概念并不是对人的物化，而是强调人在经济发展中所具有的重要的作用。在人力资本理论的出现以前，人们认为经济的发展更多的是依赖于物化的生产资料的投入，管理的重点也是在如何让生产资料与劳动的投入更匹配，如何让机器更有效地运转。对于人在生产和经济发展中的重要性只是零星地洒落在一些大师的论述里，如：马克思、亚当·斯密。人力资本理论的出现则是全面地而且令人信服地说明了人在社会财富增长过程中所具有的作用，鸟扎华的研究成果就被其后的研究者反复地引用。人力的作用受到了极大的重视。这也是资本的概念范围得到了扩展，资本不再仅仅包括过去的厂房、机器、资金，更包括人。而且人是生产资源中一个非常重要的部分。

人力资本理论强调了人作为劳动力在质量上是存在差异的。人力资本理论使人们认识到在人力资本的数量背后，人力资本的质量极大地影响着生产结果和收益。资本是异质的，人力资本尤为突出。

特别是到了知识经济时代，人力资本在经济中的作用更加凸显。有学者提出，过去是"资本雇佣劳动"，而知识经济下是"劳动雇佣资本"。这些思想凸显出人力资本在众多生产要素中起到了如此重要的作用，甚至成为最为主导的要素。这些思想与研究成果为我们认识人力资源开发的价值与作用，提供了理论依据。

（二）人力资本的投资收益与人力资源开发

人力资本理论在自身发展过程中，用众多的、具有说服力的资料证明了，人力资本投资的收益要高于物质资本投资的收益。如贝克尔提出了人力资本投资收益率计算公式，说明了高等教育收益率，同时也比较了不同教育等级之间的收益率差别。人力资本理论让管理者认识到进行人力资本的投资是提高效益的一条重要途径。人力资本理论中包含了对学校教育和专业培训的成本收益分析，既有宏观的分析也有微观的分析。以我们熟知的专业培训为例，人力资本理论中将培训分为专业培训和一般培训，两类培训的收益是不一样，从而在投资方式上也存在差别。

这些分析框架和相关的研究结论为人力资源开发奠定了坚实的理论基础。从宏观的国家人力资源开发，到各个企业自己的职工培训，都是人力资本理论在实践中的运用。

在我国人力资本投资的总体水平还较低，人力资本投资还存在巨大的改善空间。诺贝尔经济学奖获得者詹姆士·J.海克曼在《中国的人力资本投资》一文中提出，中国当前的人力资本投资水平是很低的。而且人力资本投资在地区之间、城乡之间存在着不平等，人力资本投资与实物投资之间的不平衡降低了实物投资的回报水平。①

（三）人力资本投资的范围与人力资源开发

人力资本理论的一个重要内容就是分析了人力资本投资的内容及范围。学校教育、在职培训、健康投资、迁移投资都是人力资本投资的范围。人力资本理论还对各种投资方式提供了成本收益的分析框架。

这些理论既是人力资源开发的基础，更是直接构成人力资源开发理论的一个部分。在人力资源开发的方式中，最为常用的开放方式就是培训和配置。需要特别说明一下有关配置的内容，从国家或地区的宏观层面来说，配置开发意味着跨国家、跨地区的人员迁移，或是人才的引进。需要用什么样的条件吸引

---

① ［英］海克曼：《提升人力资本投资的政策》，曾湘泉等译，复旦大学出版社2003年版，第64页。

到我们所需要的人才，就需要用人力资本理论来进行分析。同样是需要某类人才，是通过本地区培养获得还是直接引进，在做类似的决策的时候也需要运用人力资本的框架进行分析。从组织内部来看，人力资源的配置则意味着人员的职位调整。如果是一个跨国公司的人员调动，则涉及国际人员迁移的问题。这些都需要人力资源理论来进行分析。新经济的发展给人力资源开发带来各种新问题，对这些问题的研究也在丰富着人力资本理论的内容。

（四）人力资本的计量与人力资源开发

早在 1964 年美国密歇根州立大学企业研究所的赫曼森在其《人力资产会计》一文中提出了人力资源会计问题。人力资源会计是将会计的思想和方法用于人力资源的确认和计量。这是人力资本在组织资产中地位的确认。人力资源会计的出现为人力资源开发决策提供了客观的决策信息。

在经济管理中，人力资本具有十分重要的作用，基于资本投资的人力资源开发活动成为各类组织的重要活动。在人力资源开发过程中，如何计量人力资本、人力资本投资及其回报成为人力开发实践中一个重要的问题。人力资源会计和人力资源审计就是在理论和实践上对这一问题的探讨。

三、人力资源开发的战略思考

前述人力资本理论分析表明，人力资本是国家经济发展的重要源泉，人力资本在表现形态上是人力资源。中国能否实现可持续发展，既取决于人力资源、自然资源和物质资源的相互协调与利用，又取决于人力资源、自然资源与物质资源本身的可持续发展状况。在这三大资源中，人力资源处在主导性与决定性的地位。而对于中国而言，人力资源恰恰是我国唯一在世界上具有比较优势的资源。因此，不论从长期角度看，还是从当前的发展角度看，我国都只能走优先开发人力资源的道路，通过对人力资源的开发和人力资本的投资来发展经济，转换经济增长模式，实现可持续发展。

这就需要我国政府牵引、统筹和规划人力资源开发战略，并且用战略的思想来谋划我国未来的人力资源开发行为。人力资本理论中所体现的思想、所使用的方法对于我国人力资源开发战略的研究和实践既是基础也是指导思想。

（一）以人力资本理论为基础，确立科学的人力资源开发战略

中央政府或地方政府作为宏观规划者，在研究和制定人力资源开发战略时，特别需要考虑战略的现实基础。形成战略前，需要有现实的人力资源状况和数据作为基础，制定开发战略时，需要有现实的方法基础和实现条件。只有这样的开发战略才是可实现的，才是能落地的。

而人力资本理论则提供了一个重要的分析框架。人力资本理论给出了进行人力资源分析和评估时需要侧重的几个维度，包括数量、质量、结构、分布、潜能等。人力资本理论还对人力资源的测量问题有着深入的讨论。运用这些方法和框架，收集区域内人力资源的状况将为制定出切实科学的人力资源开发战略打下基础。人力资本理论中有很大一部分是在分析人力资本的形成方式。以舒尔茨、贝克尔、阿罗为代表的经济学家们提出了众多的促进人力资本增长的人力资源开发方式，如职业培训、基础教育、边干边学等，并对这些方式的收益情况进行了分析。运用这些研究成果，结合各区域的条件和特点，选择具有现实基础的人力资源开发方式将为我国政府人力资源开发战略的最后落实打下基础。

"战略"是一个组织长期的发展方向和范围，它通过在不断变化的环境中调整资源配置来取得竞争优势，从而实现利益相关方的期望。将"战略"引入到中国政府管理问题上，就是要从中国未来的发展目标出发，结合国家发展所处的环境，对当前中国人力资源开发问题进行深入的分析研究，明确现有的人力资源的层次、数量、结构及其与环境的关系，使国家在竞争中获得人才优势，使政府的整体战略规划得以顺利实现，人民的生活水平得到较大的提高，带动社会经济的发展，获得竞争优势，创建和谐社会。

根据中国政府过去、现在与未来的开发实践，我们可以把中国政府人力资源开发的战略概括为：通过卫生保健、文化教育、就业迁移、环境优化与制度创新等途径，进行人力资源能力的建设与开发，使中国从人口大国走向人力强国，从人力强国走向人才强国，为中国的经济社会发展提供坚强的人才保证和一流的人力资本支持，最后实现从人才强国走向经济强国的战略目标。

（二）扩大人力资本投资主体，激励人力资源开发行为

人力资本理论指出，人力资本对于当代国家经济发展（新经济增长）具有重要贡献，人力资本形成于人力资源开发。[①] 如果说，在过去二十年我国经济的高速增长，依靠的是我国所具有的巨大人力资源数量蕴含的潜能，那么在我国未来的经济发展中就要依靠人力资源质量高所带来的能量释放。我国政府已经关注人力资源开发对于人力资源质量提升的作用，提出了培养创新人才、建设创新国家的方针。2006年2月，国务院下发了《深化农村义务教育经费保障机制改革的通知》，通知明确规定全部免除农村义务教育阶段学生学杂费，对贫困家庭学生免费提供教科书并补助寄宿生生活费。在2006年内实现西部地区农村义务教育阶段中小学生全部免除学杂费；中央财政同时对西部地区农村义务教育阶段中小学安排公用经费补助资金，提高公用经费保障水平；启动全国农村义务教育阶段中小学校校舍维修改造资金保障新机制。[②] 这就是中央政府在大面积地进行人力资源开发或者基础性的人力资本投资。随着我国经济的发展，这样的投资开发会越来越多。人力资源开发的主要手段是教育，大力发展教育事业是提高全民素质与增加国家人力资本的关键。要坚持"科教兴国""教育立国"的战略，大力加强基础教育，注重对学生思维能力的培养，使其向智能化方向发展。着力推进素质教育，重视培养学生的创新精神和实践能力，促进学生德智体美全面发展。扩大高中阶段教育和高等教育规模，加强职业教育，鼓励民办教育，扩大教育的覆盖范围。

然而，仅仅依靠政府来进行人力资本投资是远远不能满足我国经济增长的需要的，需要鼓励各类主体来进行人力资本的投资。从我国城市中现在的情况看，人力资本投资是在迅速发展的。在大城市中各种各样培训机构的飞速扩张

---

① ［英］格里·约翰逊、［英］凯万·斯科尔斯：《战略管理》，王军等译，人民邮电出版社2004年版，第7页。

② 《深化农村义务教育经费保障机制改革的通知》，人民网，http：//edu.people.com.cn/GB/8216/28350/index.html。

就是很好的说明。但从整体上来说，人力资本投资的主体仍然不够到位。政府在制定人力资源开发战略时，应该规划和发展多种渠道的人力资本投资，允许各类人力资本投资主体开展投资。应该明确人力资本的投资收益关系，运用人力资本理论所构建的投资效益分析框架来做出投资收益的分析测算，为各类投资主体提供有关的信息，用收益回报来激励各种类型的人力资本投资。激励和吸引人力资本投资，不仅能带来人力资本的增长，更能带来项目投资的增长。正如前面所说，这是一个"智力雇用资本的时代"。

（三）利用人力资本的外溢效应，带动区域经济的均衡发展

人力资本理论认为，构成人力资本的知识具有外溢效应。在制定人力资源开发战略时，政府需要充分考虑外溢效应，充分利用好这一效应。外溢效应能带来产业集聚和人才集聚。在进行人力资源规划时，应该从动态的角度来进行，考虑区域特征和发展规划，利用人力资本的外溢效应带动产业结构的调整，促进人才的吸引和聚集。实现人力资源开发战略与国家或地区产业发展战略相互协调、相互促进的良性互动局面。更要注重人力资源开发在国家或地区和谐发展中所起到的重要作用，把人力资源开发战略放在社会综合发展战略中来统筹协调。

也正是由于人力资本可能出现集聚效应，中国这么大的一个国家在进行人力资源开发时需要有政策来保证均衡。制定人力资源开发战略时兼顾城乡均衡和区域均衡。海克曼等学者的研究成果，政府出台的免除西部地区义务教育学杂费的政策都从不同侧面说明了我国人力资本投资在现实中存在的城乡不平等和区域不平等。因此，政府在制定人力资源开发战略时，需要注意到不均衡可能带来的种种不公平，需要在人力资源开发政策和措施上努力消除不均衡。

（四）建立区域内的人力资本计量体系，把人力资源开发作为政府考核指标

在知识经济时代，在追求创新的新时期，人力资本已经成为国家或地区最为重要的资本，是国民经济发展的核心驱动力。政府在计算国家或地区资本

时，不光要计量实物资本，更要计量人力资本。把人力资本作为重要的资本加以确认、吸引、运用，并积极实施人力资源开发促进人力资本的增长。政府应该有一本账，一本人力资本的账，对人力资本的增、减、流、用进行计算。这样的人力资本计量将为科学合理地开发、运用人力资源提供有效的决策依据，为国家或地区的人力资源开发战略的制定和实施提供可靠的基础。因此，政府的责任之一就是要积极地进行人力资源开发，促进区域内人力资本的增长。要把人力资源开发与人力资本的增长作为政府考核的指标之一。"引资"不光看引了多少货币与实物投资，更要看引了多少"人力资本"，进行了多少有效的人力资源开发活动。政府有责任通过人力资源开发促进区域内人力资本的增长，通过人力资本的增长带动区域经济的发展。

总之，人力资本是区域经济发展的核心资本，人力资源已经成为促进国家经济增长的重要因素。我国在进行人力资源开发的过程中需要有战略性的眼光，在进行人力资源开发战略的研究和制定过程中需要有人力资本理论的指导。我们应该充分的理解和运用人力资本理论中所蕴含的思想和方法，建构科学的人力资源开发战略，让中国从一个人口数量大国变为一个人力资源大国，从一个人力资源大国变为一个人才资源强国与人力资本大国，从一个人力资本大国变为一个经济发展强国。

参考文献

[1] 《资本论》第 1 卷，人民出版社 1975 年版。

[2] ［美］西奥多·舒尔茨：《论人力资本投资》，吴珠花等译，经济学院出版社 1990 年版。

[3] ［美］西奥多·舒尔茨：《人力资本投资——教育和研究的作用》，蒋斌、张蘅译，商务印书馆 1990 年版。

[4] ［英］阿弗里德·马歇尔：《经济学原理》，廉运杰译，华夏出版社 2005 年版。

[5] ［美］加里·贝克尔：《人力资本》，北京大学出版社 1989 年版。

[6] ［美］雅各布·明塞尔：《人力资本研究》，中国经济出版社 2001 年版。

[7] ［英］亚当·斯密：《国民财富的性质和原因的研究》（上卷），商务印书馆 1972 年版。

[8]［英］海克曼:《提升人力资本投资的政策》，曾湘泉等译，复旦大学出版社 2003 年版。

[9] 萧鸣政:《中国政府人力资源开发概论》，北京大学出版社 2004 年版。

[10]［英］格里·约翰逊、［英］凯万·斯科尔斯:《战略管理》，王军等译，人民邮电出版社 2004 年版。

关于更好实施人才强国战略的思考 *

人才强国战略就是把人才作为推进事业发展的关键因素，通过造就高素质劳动者、专门人才、创新人才，建设规模宏大、结构合理、素质较高的人才队伍，加快我国从人口大国转化为人才资源强国的步伐，进而迅速提升国家核心竞争力和综合国力，最终依靠人才完成全面建设小康社会的历史任务，实现中华民族的伟大复兴。党的十七大报告中提出更好实施人才强国战略的要求，下面就如何更好实施人才强国战略谈点自己的想法。

一、基于国家发展战略建立人才战略体系

人才强国战略是一个总体构想，要把这一战略构想变成现实，我们必须进行国家层面的"人才战略"规划，建立人才战略体系。要以组织部门为主导、以政府部门为主体，紧密结合我国的重大发展战略，在深入把握国家未来经济社会发展对人才内在需求的基础上，制定国家在人才总量、结构、素质等方面的目标，并进一步确定为了达成这些目标，设计国家人力资本投资的方向、人力资源管理与开发的政策、人事管理的体制与措施。具体内容包括：依据经济社会发展的需求，确定人才的总量、结构、素质；依据国家核心竞争力提升的要求，确定高层次人才核心队伍建设的方向、目标、重点；确定国家人力资本投资在国民经济投资中的比重；确定国家人力资源开发管理的政策与制度；确定国家人才生态优化的方向与政策；确定人力资源协调机制与整合的方向。具

---

* 原载于《中国人才》2008 年第 1 期。

体而言，我国人才战略方向必须按两个维度同时进行：一个是人才市场化战略；另一个是人才集约化战略。人才市场化战略包括五个方面的内容：一是明确政府在人才市场化中的定位，完善和强化人才资源的宏观调控。二是建设高水平高效率的人才市场体系，使人才资源的培养、配置、使用全面市场化。三是培育市场主体，使企业（用人单位）、人才个人以及人才中介组织在市场中成长和运行。四是人才的个人收入分配与业绩和市场接轨，由市场评价人才和企业的业绩，从而确定人才个人的收入分配。五是以市场的原则来构建人才的社会保障体系。

人才集约化战略则是重视人才资源增长方式的根本性转变和人才结构的调整，大力提升人才资本，舍数量求质量，努力使人才资源层次结构高级化，配置分布优化合理，投入产出高效益，彻底摆脱粗放式的外延型人才扩大再生产的老路数。人才集约化战略内容包括：一是加大教育投资力度。二是加快专业教育层次结构改革，专业教育重心高移，以本科教育为主，全面提升未来人才的素质。三是倡导和加强人才的终身教育，建立终身教育制度，尤其是要提高现有具有中专以下学历人才的素质。四是调整人才的年龄结构、经济成分结构、产业结构、学科结构和区域结构，使之适应我国经济和社会发展的要求。

二、基于人才的优化管理进行制度创新

当制度不能弥补、修正个人理性的不足，进而实现社会理性时，就需要通过制度创新来恢复制度的功能。我国在 HRM 和 HRD 的理论研究、实践操作上起步都比较晚，现有制度远远不能满足人才正常发展的需要，所以需要加快相关制度的制定，更好实施人才强国战略要基于人才的优化管理进行制度创新。人才制度的根本性转变是对人才制度的创新，与经济体制的根本性转变相对应。要完成全国建成比较完善的适应社会主义市场经济体制的人才体制的大目标，可着重营建人才发展和创新的大环境。我国新的人才制度是一个大系统，这个大系统包括三个体系两个子制度，外加一个法律体系。三个体系分别是建立和强化人才的宏观调控体系、培育和完善人才市场体系和建立多层次的人才社会保障体系。

两个子制度分别是建立现代企业的用人制度和建立合理有效的人才个人收入分配制度。最后是建立人才资源法律体制的基本框架，用改革的精神立法，覆盖各类人才，形成完整的人才法律法规体系，依法管理和保护人才资源。

新的人才制度应着重解决三个方面的问题：一是发挥市场配置人才资源的基础性作用，二是消除人才流动的体制性障碍，三是完善人尽其才的用人机制。人才体制的根本性转变将从根本上为我国早日走上人才强国之路提供可靠的保证。

三、基于人力资源开发实现人才强国战略

人才强国战略的更好实施，应该以国家的总体发展战略为指导，以人力资源开发为导向进行人力资源开发的需求评估，在开发需求评估基础上，拟定人力资源开发战略规划，这样才能实现人才强国战略对于各地方人力资源建设工作的正确引导，才能保证我国人才资源的保值与增值。考虑到我国的具体国情，我们必须强化各级组织部门与人事管理部门在人力资源管理工作中的作用。各级组织部门是党委管理人才的具体职能部门，能够履行起牵头抓总的职责。通过组织部门，协调宣传、统战、人事、教育、发改委、建委、公安、财政、劳动保障、财政等部门的行动，及时研究解决人才工作中带有倾向性、根本性和全局性的问题，履行宏观指导、综合协调、整合力量、督促检查方面的职责，并发挥工会、共青团、妇联等人民团体在人才工作中的作用，积极推动培育人才成长与发展的良好社会环境的建设，为新时期更好实施人才强国战略夯实基础。

责任编辑：李媛媛
封面设计：姚　菲
责任校对：白　玥

图书在版编目（CIP）数据

基于人力资源素质论的教育与开发 / 萧鸣政 著 . — 北京：人民出版社，2017.9
ISBN 978 - 7 - 01 - 018125 - 7

Ⅰ. ①基⋯　Ⅱ. ①萧⋯　Ⅲ. ①人力资源开发 - 研究　Ⅳ. ① F240

中国版本图书馆 CIP 数据核字（2017）第 213477 号

基于人力资源素质论的教育与开发
JIYU RENLIZIYUAN SUZHILUN DE JIAOYU YU KAIFA

萧鸣政 著

人民出版社 出版发行
（100706　北京市东城区隆福寺街 99 号）

北京龙之冉印务有限公司印刷　新华书店经销

2017 年 9 月第 1 版　2017 年 9 月北京第 1 次印刷
开本：710 毫米 ×1000 毫米 1/16　印张：19.5
字数：305 千字

ISBN 978 - 7 - 01 - 018125 - 7　定价：57.00 元

邮购地址 100706　北京市东城区隆福寺街 99 号
人民东方图书销售中心　电话：（010）65250042　65289539